创新发展的理论与评价

毛 伟 著

浙江工商大学出版社
ZHEJIANG GONGSHANG UNIVERSITY PRESS
· 杭州 ·

图书在版编目(CIP)数据

创新发展的理论与评价 / 毛伟著. — 杭州：浙江
工商大学出版社，2020.8

ISBN 978-7-5178-4046-6

Ⅰ．①创… Ⅱ．①毛… Ⅲ．①技术革新－研究－中国
Ⅳ．①F124.3

中国版本图书馆 CIP 数据核字(2020)第 156462 号

创新发展的理论与评价

CHUANGXIN FAZHAN DE LILUN YU PINGJIA

毛　伟　著

责任编辑	沈敏丽
责任校对	穆静雯
封面设计	林朦朦
责任印制	包建辉
出版发行	浙江工商大学出版社
	（杭州市教工路 198 号　邮政编码 310012）
	（E-mail：zjgsupress@163.com）
	（网址：http://www.zjgsupress.com）
	电话：0571－88904980,88831806（传真）
排　　版	杭州朝曦图文设计有限公司
印　　刷	广东虎彩云印刷有限公司绍兴分公司
开　　本	710mm×1000mm　1/16
印　　张	16
字　　数	238 千
版 印 次	2020 年 8 月第 1 版　2020 年 8 月第 1 次印刷
书　　号	ISBN 978-7-5178-4046-6
定　　价	49.80 元

前 言
PREFACE

　　中华人民共和国成立以来,我国的科技政策经历了"向科学进军""科学技术是第一生产力""科教兴国战略""提高自主创新能力"和"创新驱动发展战略"五个阶段。[①] 在这一进程中,中国科技体制改革不断深化,自主创新能力不断增强。特别是党的十八大之后,中国开始进入全面创新发展阶段。2012年,党的十八大报告明确提出,"走中国特色自主创新道路、实施创新驱动发展战略"。党的十八届五中全会特别强调,必须把创新摆在国家发展全局的核心位置,不断推进理论创新、制度创新、科技创新、文化创新等各方面创新,让创新贯穿党和国家一切工作。党的十九大报告又进一步指出,创新是引领发展的第一动力,是建设现代化经济体系的战略支撑。

　　改革开放40多年来,中国综合国力大幅提升,国内生产总值从1978年的3679亿元增长到2019年的99万亿元,成为全球第二大经济体;2019年,我国人均GDP首次突破10000美元。与此同时,我国的综合创新能力亦显著增强。一是科技人才队伍不断壮大,全社会研发人员总量达480万人年,居世界第一。二是研发经费投入不断增加,全社会研发经费投入达到2.21万亿元,居世界第二。三是PTC专利申请量达5.9万件,居世界第二。四是高技术产业发展迅速,利润总额从1997年的309亿元增长到2018年的10293亿元;高技术产品出口能力持续增长,出口交货值占整个制造业的比重从1995年的8.48%上升

---

① 《中国科技创新政策体系报告》,科学出版社2019年版,第3—13页。

到 2016 年的 14.68%。[①]

但是,总体来说,我国科技创新发展基础仍比较薄弱,创新能力与美、日、德等科技发达国家相比还有较大差距。一是研发经费投入强度比较低。2018 年我国的研发经费投入强度为 2.18%,而科技发达国家普遍在 3% 以上。二是基础研究相对薄弱。2018 年,我国基础研究经费首次突破千亿元大关,达到 1090.4 亿元,但在总研发经费中的占比只有 5.54%,与科技发达国家 15% 的占比有较大差距。基础研究是支撑原始创新的基础,因而我国加强基础研究的形势已经十分迫切。三是知识产权质量不够高。尽管我国在专利申请、知识产权保护方面取得了巨大成就,但不少领域中的核心技术仍然受制于人,导致我国知识产权使用费逆差居高不下。四是企业创新能力不强。2018 年,世界500 强企业中的中国非银行类企业的平均利润仅是美国企业的 1/3,并且华为作为中国最具影响力的创新型企业,在世界 500 强中也仅排第61 位。

党的十八大以来,我国经济发展进入增速换挡、结构调整、动力转换的新常态,处于跨越"中等收入陷阱"的关键期。经济发展不平衡、不协调、不可持续等问题依然十分突出,资源环境压力大、产业层次低、核心竞争力不足、关键技术对外依存度高等问题亟待破解。[②] 从改革开放后中国创新发展的实践来看,我国出现了华为、阿里巴巴、腾讯等一大批创新型领军企业,形成了一批具有全国乃至全球影响力的科学技术发源地和新兴产业策源地。但也必须认识到,我国创新发展还存在人才激励机制不健全、原始创新不足、成果转化不畅、企业创新动力不足、创新治理能力不高等问题。[③] 实践表明,创新发展是新时期破解传统发展红利消失后发展困局的根本出路,是推动经济高质量发展的必然要求。当前,以智能化为特征的第四次工业革命方兴未艾,我国正处于世界新一轮科技革命和产业变革的历史机遇期。在这一时代背景下,我

---

① 数据来源:《中国高技术产业统计年鉴——2017》。

② 唐国军:《"创新是引领发展的第一动力"——习近平与创新发展理念的提出》,《党的文献》2017 年第 2 期。

③ 吕薇等:《转型期我国创新发展的现状、问题及政策建议》,《中国软科学》2018年第 3 期。

国必须牢牢把握科技进步大方向和产业革命大趋势,及时确立创新发展战略,实现科技创新和体制机制创新双轮驱动的高质量发展。唯有如此,我国才能在新一轮全球科技竞争和产业变革中掌握战略主动权。

技术和制度是创新型国家建设的双引擎,中国经济要能够持续快速增长,既取决于技术创新和技术进步,也取决于提高资源配置效率和激励技术创新的制度环境。随着大数据、区块链、人工智能等新技术的发展,科技创新表现出组合性、开放性和共享性等特点,企业创新、产业创新和区域创新均呈现出新的特征和趋势。在企业层面,大数据是智能制造的核心驱动力,大数据决策范式进一步激发了企业在行为洞察、风险预见和业务模式等方面的创新,人机协同的决策模式使企业的技术创新决策更加精准。[①] 在产业层面,大数据范式驱动产品与服务创新平台化,产业发展与科技创新融合程度进一步加深,产业链结构从传统的线性映射结构演化为多维空间结构。[②] 在区域层面,区域性大数据协同创新平台以大数据研发为纽带,将产业、学界与政府等联合起来,有助于各利益主体共享大数据价值和实现数据导向的区域经济发展。[③]

在新的时代背景下,我们有必要对创新发展理论进行系统性的研究。为此,本书在现有创新理论的基础上,构建了一个以技术创新和制度创新为线索,从企业、产业和区域三个层面对创新发展进行系统性研究的分析框架,并从创新效率、制度质量和全要素生产率三个维度对我国的创新发展进行定量评价,进而探寻加快我国创新发展的实现路径。本书主要包括以下内容:

第一章,创新理论述评。本部分从技术创新、制度创新和创新增长三个角度对相关理论进行述评,并以这些文献为基础探讨创新与经济发展之间的相互关系。自熊彼特提出创新理论之后,学术界分别围绕技术变革和制度变迁对创新与经济发展之间的关系展开研究。20世

---

① 陈国青等:《大数据环境下的决策范式转变与使能创新》,《管理世界》2020年第2期。

② 张轶群、杜传忠:《基于大数据的产业链演变研究》,《人文杂志》2020年第4期。

③ 吴英慧:《美国大数据协同创新及启示》,《情报杂志》2019年第4期。

纪50年代后,创新研究逐步分化为两个支流,侧重产品创新、工艺创新的技术创新理论和侧重组织变革、制度变迁的制度创新理论。20世纪80年代,罗默、卢卡斯等经济学家将创新因素引入新古典经济增长模型中,将熊彼特的创新思想模型化,逐步发展起内生增长理论。内生增长理论的诞生使创新理论研究和经济发展研究更加紧密地接合在一起,为创新发展理论研究奠定了基石。

第二章,企业创新发展。本部分以企业知识理论为基础,系统分析企业创新动力、创新类型和创新文化。企业知识理论把企业看作是一个知识库。企业作为管理团队生产的组织,在协调不同知识类型的个体专家方面较之市场更具比较优势。首先,企业的创新动力直接源自企业家精神。大数据时代,企业家精神在不断地丰富,在创新与冒险这两个最基本的精神气质之上,增添了合作、学习等新内容。其次,产品创新、服务创新和管理创新是企业创新的主要类型。企业的产品创新和服务创新是各种知识融会贯通、相互渗透和创新的过程,实质上是基于知识的新组合。利用大数据技术提高知识管理效能是创造性思想能够不断转变为产品和服务的根本保证。再次,企业创新文化体系的结构要素可以归纳为创新精神、创新组织和创新氛围三个层面。对企业创新文化体系作用于企业核心竞争力的功能分析,需要结合大数据、云计算和人工智能等技术相互融合的时代背景,深入分析三大结构要素间相辅相成或有机结合的关联机理。

第三章,产业创新发展。本部分将产业创新分为新兴产业形成和传统产业改造两种类型,并分别对其理论机制和中国的具体实践进行分析。首先,理论界一般将产业创新定义为企业运用技术创新、产品创新、市场创新或组合创新等来改变现有产业结构或创造全新产业的过程。其次,产业创新的实质是企业创新及以此为基础的新技术在产业内的扩散或催生出新的产业。在大数据时代,企业创新越来越依赖于协同创新和开放创新。多个企业协同创新形成新的产业链,进而推动产业发展或形成新产业,协同创新已成为高技术产业创新的重要方式。IBM公司的计算机硬件创新和微软公司的计算机软件创新共同推动个人电脑产业的形成和发展是产业协同创新的典型案例。从时空分异特性看,技术创新推动下的产业创新会外显为时间脉络上的产业结构变迁和空间结构上的产业空间演化。

第四章，区域创新发展。本部分从创新要素、创新网络和创新治理三个维度分析提升区域创新核心竞争力之路径。区域间创新能力的巨大差异激发了学者们对区域创新问题的研究兴趣。首先，技术竞争理论认为创新要素的集聚数量是决定创新能力的重要因素之一，人才、资金、知识、技术等是区域创新发展的基石，创新要素配置的体制机制直接决定着创新主体和创新系统的创新效率。其次，创新主体能否联结成高效的创新网络决定着创新资源转化为创新能力的效率。随着知识经济和网络经济的发展，企业跨组织协同创新已从传统的"市场＋科层"二级结构拓展到"市场＋关系＋科层"三级结构；技术外部性特征、企业技术实力、技术应用前景等方面的差异影响着创新网络的资源配置方式。再次，创新活动发生在一定的制度和文化背景下，政府部门不仅是技术创新市场失灵的矫正者，更是技术创新系统的参与者。我国幅员辽阔，地区差异大，加之中央政府在推进改革过程中的非均衡性策略和各级政府的行为差异，势必造成异质性的地区制度环境和创新治理能力。

第五章，创新发展评价。为了避免单维度创新效率评价的片面性和多指标创新能力综合评价的随意性，本部分从技术创新、制度创新和综合创新三个维度对区域创新发展效能进行评价。首先，从创新价值链视角入手，把技术创新过程划分为技术研发和成果转化两个阶段，运用 DEA 三阶段模型对中国区域技术创新效率进行测算和评价。其次，从制度创新视角，对国内外权威机构发布的有关中国制度质量评价研究进行了梳理，从营商环境评价、制度竞争力评价、治理能力评价和法律制度评价等方面对中国制度质量的改善情况进行了分析。再次，全要素生产率反映了要素投入的利用效率，其增长率来源于技术进步和制度变革，因而全要素生产率能够反映创新主体或创新系统的综合创新效率。基于此，我们运用索洛残差法和数据包络法对改革开放以来的我国全要素生产率进行了测算，并分析其变动趋势和原因。

目 录
CONTENTS

第五章　创新发展评价

第一章

创新理论述评

约瑟夫·熊彼特将创新视为经济长期增长的根本动力。在他看来,无论从技术上还是从经济上考虑,生产并没有在物质意义上"创造"什么东西。创业家把资源从旧有的失去活力的生产项目转移到新生的更富生产力的生产项目才构成了经济持续发展的源泉。[①] 自熊彼特提出创新理论之后,学术界分别围绕技术变革和制度变迁对创新与经济发展之间的关系展开了更加深入的研究。20 世纪 50 年代后,创新研究逐步分化为两个支流:侧重产品、工艺创新研究的技术创新理论和侧重组织变革、制度变迁的制度创新理论。20 世纪 80 年代,罗默、卢卡斯等经济学家将创新因素引入新古典经济增长模型中,将熊彼特的创新思想模型化,逐步发展起内生增长理论。内生增长理论的诞生使创新理论研究和经济发展研究更加紧密地接合在一起,为创新发展理论研究奠定了基石。本章从技术创新、制度创新和创新增长三个角度对相关理论进行述评,并以这些文献为基础探讨创新与经济发展之间的相互关系。

第一节　技术创新理论

在某种意义上,经济不过是通过明智的组织技术来满足我们的需求,故而它也会随技术的进化而进化。[②] 在经济思想史上,亚当·斯密和马克思都非常关注经济发展中的技术创新问题。亚当·斯密指出"分工有助于某些机械的发明",并认为这是分工能够促进经济增长的重要原因。马克思则更加明确地指出,生产力是社会生产中最活跃最革命的因素,并且"社会劳动生产力,首先是科学的力量"。尽管亚当·斯密和马克思没有使用技术创新一词,但"发明""科学"等表述都与技术创新密切相关。熊彼特是第一个把创新作为核心概念来进行理论分析的经济学家。据他在《经济周期循环论》中的分析,创新引发的模仿效应促进了投资,繁荣了经济;而如果创新乏力,企业盈利将趋于微薄,经济则会陷入萧条和衰退。因此,创新是经济体系在繁荣和萧条间

---

① 约瑟夫·熊彼特:《经济发展理论》,商务印书馆 1990 年版,第 17 页。

② 布莱恩·阿瑟:《技术的本质》,浙江人民出版社 2018 年版。

周期性运动的始作俑者。尽管熊彼特在《经济发展理论》一书中提出的创新概念几乎涵盖了所有类型的创新形式,但其研究的重点主要是企业在新产品研制和新工艺研发等方面的技术创新,因而他也被认为是技术创新理论的鼻祖。在此之后,"技术创新"这一概念在学术界逐渐得到认同,产生了为数众多的理论流派。

一、技术创新投资理论

二战后,科学技术水平突飞猛进,对经济发展的影响越来越显著,技术创新研究越来越得到学界的重视。一些经济学家从企业微观层面的投资决策视角,对技术创新进行了系统而深入的研究。技术创新投资决策研究源于熊彼特和主流经济学家关于市场结构和创新效率之间关系的争论。熊彼特认为,大企业的资源优势和垄断地位保证了大规模的研发投入,并使企业具有较强的风险抵御能力,因而垄断更有利于技术创新。而主流经济学家则认为,完全竞争的市场结构是一种福利最大化的制度,因而竞争才更有利于技术创新。为了深入分析市场结构和创新之间的关系,Barzel 构建了创新的时机选择模型,用决策论的方法来研究预期收益、研发成本和业内竞争如何决定企业引进创新的时机。[1] 20 世纪 70 至 80 年代,一些学者扩展了 Barzel 的研究,把可明确处理的企业间策略互动与不确定性统一起来;还有一些学者把决策论模型中的市场条件、对手决策等变量内生化,发展了技术创新博弈论模型。博弈论模型不仅分析了企业在竞争和合作环境中的研发水平以及社会协作研发的最佳水平,还对竞争合作的研发投资水平与社会福利最大化下的研发水平进行了比较。[2]

经济学将投资定义为对未来回报的预期而承受瞬时成本的行为。[3] 根据这个定义,投资决策在社会生活中广泛存在。购买机器设

---

① Barzel Y. "Optimal Timing of Innovation". *Review of Economics and Statistics*, 1968, 50(3), pp. 348-410.

② 曾勇、邓光军、夏晖、李强:《不确定条件下的技术创新投资决策》,科学出版社 2007 年版,第 3 页。

③ 阿维纳什·迪克西特、罗伯特·平迪克:《不确定条件下的投资》,中国人民大学出版社 2002 年版,第 3 页。

备和原材料进行某种商品的生产,租赁店面、招募员工开一家鲜花店,或者是看好某家公司的发展前景而在股市上买入这家公司的股票,都是典型意义上的投资决策。甚至许多非经济类的个人决策也符合投资的特征,比如购买书籍,参加技能培训班,追求心仪的佳丽,等等。这些个人决策的实质也是为了获得未来的回报而承受瞬时成本,因而也可以看成是投资决策。同样,企业为了改进生产工艺或开发出新产品,花费巨额的研发经费进行技术创新当然也是一种投资决策。但与一般性的投资决策相比,技术创新投资具有资金需要量大、投资风险大和投资收益不确定性高等特点。

现有的研究归纳了技术创新投资决策的三个基本特征。(1)投资是不可逆的。相对于一般性投资,技术创新投资的不可逆性更为明显。比如建造了标准厂房,投资人可以用来安装生产商品 A 的机器设备,也可以用来安装生产商品 B 的机器设备,还可以将厂房出售来回收大部分成本。但技术创新投资则不同,新技术往往具有非常强的专用性,一项用于 A 技术的研发成果一般情况下很难运用到 B 技术的研发中去。而且,一项技术创新如果无法运用于生产,不能产生经济效益,投资者就很难把它转让出去,因为没有企业会出钱购买一项不能产生经济效益的技术。(2)投资回报具有不确定性。技术创新投资回报的不确定性也明显高于一般性投资。技术创新收益的大小一般取决于创新成功后该创新在市场上的垄断力和需求量,而这两个因素在创新成功前都无法准确预知。首先,不同企业对某项技术的研发通常存在多种技术替代方案,这些技术替代方案的存在直接决定着创新成功后企业能够在市场上获得多大的垄断力。如果技术创新能够获得较高的经济效益,同行业中的企业可以运用技术替代方案迅速进入市场。但技术竞争到底能在多大程度上削弱在位企业的垄断力,非常难以判断。其次,在全球化和网络化浪潮中,消费者的需求越来越个性化,而且,消费者的需求又会随着技术更新而变化。技术更新和消费需求变化之间的相互交织,使需求变化很难用已有的需求理论进行分析和预测。(3)投资时机需要有一定的回旋余地。抓住稍纵即逝的投资机会对一个企业的生存和发展来说非常重要。但对于技术创新投资来说却未必如此。技术创新投资时机选择的重要性绝不低于投资方向的正确性。技术创新投资资金需求大、投资风险高,即使投资方向正确但如果市场需求暂时还未打开或者竞争对手先行一步就会对企业造成重大损失,严重情况下甚至会导致企业破产。因此,企业在进行技术创新投资时要让投资留有一定的回旋余地,"孤注一掷"在多数情况下是不明智的。

基于技术创新投资的特征,现有的净现值规则下的投资决策理论没有充分认识到不可逆性、不确定性及时机选择两两之间的相互作用在投资数量和质量上的重要意义,因而在分析一些技术创新的投资现象时显得比较无力。[①] 例如,该理论无法解释为何技术创新投资往往对利率变化和税收政策不敏感。技术创新投资的不可逆性和不确定性常常迫使企业将投资过程分为多个阶段。只有当新的有利于投资的信息出现,企业才会再次追加投资,否则就会中止投资。当企业做出不可逆的投资支出时,相当于执行了投资的期权,放弃了继续等待以获得可以影响支出意愿或时机的新信息的可能性。对于技术创新来说,这种投资支出资金的数额通常是巨大的,且是不可收回的。因此,影响未来现金流的经济条件的变化对投资支出会产生非常大的影响,这种影响大大超过利率变化带来的影响。正因为这个,技术创新对利率政策和税收政策的刺激不太敏感。基于此,近年来在净现值理论的基础上,实物期权方法把投资决策与市场估价相融合,成为研究技术创新投资决策的重要分析工具。

二、技术创新模式理论

熊彼特认为,创新只有破坏原有的生产要素组合,才能真正推动经济向前发展。循着这一思路,一些学者依据技术创新"破坏"方式和力度的不同,将技术创新区分为渐进性创新和突破性创新。渐进性创新是对现有技术的持续改进和完善,主要表现为对现有产品进行较小程度的改进。渐进性创新具有渐进性、不间断性和积累性等特点。尽管渐进性创新没有显著利用新的科学原理,但长时间的技术积累,也

---

① 阿维纳什·迪克西特、罗伯特·平迪克:《不确定条件下的投资》,中国人民大学出版社 2002 年版,第 4 页。

能逐渐产生巨大的积累性经济效果。[①] 在现实经济技术活动中,绝大多数技术创新都是渐进性的。企业一般都是在已有的技术路线上进行研究和探索,不断强化现有的技术优势。突破性创新一般建立在一整套新的科学技术原理之上,具有突破性、非连续性和带动性等特点,常常能开启新的市场需求,使企业在短期内拥有巨大的技术优势。突破性创新甚至还会带来技术体系和技术经济模式的变革,进而改变原有产业体系。成功实现突破性创新的企业会成为新产业创新的旗帜。正是突破性创新推动的新旧产业更替,让整个经济在繁荣和萧条的周期性运动中不断循环前进。基于此,荷兰经济学家冯·丹因在熊彼特技术创新长波论的基础上进一步提出"创新生命周期"理论,认为基础技术创新会经历引进、扩散、成熟和衰落四个阶段的生命周期,在创新生命周期的带动下,经济发展最终呈现出长周期波动的现象。[②]

在某种技术突破带来的技术机会和市场机会的作用下,一个新的产业就有可能诞生,并在经过或长或短的发展之后逐渐趋于成熟和稳定,最终又在新的技术挑战下退出历史舞台。技术创新创造了新的产业,而新旧产业的更替引发了经济波动,推动着经济不断向前发展。在产业成长初期,大量小公司进入新产业,企业间竞争激烈,技术创新比较集中,消费者开始认识并使用新产品。紧接着,激烈的竞争又会迫使大量企业退出,最终只有少数几个大企业凭借持续的技术创新能力在市场上留存下来。Utterback 和 Abernathy 注意到了这个现象,并且详细研究了技术创新突破后,新产业发展过程中企业产品创新、工艺创新和组织结构变化规律,构建起 U—A 产业创新模型。[③] U—A 模型把新产业的发展划分成流动阶段、过渡阶段和明确阶段。对产品创新

---

① Tushman, Michael, Philip Anderson. "Technological Discontinuities and Organizational Environments". *Administrative Science Quarterly*, 1986, Vol. 31, pp. 439-465.

② 林春艳、林晓言:《技术创新理论述评》,《技术经济》2006 年第 6 期。

③ Utterback J M, Abernathy W J. "Dynamic Model of Process and Product Innovation". *Omega-International Journal of Management Science*, 1975, 3(6), pp. 639-656.

而言,在流动阶段,产品变化快,创新不确定性大,创新的重点在于产品的性能;在过渡阶段,企业开始产品多样化竞争,并且开始主导设计;在明确阶段,主导设计已经形成,竞争以价格竞争为主,强调生产效率和规模经济。对工艺创新而言,在流动阶段,工艺本身是非标准化的,操作上非常依赖熟练工人,生产效率不高;在过渡阶段,生产线越来越标准化,形成了自动化生产的"岛";在明确阶段,产品设计与生产过程高度整合,产品生产量大,改变工艺非常困难且费用高昂。对企业组织而言,在流动阶段,组织没有等级制度,工作变得更方便,具有很高的创新能力;在过渡阶段,企业员工数量增加,组织协调和控制变得非常重要;在明确阶段,组织管理需要有明确的目标、结构和规章制度,形成程序化的操作模式。A—U模型为我们理解创新之间的关系、创新与企业组织间的关系以及创新与产业发展间的关系提供了线索,具有很强的政策意义。例如,在技术创新的主导设计前阶段,国家应注重培养竞争环境;在主导设计阶段,国家应致力于提供吸收技术所需的基础设施。[1]

我国仍是发展中国家,与其他先进经济体相比,技术创新能力还比较薄弱,因而中国学者非常重视对企业自主创新能力的研究,根据创新源的不同,一些学者将技术创新划分为自主创新、模仿创新和开放创新。[2] 自主创新是指企业通过自身的努力和探索产生技术突破以获取商业利润的创新活动,是企业长期研究开发和技术积累的产物。自主创新获得的技术突破有助于企业形成较强的技术壁垒并获得超额收益,甚至能够在一定程度上左右产品或行业技术发展的进程和方向。尽管自主创新能带来丰厚的收益,但并不是所有企业都有能力实施自主创新。企业进行自主创新需要承担财务、技术、生产和市场四个方面的风险,必须要有领先的研发能力,具有包括人力和财力在内的

---

[1]　柳卸林:《技术创新经济学》,中国经济出版社1993年版,第88—92页。

[2]　傅家骥:《技术创新学》,清华大学出版社1998年版。傅家骥按技术来源将技术创新划分为自主创新、模仿创新和合作创新。笔者认为相较于"合作创新","开放创新"这一概念更为准确。开放创新不但涵盖合作创新,而且突出强调在合作创新过程引入外部创新能力的重要性。

支撑条件以及营销和技术成果商业化的环境。① 模仿创新是指企业吸取技术创新先行企业的成功经验和失败教训,学习模仿它们的创新思路和创新行为,或是引进、购买或破译创新先行企业的核心技术和技术秘密,并在此基础上改进完善。模仿创新不是简单的技术模仿,而是在模仿中求创新。创新的重点是在工艺设计、质量控制、成本控制、大批量生产管理、市场营销等创新链的中后期环节。模仿创新成功的关键是技术模仿之后的学习积累,通过"看中学",在模仿中吸收大量外部知识,进而提高自身的技能,使产品在性能、质量和价格方面更富竞争力。如果没有模仿之后的创新,企业就会陷入"技术空心化"的陷阱。开放创新的概念由美国学者亨利·切萨布鲁夫提出,他认为"有价值的创意可以从公司的外部和内部同时获取,商业化路径可以从公司内部进行,也可以从公司外部进行"。随着信息技术的发展,信息传播呈现网络化趋势,企业外部的知识资源日益丰富,知识垄断的难度不断增加。在这一背景下,在风险投资、技术转让和收购等市场行为的推动下,创新组织的边界虚化,从而使组织内外部的技术创新层出不穷。由于新兴技术和高新技术产业发展需要吸收大量的新知识和新创意,因而开放创新一般集中发生在这些产业中并且以合作研究和开发为主要形式。

　　事实上,技术创新模式是一个体系,各个模式间并不是孤立的,而是一种互动的关系。随着客观条件的变化和技术能力的提高,企业所采取的技术创新模式总是发生变化,需要根据自身条件和情况,采取某种模式或同时采取多种模式。西方发达国家和新兴国家的发展实践表明,自主创新、模仿创新和开放创新三种类型的技术创新模式在企业发展的各个阶段是同时并存的,但其组合与重点往往随着企业的成长而逐步演进。创业初期的企业往往选择成本较低、风险较小的模仿创新,对于竞争力薄弱的初创企业来说,其首要任务是活下去,之后才可能形成技术积累,提升自己的技术创新能力。通过模仿创新提高基础竞争力,对企业的长远发展,特别是对初创企业走向成熟、对技术落后企业追赶先进企业具有特别重要的意义。但当企业发展到一定

---

① 周寄中:《科学技术创新管理》,经济科学出版社 2002 年版,第 12 页。

规模时，企业必须努力去拥有自己的核心技术，形成自主创新能力，否则技术空心化的企业迟早会在激烈的市场竞争中被无情地淘汰。此外，国家间由于所处经济发展阶段不同或文化传统相异，其擅长的技术创新模式也不同，美国与日本就是典型的例子。美国和日本都属于经济发达国家，都具有世界一流的技术创新能力，但两国技术创新倾向与特征明显不同，美国更擅长突破性创新，而日本更擅长渐进性创新。两国的技术创新模式相异的原因在于，美国的技术创新系统更崇尚"市场"和更容许"试错"，不确定性和无方向性考虑包含于系统设计之初，而日本的技术创新系统则更相信"政府"和更强调"针对"，确定性和方向性成为技术创新系统运转成功的前提。[①]

三、技术创新扩散理论

技术扩散对于一个国家和地区来说是技术创新取得社会效益的源泉。在熊彼特看来，经济因创新而增长，因为先行企业的创新成功往往会引起其他企业的模仿，普遍的模仿又激发起更多的创新。美国经济学家舒尔茨认为技术扩散是"创新通过市场或非市场渠道的传播"，并指出"没有扩散，技术创新便不可能有直接的经济影响"。[②] 一项创新只有扩散开来，才更有利于社会总体技术水平的提高，才能产生更大的社会经济效益。因此，技术创新扩散研究得到理论界的广泛重视。技术扩散从概念的提出到多学科融合发展，研究者们运用了不同的理论和方法来对技术扩散过程进行分析和预测。

部门内技术扩散研究一般以 S 形曲线理论为基础。以杂交玉米种植技术的扩散为例，Griliches 发现杂交种替代常规种的速率呈现先慢后快再慢的规律，在图形上把这三个阶段连起来就形成一个 S 形曲线。[③] Mansfield 借鉴生物学中研究流行病的方法，提出技术扩散是一

---

① 杨勇华：《演化经济学视角下的技术创新机制与政策研究》，社会科学文献出版社 2015 年版。

② 西奥多·W·舒尔茨：《人力资本投资——教育和研究的作用》，商务印书馆 1990 年版。

③ Griliches Z. "Hybrid Corn: An Exploration in the Economics of Technological Change". *Econometrica*, 1957, 25, pp. 501-522.

种传染过程,深入分析了技术扩散 S 形曲线形成的原因。[1] 他认为技术创新在企业中的扩散过程是一个模仿过程,采用技术创新的企业越多,企业采用该技术的可能性就越大,直到新技术完全替代旧技术。Rogers 进一步提出,技术扩散是新技术在一个社会系统的成员中随时间在不同渠道间的传播,并总结了扩散过程中存在的四个关键元素:创新、传播渠道、时间和社会系统。[2] 著名经济学家曼斯菲尔德也对新技术扩散问题进行了深入研究,分析了新技术在同一部门内的扩散速度及影响扩散的各类经济因素的作用。[3] 他认为,在一定的前提条件下,影响技术扩散速度的基本经济因素有四个:一是模仿者采用新技术所能获得的利润大小;二是采用新技术所需投资额的多少,所需投资越大,模仿率则越低;三是资本供给的难易,资本供给越困难,模仿的可能性越小;四是模仿比率的大小,比率愈大则新技术扩散的成效愈大。英国经济学家克莱夫·特列比尔科克则研究了部门间的技术扩散问题。他认为一国最先进的技术集中体现在军事技术上。军事工业中的先进技术通常适用于冶金、一般性机械制造等民用工业;军事工业中使用过新技术的熟练工人会转移到民用工业部门。因此,军事工业中的技术创新会对民用工业各部门的技术变革产生影响。

在日益开放的世界经济体系中,技术创新不仅会在国内扩散,还会在国际间扩散。根据发达国家(地区)和后发国家(地区)的技术差距以及产品发展的特点,Posner 和 Vernon 分别提出并建立了技术差距模型和产品生命周期模型,描述了在技术和产品的发展中,发达国家技术向后发国家(地区)扩散并使得后发国家(地区)产品最终占领国际市场的过程。[4] Brezis、Krugman 和 Tsidon 从国际贸易的角度出发,建

① Mansfield E. "Technology Change and the Rate of Imitation". *Econometrics*, 1961, 29, pp. 741-765.

② 埃弗雷特·M. 罗杰斯:《创新的扩散》,中央编译出版社 2002 年版。

③ Mansfield, Edwin. "How Rapidly Does New Industrial Technology Leak Out?". *The Journal of Industrial Economics*, 1985, 34(2), pp. 217-223.

④ Posner M V. "International Trade and Technical Change". *Oxford Economic Papers*, 1961, 13, pp. 323-341. Vernon, Raymond. "International Investment and International Trade in the Product Cycle". *The Quarterly Journal of Economics*, 1966, Vol. 80, No. 2, pp. 190-207.

立了一个国家技术领先地位更迭的周期理论模型,在考虑学习效应、重大技术创新和技术领先国与后发国家(地区)之间工资率差异等因素的前提下,分析了后发国家(地区)实现技术赶超的可能性。[①] 克鲁格曼通过构造南北技术扩散模型发现,不论是技术创新还是技术转让都提高了整个世界的产量,但它们也会改变发达国家和发展中国家之间的收入分配;发达国家居民的收入取决于新开发产品的垄断利润,垄断利润会受到发展中国家技术引进的侵蚀,需要通过不断开发新产品来维持。[②] 易先忠、张亚斌借用中间产品种类扩张的内生技术进步模型,考虑知识产权保护在鼓励模仿创新和自主创新两难中的权衡,发现只有当后发国相对于领先国技术水平达到临界值时,偏向于鼓励自主创新的知识产权保护制度才能促进技术进步,而当后发国相对技术水平低于临界值时,模仿创新对后发国家技术进步贡献更大。[③] 黄先海、宋学印基于 115 个国家的长时序面板数据进行实证发现:对于远离前沿的经济体,基于技术差距的追赶导向型技术进步可推动技术快速进步,扩大竞争可能会导致低水平竞争困境;对于国际准前沿经济体,追赶导向型技术进步将面临潜在"技术追赶陷阱",竞争导向型技术进步可规避"技术追赶陷阱",并加快向国际前沿收敛。[④]

四、区域创新系统理论

在全球化、信息化和区域一体化背景下,区域成为国际竞争的重要主体。国家和区域的经济发展高度依赖于创新和知识转化能力,不同区域在创新产出和经济发展水平上存在显著的差异。区域创新系统研究与国家创新系统研究有着密切的联系。国家创新系统可以理

---

① Brezis E S, P R Krugman, D Tsiddon. "Leapfrogging in International Competition: A Theory of Cycles in National Technological Leadership". *American Economic Review*, 1993, Vol. 83, pp. 1211-1219.

② 克鲁格曼:《克鲁格曼国际贸易新理论》,中国社会科学出版社 2001 年版,第 131—144 页。

③ 易先忠、张亚斌:《技术差距、知识产权保护与后发国技术进步》,《数量经济技术经济研究》2006 年第 10 期。

④ 黄先海、宋学印:《准前沿经济体的技术进步路径及动力转换》,《中国社会科学》2017 年第 6 期。

解为"公共部门和私营部门中不同组织形成的网络,网络中组织的活动与互动能够激发、引进、改进和扩散新技术"①。由于集聚效应,企业往往集中在一个国家某个或某几个特定的地理区域内,形成产业集群。区域创新系统主要是由在一定地理区域内密切联系和合作的生产企业、研究机构和高等学府等构成的并能有效引导和支持创新的合作组织体系。② 与国家创新系统相比,国家和区域创新系统都强调公共、私营部门之间以及公共、私营部门内部之间在创新发展方面的网络化协作。但两者在边界范围、功能、资源流动性以及法律和文化制度等方面存在一定差异。一般来说,区域创新系统是国家创新系统的子系统,国家创新系统内部存在发达或欠发达的区域创新系统组合。区域的创新能力的提高直接决定着一个地区乃至一个国家竞争优势的增进。

区域创新能力之所以差别巨大,一是教育质量、劳动质量和科研能力具有区域性,二是知识流动、产业集群具有区域性,三是科技政策具有区域性。在一定的创新环境中,区域内的生产企业、高校及科研机构、中介服务机构、地方政府等创新主体使用区域内的创新资源推动着区域创新系统的产生和演进。创新主体、创新资源和创新环境构成区域创新系统的三大要素。创新主体在进行网络化互动与协作的过程中,会使区域创新系统形成一定的组织结构和空间结构。创新组织之间通常用"学习""激励"或"协作"来相互连接,共享和互换隐性知识,形成知识生产、知识扩散和知识运用等组织类型;知识和创新产品在组织之间的流动和组织结构的整体变化构成区域创新系统组织结构研究的主要内容。对区域创新系统空间结构的研究主要涉及区域创新集群的研究、传统产业基地的创新研究以及创新区域差异和空间扩散的研究。根据不同的分类标准,区域创新系统具有不同的类型。根据治理结构,可划分为基层型、网络型和管制型创新系统;根据创新主

---

① Freeman C. *Technology Policy and Economic Performance*: *Lessons from Japan*. London: Pinter, 1987.

② Cooke P, Hans Joachim Brayk H J, Heidenreich M. *Regional Innovation Systerms*: *The Role of Governance in the Globalized Word*. London: UCL Press, 1996.

体,可划分为企业基础型、科学基础型和中介基础型创新系统;根据协作机制,可划分为产业集群型、知识服务型、金融市场型和长期合约型创新系统。① 综合来看,区域创新系统概念主要包括地理边界的明显性和开放性、创新主体间的网络化协作、知识生产和知识资本化、创新网络与创新环境的互动四个方面的内容。

在进行区域创新理论研究的同时,学者们还对区域创新系统的绩效评价展开研究。在我国,中国人民大学定期发布的中国区域创新指数和中国科技发展战略研究小组的《中国区域创新能力报告》具有较强的社会影响力。在国际上,美国的国家创新能力指数、OECD 的"科学、技术和产业计分表"和欧盟的创新记分牌都是比较著名的绩效评价体系。评价系统中用到的评价方法主要有层次分析法、生产函数法、随机前沿生产函数法、DEA 方法、主成分分析法、熵变模型法等等。研究者运用各种评价,通过定量分析和创新成果比较以确定区域创新实力的强弱。实证研究发现,加快创新要素集聚、优化区域创新组织结构能够显著增强区域创新实力。新经济地理学方法研究显示,创新互动溢出、空间报酬递增、区际创新要素流动等因素对我国区域创新差异的形成起着重要作用。② 增强区域创新能力仅靠增加创新投入是不够的,更需要提高科技创新产出效率。基于随机前沿分析法的实证研究表明:尽管我国科技创新产出效率与发达国家相比仍比较低,但科技创新已经是我国技术进步的重要来源。③ 工业结构、对外开放度、高等教育发展和政府影响力等因素对科技创新产出效率具有显著影响。④ 实现高质量发展不仅要增加科技创新产出,更需要把科技创新产出转化为经济效益,因而增强区域创新能力还需要提升科技创新的转化效率。张明喜等在借鉴科技成果转化效率度量的国际经验基础上,运用

① Antonelli C, Quéré M. "The Governance of Interactive Learning within Innovation Systems". *Urban Studies*, 2002, 39, pp. 1051-1063.

② 张战仁:《我国区域创新差异的形成机制研究》,《软科学》2013 年第 6 期。

③ 王思薇、安树伟:《科技创新对中国区域技术效率的贡献研究》,《科技管理研究》2009 年第 10 期。

④ 樊华、周德群:《中国省域科技创新效率演化及其影响因素研究》,《科研管理》2012 年第 1 期。

数据包络分析法详细测算了我国各地区的科技成果转化效率。[①] 一些学者还对区域创新与经济发展之间的关系进行了实证分析。李翔、邓峰认为区域创新是区域经济发展方式转变的关键因素，产业结构升级则是区域经济发展方式转变的传导机制。[②] 在短期内，创新制度能力对提升区域经济增长质量效果显著；在长期内，提高创新资金投入强度和增加创新人力资本对提升区域经济增长质量效果显著。[③]

第二节　制度创新理论

在新古典经济学框架下，制度一般被视为既定的"外生变量"，不对经济发展产生作用。但美国经济学家道格拉斯·C·诺斯在研究了1600—1850年间世界海洋运输业的发展史后发现：在技术没有发生重大变化的情况下，制度创新也能提高生产率和促进经济增长。制度创新一般是指能使创新者获得追加利益的现存制度的一种变革，包括制度的发明、模仿与演进。[④] 尽管不同的主体（个人、组织或国家）推动制度创新的方式和结果有所不同，但制度创新的成本与收益之比在制度创新过程中都起着关键性的作用。只有在预期收益大于预期成本的情况下，行为主体才会有动力去推动制度创新。制度创新可分为诱致性制度创新（变迁）和强制性制度创新（变迁）。诱致性制度创新是由个人或组织在响应获利机会时自发倡导、组织和实行的制度创新。强制性制度创新是通过行政权力和立法手段等外在强制力推行制度和变革制度，其创新主体是国家。国家作为垄断者可以以比竞争性组织低得多的费用提供制度性服务，因而在制度创新中具有十分重要的地位。制度创新的扩散与技术创新有类似之处，一项能够获得追加收益的制度创新很快会被同行模仿，并且模仿壁垒显著小于技术创新。制

---

① 张明喜、郭戎：《从科技成果转化率到转化效率》，《软科学》2013年第12期。

② 李翔、邓峰：《区域创新、产业结构优化与经济增长方式转变》，《科技管理研究》2017年第17期。

③ 史自力：《区域创新能力与经济增长质量关系的实证研究》，《重庆大学学报（社会科学版）》2013年第6期。

④ 文魁、徐则荣：《制度创新理论的生成与发展》，《当代经济研究》2013年第7期。

度创新的大规模传播能够提高整个社会的福利水平。从制度的功能角度来看,制度创新可以概括为激励型制度创新和节约型制度创新。

一、激励型制度创新

西方发达国家经济发展史表明,组织效率是制度激励的产物,取决于制度安排能否对人的经济活动产生一种激励效应,有效率的经济组织是经济增长的关键。① 如果一个社会长期无法实现经济增长,那很可能是该社会没有为经济方面的创新提供足够的激励。尼德兰和英格兰地区最早进行了产权结构方面的变革,从制度上激发和保护了经济领域内的创新活动,因此它们首先在西方世界崛起。② 尽管基于分工和专业化生产的团队协作能极大提升生产效率,但由于团队生产使得生产业绩并不与单个工人的努力程度直接相关,因而经济组织也会带来逃避责任和欺骗等副产品。现代社会设立了立法、司法和执法机构,对机会主义行为进行惩处。尽管如此,机会主义现象仍然难以根除。一方面,专业化和分工程度越高,从最初生产到最终消费的生产环节就越多,考核费用也会越多;另一方面,契约的不完全性和司法实施过程的不完全性,也会使机会主义现象很难被根除。产品或劳动的特性不同,专业化和分工程度就会不同,契约和司法实施不完全性也会不同。因而,组织形式的选择将受到产品或劳务特性的影响,并且也会随特定考核技术的变化而变化。

在现代企业发展过程中,股权分散的加剧和管理的专业化,使得拥有专门管理知识并垄断了专门经营信息的经理实际掌握了对企业的控制权,导致企业所有权和控制权的分离。③ 根据委托代理理论,由于契约的不完备和目标函数的不一致,作为代理人的经理并不总是

① 道格拉斯·诺思、罗伯特·托马斯:《西方世界的兴起》,华夏出版社 1989 年版,第 1 页。

② 道格拉斯·诺思:《经济史中的结构与变迁》,生活·读书·新知三联书店、上海人民出版社 1994 年版,第 10 页。

③ Jensen M C, W H Meckling. "Theory of the Firm: Managerial Behavior, Agency Cost and Ownership Structure". *Journal of Financial Economics*, 1976, 3 (4), pp. 305-360.

根据作为委托人的股东的最大利益行事。委托代理理论建立在非对称信息博弈论基础上。非对称信息指的是某些参与人拥有而另一些参与人不拥有的信息。从非对称性信息的时间看,研究事前非对称信息博弈的模型称为逆向选择模型,研究事后非对称信息的模型称为道德风险模型。从非对称信息的内容看,非对称信息可能是指某些参与人的行为,此类问题称为隐藏行为模型,非对称信息也可能是指某些参与人隐藏的知识,此类问题称为隐藏知识模型。Jensen 和Meckling 关于股东与经理代理冲突的分析,引发了对管理层激励的规范性思考。现代企业治理的一个重要课题是如何通过内部激励机制设计来解决经理人与股东之间的利益冲突。Townsend 首次试图以激励合约方式从理论上解决公司治理的核心问题。① 激励合约解决代理问题的思路是让经理人签订与企业权益报酬相联系的长期契约,特别是股权激励方式的契约,使经理与股东利益尽可能一致。在知识经济时代,智力资本成为经济社会发展最为稀缺的资源,如何通过分配制度安排对智力资本进行有效的激励,是企业可持续发展的核心与关键。对应不同的制度条件,智力资本的分配激励制度安排主要有股份期权激励、职工持股计划、股份有限合伙制和知识共享激励等,而股份期权激励和股份有限合伙制是对智力资本进行分配激励的有效方式。②

从现有的实证研究来看,激励契约有效发挥作用的重要前提是该契约需要与外部制度环境相适应。例如,股权分置前,管理层持股激励对经营绩效改善没有显著影响;而股权分置后,经营绩效改善明显;在竞争性的产品市场,管理层持股激励有明显的正效应;但在垄断性市场中,管理层持股的激励效应则较弱。③ 股权分置和市场环境构成了管理层持股激励能否有效发挥作用的外部制度环境。股权激励还能有效地抑制企业投资过度和缓解投资不足,改善企业投资效率。与限制性股

① Townsend R. "Optimal Contracts and Competitive Markets with Costly State Verification". *Journal of Economic Theory*,1979,21(1),pp. 265-293.

② 芮明杰、郭玉林:《智力资本激励的制度安排》,《中国工业经济》2002 年第 9 期。

③ 沈红波等:《制度环境与管理层持股的激励效应》,《中国工业经济》2012 年第8 期。

票激励相比,股票期权激励对企业资本投资效率的作用更加明显。[①] 相比于长期股权激励,短期货币薪酬激励对企业海外创新绩效有着更为积极的作用,并且东道国制度完善程度越高越有利于短期货币薪酬激励和长期股权激励对企业海外创新绩效产生积极影响,但对高管的过度权力激励则不利于企业海外创新绩效。[②] 股权激励对企业并购也有着重要的影响。对高管进行限制性股票期权激励能够显著影响并购决策,激励强度与并购绩效具有正相关关系。同时制度条款内容中的有效期、等待期和首次行权期对两者关系发挥着正向调节作用,而行权价格起负向调节作用。[③] 相较于正式制度,非正式制度也能对企业管理层产生激励作用。尤其是在公司小规模经营阶段,信任能够有效提升公司业绩与高管薪酬间的相关性。但随着公司发展,规模逐渐增大,信任对于高管薪酬激励的积极作用会逐渐降低,这表明信任这种非正式制度作用的发挥存在前提条件。

二、节约型制度创新

制度对于降低交易成本的作用起源于科斯对企业制度和市场组织相互替代问题的研究。科斯认为,当市场的交易成本高到一定程度时,企业就会替代价格机制。为了克服科斯交易成本概念的同义反复,威廉姆森把"纵向一体化"的原因归结为市场失灵。在市场失灵的五个因素中,资产专用性、契约的不完全性和机会主义行为三个因素是交易成本产生的原因;而企业信息处理的规模效应和产权界定风险规避的制度适应性是组织内交易的优势。在此基础上,威廉姆森认为交易的不确定性、交换频率和资产专用程度的不同需要适用于古典契约、新古典契约和关系性契约等不同类型的契约关系;并且资产专用性程度越高,越需要追加对契约的保障,而"纵向一体化"则是契约保障的最

---

① 汤萱等:《股权激励、制度环境与企业资本投资效率》,《金融经济学研究》2017年第4期。

② 吴崇、林范丽:《高管激励、制度环境与企业创新绩效》,《财会通讯》2017第9期。

③ 潘爱玲等:《高管期权制度安排、激励强度与并购绩效》,《现代财经》2017年第12期。

后手段。① 或者说，当市场契约的成本大于一体化成本时，资产使用者便会倾向于实行纵向一体化。约伦·巴泽尔则强调商品交换中的考核成本。所谓考核成本是指获得商品品质的信息成本。在市场机制下，商品卖家会通过质量保证、分享契约、品牌投资和信息隐瞒等方式来降低考核成本。这一研究实质上证明了信息成本是最根本的交易成本。虽然科斯提出了企业的交易费用观，但他并没有给企业下定义，而只是将企业视作市场的替代物。阿尔奇安和德姆赛茨则认为企业内部的劳资关系也是一种契约关系。张五常综合了这两种企业观，认为企业对市场的替代实质上是要素市场对产品市场的替代。如果再结合巴泽尔的信息成本论，那么交易成本理论也可以理解为信息成本低的交易方式对信息成本高的交易方式的替代。格罗斯曼和哈特则进一步指出，交易的信息成本与剩余控制权的界定直接相关。剩余控制权一般会界定给获得信息成本比较低的那个交易方，比如雇佣关系中的雇主或者承包关系中的承包人。因而对剩余控制权进行合理的制度性安排可以节省交易成本。

制度创新能够降低交易成本，进而促进经济发展，对此制度经济学家已达成共识。但关于什么是交易成本，还没有一个清晰而统一的概念。② 张五常的"鲁滨孙单人社会中不会存在的成本"是对交易成本最为广义的定义。根据这一定义，只要人与人之间发生影响就会产生交易成本。这个成本又可进一步细分为交往不确定性成本和负外部性成本。若两个主体经常交往，且交往方式具有不确定性，那么交往后果具有不确定性，这种不确定性对于经常交往的双方都是一种成本；另外，若任意两个主体发生不经意的影响，若出现了负外部性，那么它对于承受方同样意味着成本。正是为了降低乃至消除人们交往行为的不确定性和负外部性，社会出现了制度。交易成本还可划分为界定产权的成本和配置资源的成本。产权的初始确定都需要支付一定的成本，有时这个成本是非常高昂的。如果因为成本过高而导致产权无

---

① 奥利弗·威廉姆森：《交易费用经济学：契约关系的规制》，转引自陈郁编：《企业制度与市场组织——交易费用经济学文选》，上海三联书店、上海人民出版社 1996 年版。

② 张旭昆：《"交易成本"概念：层次、分类》，《商业经济与管理》2012 年第 4 期。

法确定,配置资源的成本也会变得非常昂贵。市场交易和科层指令是配置资源的两种基本方式。从这个意义上讲,科斯的市场交易成本,阿尔钦与德姆赛茨的契约实施成本,巴泽尔的信息成本和威廉姆森的资产专用性成本都属于配置资源的交易成本。制度也同样具有创立成本、维持成本和实施成本。因此若这些成本足够大,则同样无法通过建立制度来降低交易成本。但是,如果生产环境中的不确定因素较少,日复一日的同一生产过程就会积淀为习俗。习俗经济比用脑来反应的经济更易操作,因而有更低的交易成本。①

传统主流经济学的重点在于对交换的研究,其核心部分是对市场及价格理论的研究。而制度经济学家的主要贡献则在于研究"生产的制度结构"。综合来看,制度是人与人之间的某种契约关系,可以划分为正式制度(规则)和非正式制度(习惯)。正式制度是以某种明确的形式被确定下来的行为规范,并且由行为人所在的组织进行监督和用强制力保证实施,例如法律和商业规则、宪法和政治组织的规则、经济政策和政府管理的规则等。正式制度被用来界定权利、界定责任、度量交易和惩罚违约。非正式制度是指对人的行为不成文的限制,具有自发性、非强制性、广泛性和持续性。诺斯注意到,正式规则的演变总是先从非正式约束的"边际的"演变开始。② 就像科学知识累积是技术创新的源泉一样,文化作为人类社会经验的积累是制度创新的源头。因此,制度主义的技术理论并非单纯地以技术为分析对象,而是把技术视为一个文化概念,来深入讨论技术与制度的协同演化。从本质上讲,制度是管理的工具,管理的功能是协调分工。因而,制度可以被理解为"关于如何协调分工的知识的载体"。无论是正式制度还是非正式制度,制度所物化的知识共享于同一制度之中,分工并协调着人们,因而降低了交易成本。③ 如果技术进步可以被理解成人为降低生产的直接成本所做的努力,那么经济制度的演化可以被认为是人为降低生产的交易成本所做的努力。从这个意义上讲,技术进步和制度演化都可以看成

---

① 希克斯:《经济史理论》,商务印书馆 1987 年版,第 53—54 页。
② 汪丁丁:《制度创新的一般理论》,《经济研究》1992 年第 5 期。
③ 希克斯:《经济史理论》,商务印书馆 1987 年版,第 46 页。

是一种"创新过程"。当创新降低了生产成本或交易成本,利润便得以产生,当"利润与创新之间的联系成为社会共享的信息时,利润将不再仅仅是创新的可能结果,它变成了创新的激励"。[①] 正如希克斯所说的,"商业经济制度的演进在很大程度上是一个如何找到减少风险的途径的问题"。

第三节　创新增长理论

经济增长的原因和机理研究一直是经济学研究的重要主题。在古典经济学中,经济学家对决定经济增长因素的分析视野十分宏大,诸如劳动分工、市场规模、技术进步、制度变革、人口和社会收入结构等因素都在他们的考察范围之内。[②] 在以哈罗德和多马等为代表的新凯恩斯主义学派的推动下,新古典经济学也开始关注经济增长理论,建立了新古典增长模型。但是,较之于古典经济学的宏大视野,传统新古典增长模型对经济增长决定因素的分析则过于简化,经济增长过程被简单地视为要素累积的过程,并且均衡增长路径取决于各种外生的参数,例如,外生的消费者偏好、技术进步和人口出生率等。[③] 针对新古典经济增长模型中经济增长源于外生的技术进步这一缺陷,20 世纪 80年代后,技术进步内生于经济体系之中的内生经济增长理论和演化经济增长理论逐渐兴起和发展。在内生经济增长模型中,技术进步不是外生给定的,而是来源于研发、干中学或人力资本积累,因而其对现实世界中的经济增长具有更强的解释力。演化增长理论对建立在新古典增长模型上的内生增长模型仍然不满意。演化经济学家认为企业的行为不应被假定在明确界定和外在给定的选择集合上的利润最大化,而应是在不确定性环境中追求利润最大化过程中发生的能力和决策规则的改变。该理论认为创新和技术进步对经济增长的影响应当借鉴"自然选择"的思想来分析。

---

① 汪丁丁:《制度创新的一般理论》,《经济研究》1992 年第 5 期。

② Foley, Duncan K, Michl, Thomas R. "The Classical Theory of Growth and Distribution". *Handbook of Alternative Theories of Growth Theory*, 2010, pp. 49-64.

③ 黄凯南等:《演化增长理论:基于技术、制度与偏好的共同演化》,《东岳论丛》2014 年第 2 期。

一、内生增长理论

20 世纪 80 年代,研究与开发、边干边学、人力资本积累收益递增等论题成为经济增长理论研究的中心。其目的在于将新古典经济增长模型中的技术进步因素内生化,以分析技术进步促进经济增长的实现机制。这些模型仍然采用新古典主义的边际分析,通过在新古典经济增长模型中加入人力资本、知识积累、知识溢出等因素来克服资本积累的边际收益递减。20 世纪 90 年代,内生增长理论从两个方面得到了发展。一是罗默继承了阿林·扬的分工和专业化促进经济增长的思想,构建了产品种类增加型经济增长模型;[1]二是阿吉翁和霍伊特将熊彼特"创造性破坏"思想模型化,构建了产品质量改进型经济增长型模型。[2]

索洛模型中的长期人均增长依赖于外生技术进步的性质源自资本的边际报酬递减假定。如果说物质资本、劳动和土地等生产要素投入会出现边际报酬递减具有一定的合理性,但是技术进步或知识对于生产的贡献则很难说一定会是边际报酬递减的。阿罗指出,人们是通过学习而获得知识的,技术进步是知识的产物、学习的结果,而学习又是经验的不断总结,经验的积累体现于技术进步之上。[3] 知识具有不同于一般物品的特殊属性。一方面,知识积累能提高实物资本的生产率,从这个意义上讲,实物资本本身就可以被看成是物化的生产知识。AK 模型将广义的资本定义为实物资本与人力资本的结合,通过假定人均产出是人均资本的线性函数使资本的边际报酬保持不变。模型论证表明,边际报酬不变的生产技术足以保证经济实现内生增长。卢卡斯通过构建包含产品生产部门和教育部门的经济增长模型,明确将

---

① Young A. "Increasing Returns and Economic Progress". *The Economic Journal*, 1928, 38(152), pp. 527-542. Romer P. "Endogenous Technological Change". *Journal of Political Economy*, 1990, Vol. 98, pp. 71-102.

② Aghion P, P Howitt. "A Model of Growth through Creative Destruction". *Econometrica*, 1992, Vol. 60, pp. 323-351.

③ Arrow K. "The Economic Implications of Learning by Doing". *Review of Economic Studies*, 1962, Vol. 29, pp. 155-173.

资本区分为实物资本和人力资本。卢卡斯人力资本模型证明,人力资本积累能够让经济实现持续增长。[1] 另一方面,知识可以相互学习,其非竞争性的属性会产生正的外部性。正是认识到了这一点,罗默构建了研究开发模型,通过在模型中加入独立的专门从事研究开发的知识生产部门,研究开发模型也获得了经济内生增长的结论。[2] 从模型形式上看,卢卡斯人力资本模型和罗默研究开发模型有相似之处,即经济增长源于人力资本积累或者知识水平提高带来的生产率的提高。区别在于,在人力资本模型中,人力资本是一个工人身上的专业化技能,这种技术只能用于某项工作,因而是竞争性产品;而且由于工人对自己的技能拥有产权,因而也是排他性产品。而研究开发模型中的知识则可以用于所有企业的生产,是一种非竞争性产品,当这种知识并未申请专利时,它还是非排他性产品。

索洛模型等新古典增长模型发现,传统要素(劳动和物质资本)并不能解释全部的经济增长,经济增长依赖于外生的技术进步。在此基础之上,内生技术进步的研究开发模型和人力资本模型认为,劳动者劳动能力的增强能够消除物质资本的边际报酬递减,从而使经济实现内生增长。然而,虽然知识和人力资本积累是技术进步的源泉,但知识和人力资本并不直接等同于技术。为此,罗默、阿吉翁和霍伊特又构建了直接定义在技术变迁之上的内生增长模型。在罗默的产品种类增加模型中,产品属于生产性产品,因而新产品的开发类似于阿林·扬所说的迂回生产方式的加强,属于基础性创新活动,这种创新所需的知识是非竞争性的,但知识创新者会通过申请专利来限制他人的使用,因而具有一定程度的排他性。对于这类知识的创造者来说,正是这种排他性的垄断权使模型产生内生增长,并且垄断力越强经济增长率越高。在阿吉翁和霍伊特的质量改进型内生增长模型中,经济增长或者表现为消费品质量的提高,或者表现为中间产品质量升级所导致的消费品数量增加,与经济增长过程相伴而生的是旧产品不断遭到淘

① Lucas Robert E. "On the Mechanics of Economic Development". *Journal of Monetary Economics*,1988,Vol. 22,pp. 3-42.

② Romer P. "Increasing Returns and Long-Run Growth". *Journal of Political Economy*,1986,Vol. 94,pp. 1002-1037.

汰。这类增长模型的特色在于它体现了熊彼特的"创造性破坏"思想。质量升级型内生增长模型认为,分散经济可能导致均衡增长率过高,从而使经济的福利水平降低。这一论断对政府制定合适的增长政策具有一定的参考价值,即应通过制定和实施经济政策使经济增长率达到一个合理量值,使经济福利达到最大化,而不应是单纯地追求经济增长率指标的上升。[①]

二、演化增长理论

在内生增长理论形成和发展的过程中,另一种以达尔文"自然选择"生物进化论思想为基础的演化增长理论也逐渐形成。这一框架将企业的创新视为生物学中的基因突变,"好"的基因通过"物竞天择,适者生存"的规律得以延续,企业需要通过不断创新来扩大自己在行业中的份额,否则就有可能被淘汰。演化增长将增长视为一个在数量变化的过程中伴随着质量或结构性的变化的演化过程。它同时也是一种知识增长过程,即知识如何被创造和运用的过程。[②] 因而,在演化经济学看来,经济增长是一个不断创造新知识并把新知识转化为新产品、新技术的过程,在这一过程中不但经济总量增加,而且还产生了结构变化和制度变迁。演化增长理论和内生增长理论基本在同一时期形成和发展,又都强调经济体系内部形成的技术进步对经济增长的作用机制,因而在理论观点上具有一些相似之处,但演化增长理论也有其鲜明的理论特点。

演化增长理论以达尔文生物进化论为哲学基础。从理论基础上讲,内生增长理论仍以牛顿经典力学为哲学基础,采用新古典主义边际分析法。演化增长理论则另辟蹊径,从达尔文"物竞天择"的生物进化论视角来展开经济增长研究,因而与内生增长理论有着截然不同的理论假设。在演化增长理论中,内生增长理论的完全理性假设被有限理性替代,行动规则也由同质企业的利润最大化原则变为异质企业的

---

① 朱勇、吴易风:《技术进步与经济的内生增长》,《中国社会科学》1999 年第 1 期。

② Northover P. "Evolutionary Growth Theory and Forms of Realism". *Cambridge Journal of Economics*,1999,23,pp. 33-63.

"满意"原则。演化增长理论基于个体群方法的异质企业假设关注于整个企业群体以及群体中某种行为变化的统计特征,群体本身的多样化特征使"新奇"的出现成为可能。演化增长理论中的所谓"满意"原则是指:如果企业对自己当前的利润水平很满意,它就不会做出决策上的改变,会按照原有惯例行事;只有不满意时它才会从事各种搜寻工作,从而发现更有效率的惯例,实现更高的利润水平。① 在演化增长理论看来,利润最大化是企业发展进程中优胜劣汰的结果,并且在任何一个时间点上,利润最大化都只是一个特例。

演化增长理论以动态的随机过程为增长机制。在内生增长模型中,经济增长的动力来自知识和人力资本的增加和外溢,或者来自水平分工和垂直分工效应;经济增长率是完全信息条件下行为人最优化决策的均衡解;当劳动、资本和技术创新方式确定后,经济会确定性地沿着一定方向发展。演化理论则认为,经济均衡只能是暂时的,企业行为和市场情况都是随着时间推移而变动的动态过程。在演化增长模型中,惯例、搜寻和选择等概念代替了新古典分析中的生产函数和利润最大化等假设,经济增长依赖于两种主要的演化动力机制。一是搜寻新技术的创新机制。经济行为人为追求满意的利润搜寻产生技术的新奇性,激发惯例的改变、形成和复制,为经济变化提供了新的路径;二是对新技术进行甄别与筛选的选择机制。选择过程使多样性不断减少,市场和其他经济制度是现代经济最重要的选择机制。② 演化增长模型基本都遵循着"创新—多样化—选择—增长"这样一条无法标准化的增长路径来展开研究。而且,由于经济发展过程中还会有社会骚乱、经济危机等随机因素的干扰,经济发展前景并非完全可测,只能知道变化的概率范围。因而,经济发展过程是一个马尔科夫过程,某一时期一个行业的状况决定它在下一时期的状况的概率分布。③ 这就决

---

① 杨虎涛、陈国涛:《演化增长理论与内生增长理论的差异分析》,《福建论坛·人文社会科学版》2011年第3期。

② 崔学锋:《现代演化增长理论的兴起、现状与未来》,《理论经济研究》2014年第1期。

③ 任力:《内生增长理论与演化增长理论的比较研究》,《厦门大学学报》(哲学社会科学版)2007年第2期。

定了各国在经济增长上的差异将会持久存在,经济演化的最终结果是不确定的而非最优化的,不会出现所谓的"趋同"。

演化增长理论主张系统性创新的科技政策。演化增长理论认为,技术进步推动经济增长的过程是复杂的、非线性的和充满不确定的,并随着时间的推移而不断变化,因此精确预测某种科技政策的效果是很难的。因此,科技政策应该具有渐进性,政府对技术政策引导要防止R&D投入追求"最优"效果的简单化倾向。科技政策需要着重解决系统失效的问题。系统失效主要表现在系统的行为者之间缺乏相互作用、公共部门的基础研究和企业应用性研究不匹配、技术转移机构失常以及企业的信息不足与吸收能力低下等。[①] 演化增长理论以"惯例"为纽带,把技术和制度结合在一起,强调技术和制度的协同演化。这一理论把技术看作"物质技术",而把制度看作一种"社会技术";认为"物质技术"的进步是经济增长的关键动力,而"社会技术"则是一种润滑剂。因而,演化增长理论认为政府制定科技政策时不能单纯考虑技术的经济性质,需要深刻挖掘技术及其背后的社会文化背景差异;并且既要分析在过去时间中沉积下来的规则与知识的影响,也要突出未来的新奇与不确定对行为主体选择的作用。

---

① 王彬:《企业创新系统研究》,四川大学博士学位论文,2004 年。

第二章

企业创新发展

在新古典经济学框架中,企业内部的运行被视为一个黑箱,价格、技术、制度等外部约束条件是既定的,企业唯一的任务是选择使其利润最大化的产量。这一理论假设与现实世界相去甚远。在熊彼特看来,创新是企业获取超额利润的关键,是经济持续发展的源泉。企业创新要获得成功,需要企业家敏锐洞察市场需求,勇于承担失败风险,把生产要素的"新组合"引入生产体系之中。企业家(entrepreneur)一词的原意即为"冒险事业的经营者或组织者",所以企业创新是勇士的行为。近年来,随着知识在企业生产经营中的作用日益提高,逐步出现了把企业看作是一个知识库的企业理论。企业知识理论认为市场无法解决隐含知识的不可流动性和潜在购买者占用显性知识的风险,而企业作为生产产品和服务的机构则能够创造使多个个体整合其特有知识的条件。

第一节 企业创新动力

在市场经济条件下,企业对超额利润和竞争优势的追求,是其开展创新活动的主要内源性动力。对于企业创新动力的激发和维系,企业家起着关键性的作用。熊彼特认为企业家是企业创新活动的人格化,是创新动力发挥作用的"轴心"和"载体"。可以说,企业的创新动力直接源自企业家精神。企业家精神表现为创新精神、冒险精神和社会责任意识,是企业家为展示自身才华、获得事业成功和实现自身价值等追求所表现出来的一种精神气质。[1] 随着时代的发展,企业家精神的内涵仍在不断丰富,在创新与冒险这两个最基本的精神气质之上,逐渐增添了合作、学习等新内容。在德鲁克看来,企业核心竞争力从某种意义上讲,是企业家精神的一个反映或扩展。综合来看,创新动力是指推动企业开展创新活动的促动力量,激发创新因素效能的发挥,它执行着调动企业创新积极性、促进企业开展创新活动的功能。[2] 具体

---

① 王海燕:《国有企业创新动力探究》,《高科技与产业化》2011 年第 3 期。

② 邸晓燕、张赤东:《企业创新动力:概念、模式及分析框架》,《科技管理研究》2017 年第 17 期。

来讲,企业家精神需要与市场形势研判、技术创新组织和创新机制设计等因素结合起来,进而共同形成企业的创新动力。具体来说,市场拉动、技术推动和制度激励构成了企业创新的三个动力来源。

一、市场拉动

最有效的创新动力来自市场环境。美国经济学家施莫克乐首先提出创新动力市场需求拉动理论,他指出,创新动力来源于"那些对未来市场的分析,以及对未来用户和政治目标的了解",与创新成功更加紧密地联系在一起的,不是那些科学发现或"闪光的想法",而是对市场需求的正确把握。① 如果只强调研究开发投入而忽视市场需求,技术成果就可能没有商业价值,创新投资就可能血本无归。市场需求拉动的创新活动需要企业家有敏锐的市场洞察力,能明确市场需求是什么;需要企业进行仔细和深入的市场调查,在激烈的市场竞争中,"没有调查就没有发言权"。企业只有通过市场调查获得客户反馈信息,并依据信息不断改进工艺,完善产品,才能增强企业核心竞争力。在当前大数据时代下,信息资源总量得到无限扩展,为市场调查提供了丰富的信息资源。基于大数据的市场调查,能够实现对市场的有效、实时监测,从而把握市场变化情况,及时捕捉消费者需求。大数据方法直接对调查对象整体进行分析,省却了抽样设计环节,并且市场调查的重点从探寻因果关系向注重相互关系转变,更有助于突出市场调查的重点,提升市场调查效率。

事实上,在市场经济环境下能主动发现市场盲点的企业还是比较少的,大多数企业需要在与同行竞争的过程中探寻生存和发展之路。在激烈的市场竞争中,企业要么得以生存和发展,要么遭受淘汰和死亡。竞争对企业产生的紧迫感、压力感会把企业的积极性、创造性呼唤出来,激发企业的创新动机。企业只有以新技术为基础,大力改进生产工艺、降低产品成本和提高产品质量并努力开发符合市场需求的新产品,才能在市场上确立自己的竞争优势。从这个意义上讲,市场竞争与

---

① 陈铁军、吴添祖:《浙江民营科技型企业创新动力和创新障碍分析》,《软科学》2002 年第 6 期。

经营压力是迫使企业寻求技术创新机会的一个重要原动力。大数据的时代性特征构成了新的市场竞争生态。企业之间的竞争转向了数据获得和分析能力之争。① 研究显示，人们通过大数据发现显著的相关关系可以创造巨大的经济和社会效益。在零售业，拥有大数据可以提升 60% 的销售额，采用数据驱动决策方法的企业产量增幅比投入其他资本的产量高出 5%—6%。② 而且大数据分析还能使满足消费个性化需求成为可能。个性化的、零散的、小量的需求会在需求曲线上形成一条长长的尾巴，即所谓的长尾效应。随着人们生活水平的提高，消费者的需求越来越个性化，在曲线中表现为曲线的尾巴越来越长。企业可通过大数据分析扩大产品的差异和种类来满足消费者的个性化需求。个性化商品竞争对手相对较少，加上本身所在行业具有一定的垄断性，因此，此类产品创新进入市场获得成功的概率就比较大。

二、技术推动

技术是推动企业创新的另一个重要因素。技术推动模式一般以基础研究为起点，通过应用研究获得技术创新成果，并进行商业化推广，其核心思想是通过技术创新创造消费需求。技术系统具有自我淘汰、更替的特质，旧技术发展到一定程度会被新技术取而代之。科技的突破与发展，确实会使企业形成较强的创新动力，技术进步推动创新有多种途径。③ 一是新技术思路诱导。新的技术思路往往会诱发企业家去组织研究开发活动，并将研究开发成果投入商业化应用。例如，电磁学的发展为电力革命的开启提供了理论基础，微电子技术的进步让人类进入信息时代。新技术思想的发现或发明并不一定会直接产生市场需求。法拉第发现电磁感应现象后，甚至有人问电有什么用。但正是工程技术人员敏锐地意识到电力技术对人类生活的重大意义，并积极致力于电力开发、传输和运用方面的商业化，让人类进入了一个

---

① Mcafee A，Brynjolfsson E. "Big Data: the Management Revolution". *Harvard Business Review*，2012，90(10)，p60.

② 转引自曾彩霞、尤建新：《大数据垄断对相关市场竞争的挑战与规制：基于文献的研究》，《中国价格监管与反垄断》2017 年第 6 期。

③ 姚建峰：《企业创新动力模型分析》，《财经论丛》2004 年第 6 期。

新的时代。二是技术轨道演进。多西在技术范式概念基础上提出技术轨道理论，认为技术的发展过程是在技术范式规定下沿技术轨道方向发展的一种强选择性的进化活动。① 重大的技术进展所形成的技术规范一旦模式化并形成技术轨道，渐进型创新就会沿着轨道被不断激发，并为新的根本性创新积累能量。三是技术预期，包括技术寿命周期和经济效益预期。当创新者预期到某项技术尚未进入衰退期，其应用有可能带来经济效益时，就会将这一技术投入商业化过程；或者推动创新者变革工艺、改进设备，以适应生产发展。

在互联网技术推动下的"大数据"时代，新兴技术或者可能产生技术创新的新思维、新想法都会以某种形式表征在大数据中，新的信息技术机会大量涌现。PB级以上的数据使研究者可以做到没有模型和假设也可以进行数据分析，大数据分析直接运用数据间的相关关系来理解世界，通过揭示数据与数据之间、数据与人之间、数据与物件之间的相关性来产生经济与社会价值。这种分析方式可能导致科研范式的变革，即从"假设驱动"变革到"数据驱动"，学术界称之为科研的"第四范式"。② 发展大数据产业需要突破信息储存、数据挖掘、数据安全等关键技术，大幅提高从大数据中发现价值的能力。在大数据分析与应用中，大数据预处理与质量控制技术、大数据分析支撑理论与算法、大数据挖掘技术、大数据可视分析技术、大数据智能知识管理与决策支持技术构成了大数据分析与应用的五大共性技术。③ 大数据时代信息技术的一大特点是创新模式的集成化。目前信息技术的共享和合作往往会拓展至全球范围，信息技术创新越来越表现出全球性的集成化趋势。集成化发展能将企业在大数据开发的优势结合在一起，提高创新效率。大数据还与智慧产业有着内在的联系，智慧城市、智慧医疗的关键技术就是大数据的获取与分析，"智能"实际上是运用云计算从数据里面提炼出智慧。所以智慧产业实质是大数据基础上机器学习等人工智能技术的深化与推广，大数据跟云计算是智慧产业的技术基础。

---

① Dosi G. *Technical Change and Economic Theory*. London：Piner book，1988.

② 陈月华、刘国新：《大数据时代背景下的技术创新研究》，《当代经济》2017年第6期。

③ 张平文等：《大数据分析与应用技术创新平台》，《大数据》2018年第4期。

三、制度激励

企业通过制度安排维护和促进创新激励,是推进企业技术创新的又一个重要动力。创新不仅仅是个人行为,更是一个分工协作的过程,是一种群体行为和组织行为。尤其在技术复杂度日益上升的情况下,技术创新需要各类专业技术人员的协同参与,因而创新成功的概率很大程度上取决于技术人员的工作积极性和协作能力。在现代企业中,人力资本的投入已经远远超过物质资本的投入。一方面,为增强技术创新能力,现代企业特别强调企业内部激励性制度的设计,这些制度主要包括对企业家和技术人员的激励制度和以技术创新为中心的组织设计和管理制度等。另一方面,处于不同发展阶段的企业,其创新动力的来源以及强弱也会不同,对于激励机制的设计和运用要与之相适应。一般而言,扁平化的团队协作机制更适用于初创的小企业,而科层制比较适用于已经实现规模化的大企业。总之,企业通过内部组织制度安排形成有利于创新的分工协调和权责分配关系,能够对部门和个人起到激发创新动机、鼓励创新行为和增强创新动力的作用。

(一)股权激励

公司制企业普遍采用股权激励来增强企业的技术创新能力。据统计,2005 年中国 A 股市仅 7 家上市公司公布股权激励草案,而截至 2017 年 7 月,已有 1024 家上市公司公布了股权激励计划(草案)。[①] 股权激励可以帮助企业留住对企业前景有信心的员工,可以让持有较大比例公司股份的高管和工程技术专家保持对公司的忠诚和维持较高的创新意识。管理者作为"理性经济人",一般会将个人利益最大化作为目标,这在公司管理过程中往往引发短视行为。因此,创新投资作为一项风险大、周期长且收益不确定的投资,往往不受管理者的青睐。但创新又是企业在激烈的市场竞争中能够生存下去的不可或缺的关键因素。企业推行股权激励的目的在于缓解委托代理问题,激励管理层

---

① 朱德胜:《不确定环境下股权激励对企业创新活动的影响》,《经济管理》2019 年第 2 期。

和技术骨干进行创新。股权激励作为一种长期激励机制,其对创新活动的影响主要体现在以下两个方面。一是股权激励一定程度上可以解决委托代理矛盾导致的短视行为。股权激励的核心是通过给予高管和技术人员股份,将他们的个人利益与企业价值实现捆绑。当管理者与股东利益一致时,管理者会充分发挥管家角色,制订创新战略,及时投入创新资金,为企业获得持续的核心竞争力竭尽所能。当技术人员与股东利益一致时,技术人员会及时跟踪研发动态,加强研发监督,极力避免研发失败。因为一旦创新活动成功,企业会有更好的市场竞争力,公司股价将上升,那些得到股权激励的管理者和员工将获得丰厚的回报。而如果研发失败,则会导致公司股价下行,股权激励的价值将与企业价值一起遭受重大损失。为避免损失,他们有动机改变自身风险规避行为,承受适度风险,从企业长期发展战略出发增加研发投入。另一方面,股权激励能够提高管理者和员工的风险承担水平。如果公司创新成功,股价将会大幅上升,那些获得股权激励的管理者和员工能够得到巨额收益。并且 Genus 和 Coles 还发现,管理者的收益对股价波动的敏感度越高,越会鼓励他们从事更多的风险性项目。[①]股权激励将股票作为激励标的,被授予人能否获利依赖于股票回报的波动性。创新作为一种高风险的投资活动,会增加股票回报的波动率。当股权作为管理者薪酬时,其财富将由企业价值的波动而提高,使他们有动力改变自身的风险规避行为。

现阶段学者们对上市公司股权激励的研究,主要关注于股权激励的业绩敏感性,对股权激励计划方案的结构性研究尚处于起步阶段。Jensen 等提出,"在高管薪酬事务中重要的不是支付多少,而是以什么方式支付"[②],Manso 的理论分析也表明,财务激励对企业创新的影响取决于其结构。[③] 首先,股权激励机制对于企业不同类型的创新活动

① Genus A, Coles AM. "Firm Strategies for Risk Management in Innovation". *International Journal of Innovation Management*, 2006, 10(2), pp. 113-126.

② Jensen M C, Murphy K J. "Performance Pay and Top-management Incentives". *Journal of Political Economy*, 1990, 98(2), pp. 225-264.

③ Manso G. "Motivating Innovation". *The Journal of Finance*, 2011, 66(5), pp. 1823-1860.

发挥着不同的作用。创新可以分为探索新技术的创新和应用已有技术来获取收益的创新。探索性创新和开发性创新在收益获取和风险承担方面有着明显差异。从实证分析来看,股权激励能够显著提升企业探索性创新投资水平,但对于开发性创新投资的促进作用则不明显。并且,市场化程度能够显著增强股权激励对企业探索性创新投资的正向作用,而国有股权则会削弱这一正向作用。其次,不同激励方案的契约特征对企业创新活动有着不同的影响。[1] 股权激励方案的有效期越长,样本公司研发投入的增加越明显,所获发明专利的增加越明显;实施限制性股票及激励方案有效期越短的企业,其外观设计专利的增长越多。再次,股权激励方案的契约结构对管理层实质性创新与策略性创新的动机选择具有重大影响。进一步的研究还发现,股权的行权业绩考核和行权时间限制在激励企业创新时存在截然相反的作用。行权业绩考核一般规定,仅当考核期的业绩超过预设目标时,管理层才能获得行权权力。短期业绩压力可能会促使管理层采取急功近利的短视策略。而行权时间限制则要求管理层等待一段特定的时间才能行权。较长的行权时间使管理层能从企业的长期价值增长中获益,因此更可能激发企业的创新活力。相对于非股权激励公司,股权激励公司的研发投入和专利申请数量分别高40%和46.2%;行权等待期增加一年能相应增加10%的研发投入和11.4%的专利申请数量;但行权业绩考核会抑制企业创新,经行业调整的 ROE 目标增加一个标准差会使企业研发投入下降5%,专利申请数量下降8.39%。[2]

　　股权激励对创新的促进效果还受到企业产权结构的影响。统计研究发现,民营企业比国有企业进行的研发创新活动更多;股权制衡度对企业创新效率有显著影响,股权制衡度高的企业创新效率更高,并且在国有企业中更为显著;高管股权激励更能促进国有企业进行创

---

①　李丹蒙、万华林:《股权激励契约特征与企业创新》,《经济管理》2017 年第10 期。

②　刘宝华、王雷:《业绩型股权激励、行权限制与企业创新》,《南开管理评论》2018 年第1 期。

新,高管薪酬激励更能促进民营企业创新。① 还有研究认为,实施股权激励计划对非国有企业的创新促进作用更大。② 在当前混合所有制改革的背景下,通过不同产权性质的资本交叉持股和相互融合来优化企业股权结构能够促进企业创新。利用中国工业企业数据库数据,实证研究发现:非国有股权比例与企业的创新活动显著正相关;个人持股比例和法人持股比例更高的企业更具创新性,而外资持股比例和集体持股比例对企业的创新不具有显著影响;非国有股权对企业创新的促进效应主要源自经理人观,而不是政治观。③ 对于战略性新兴企业而言,非国有股权和企业内高管股权对企业总创新具有显著的促进作用,而对发明创新没有显著作用;境内与境外非国有法人股权对总创新及发明创新均没有显著作用;但值得关注的是,法律保护较强地区的非国有股权能够显著地促进公司总创新及发明创新。④ 这表明,股权激励要对技术含量更高的战略性新兴企业的创新产生促进作用,良好的外部环境起着关键性的作用。

(二)团队创新

经济信息化和全球化改变了企业的外部生存环境,企业必须快速准确地对千变万化的市场做出反应,企业必须在内部建立合作、协调机制以提高效率。传统的垂直式层级组织是一种包含许多层次的金字塔结构,实行纵向管理,由从上到下的决策输送和从下到上的信息传递构成。层级对于协调一个包含多个特殊单元的复杂系统是一种有效的机制,但这种以功能为核心,高度定位和逐步负责的模式,存在等级分明、层次较多、官僚主义鲜明等问题,无法适应信息革命

---

① 张玉娟、汤湘希:《股权结构、高管激励与企业创新》,《山西财经大学学报》2018 年第 9 期。朱德胜、周晓珮:《股权制衡、高管持股与企业创新效率》,《南开管理评论》2016 年第 3 期。

② 谭洪涛:《股权激励促进了企业创新吗》,《研究与发展管理》2016 年第 2 期。

③ 李文贵、余明桂:《民营化企业的股权结构与企业创新》,《管理世界》2015 年第 4 期。

④ 李云鹤、李昱:《法律保护、非国有股权与企业创新》,《当代经济科学》2018 年第 1 期。

下的社会市场快速变化。① 层级组织模式尤其不利于处于初创期的高新技术企业发展。初创期的高新技术企业通常掌握了一项填补市场空白的新技术,生产决策需要多种类型的新知识,这些知识又存在于不同的专业技术人员之中。在这种情形下,企业管理模式需要变塔式层级为合作协调,为员工间进行知识交流、积累和应用提供便利条件。知识经济时代,以团队为核心的企业创新组织建设被众多企业所重视。团队是一个具有互补技能、共同责任和共同目标的群体,团队成员通过信息共享和协作共同实现价值目标。高层管理团队是企业发展到一定阶段,为了适应复杂多变的经营环境而出现的一种新型核心决策群体组织形态,其效能的高低直接决定企业绩效的优劣,对企业的长远发展能产生重大影响。人工智能、大数据、云计算、区块链等新技术的发展,使企业创造并获取价值的逻辑发生根本性变革。新的技术催生出新的商业模式,新商业模式的成功又激发新的技术。在高新技术企业中,研发团队正在演变为网络化、扁平化、柔性化的学习型组织。

高管团队是企业经营决策的核心,对企业战略决策和研发创新决策影响巨大。高管团队的认知能力直接影响其商业模式创新。如果高管团队具有较强的创造能力和类比推理能力,则企业倾向于采用突破性商业模式创新。研究表明,高管团队成员的年龄、性别、从业经验和教育背景等人口统计学特征是其认知能力和经验知识库的有效观测因素,高异质团队可能导致部分战略决策者更具创造力和适应性。在公司重新定位、环境震荡、技术变革及总裁继任等复杂情况下,领导班子异质性能增强战略重新定位的灵活性。企业的创新决策不同于一般性的目标决策或战略决策,是一种不确定性更高、更具有发散性思维的复杂决策活动,行为整合在其中起着独特的调节作用;团队行为整合过程包含着信息交换、行为选择和集体决策三个相互关联的要素。② 由于团队在信息收集与处理、创新方案评价以及新方案形成等

---

① 杨辉:《企业组织形式创新——团队》,《经济问题探索》1996年第10期。
② 王辉等:《高管团队异质性、行为整合与企业创新决策》,《科技与经济》2015年第4期。

方面比个体更加理性和客观,有效的团队行为整合不仅有利于团队管理效能的提高,有利于激发员工创新思维,还有利于提高企业的创新风险承受力。同时,高管团队作为部分异质性社会成员的集合体,生而具有一定的社会资本。[①] 例如,具有多年行业经验的高管往往拥有供应商、客户和竞争者等关系网络,具有学术背景的高管可能拥有高等院校、科研院所等科研机构网络关系。高层管理者利用自身特有的社会关系可以帮助企业与市场中的不同对象建立联盟,从而影响企业联盟网络的伙伴特征,使组织获得差异化的外部支持环境。特别是具有海外学习工作背景的高管,通常拥有前沿的科学知识、创新技术和管理经验,能够为企业创新发展调动国内外双重创新资源。高管团队海外经历所带来的信息、知识等外部资源,能够帮助企业识别新机会、开发新产品和开拓新市场,进而推动企业创新发展。对于高新技术企业来说,涉及行业特定知识的人力资本以及嵌入外部关系网络的社会资本是实现创新的关键要素。[②]

研发团队是企业进行研发创新的核心资源,能对企业研发创新产生巨大影响。企业研发过程中所需的知识不仅包括显性知识,还包括团队成员的隐性知识。与显性知识相比,团队成员所拥有的隐性知识难以被竞争对手模仿和复制,更易成为企业的核心竞争力。但与此同时,具有较强专业特长的研发团队成员往往有实现自我价值的强烈意愿并且工作独立性强,企业需要从团队成员的心理和行为特点出发,研究其个性化需求,创造出一套适合本企业特点的激励体系。这对提高创新团队的效率和利润至关重要。一个成功的知识型团队要求团队的目标导向明确、成员构成合理、核心能力突出、专业知识互补。科学技术越发展,社会分工越精细,个体所掌握的知识随之朝着专而精的方向发展。与此同时,企业研发任务也会越来越复杂,需要经历知识搜寻、知识共享、知识整合和知识创造等阶段,仅

---

① 苏晓华等:《高管团队特征与企业自主创新:联盟网络特征的中介作用研究》,《电子科技大学学报(社科版)》2019 年第 1 期。

② Liu X, Lu J, Filatotchev I. "Returnee Entrepreneurs, Knowledge Spillovers and Innovation in High-Tech Firms in Emerging Economies". *Journal of International Business Studies*, 2010, 41(7), p.1183.

靠单个成员是难以完成任务的。特别是在解决跨学科问题时,仅依靠个人所掌握的知识更是难以应对,团队成员之间共享信息、互补技能、团结协作、共担责任至关重要。团队内部知识分享的重要性日益突显。一是知识分享能够扩大团队成员的知识范围,在团队内部形成多样化的知识体系;二是知识分享能够使成员在知识冲突中产生新知识;三是知识分享能使显性和隐性知识相互转化,提高团队创新绩效。研发团队内个体成员的协作关系相互嵌入会形成具有不同结构特征的网络,研发团队网络结构是团队绩效重要的决定性因素之一。① 研发团队还需要向外拓展创新网络,扩大创新开放广度和深度。创新开放广度越大,团队能够从外部组织中获得的相应资源就越丰富;创新开放深度越大,团队与外部合作企业的合作程度就越高。② 开放式的创新合作能够显著提高企业团队成员获取与消化知识的能力,深入的创新合作对于研发团队引进外部技术资源、提升团队创新绩效具有正向促进作用。

第二节　企业创新类型

一个企业能否在市场中生存下去,取决于这个企业生产的产品或提供的服务能否被市场所接受。企业只有不断地进行产品创新或服务创新才能在激烈的市场竞争中取得优势。企业本质上是一个管理团队生产的组织,高效的管理是创造性思想能够不断转变为产品和服务的根本保证。因此,产品创新、服务创新和管理创新构成了企业创新主要的类型。

一、产品创新

技术创新通常沿着两个方向进行,即工艺创新和产品创新。高效的产品创新模式是企业竞争力的重要来源。理论文献一般用边际生产成本的降低表示工艺创新,用产品需求提高表示产品创新。调查发

---

① 曾德明等:《研发投入与企业创新绩效》,《科技管理研究》2015 年第 18 期。

② 徐建中、杜宪:《研发团队创新开放度、吸收能力与团队创新绩效》,《管理现代化》2016 年第 5 期。

现,许多行业的产品创新是通过与工艺创新相配套实现的。[①] 可见两种创新活动并非完全独立,而是存在密切的关联。Athey 和 Schmutzler 基于横向差异化模型认为两种创新存在互补关系。[②] 产品创新导致需求增大,而需求量越大,降低单位生产成本就越有利可图,企业越有开展工艺创新的动力。Lin 和 Saggi 发现,工艺创新能够增加产品的差异化程度,因此工艺创新也能激发更多的产品创新。[③] 产品创新的类型主要有:开发一种全新的产品,提高原有产品的性能,给产品增加新的功能,改进产品的外观,降低产品生产成本。一般而言,产品创新包括策划构思、研发设计和营销发布三个阶段。在互联网思维下,新产品的策划,要有跨界思维、用户思维和大数据思维;新产品的研发,要有简约思维、极致思维和平台思维;新产品的营销,要有流量思维、社会化思维和粉丝思维。[④] 苹果、小米、特斯拉等公司的发展经历表明互联网思维在企业产品创新中扮演着越来越重要的作用。

(一)产品创新能力

"产品创新究竟由企业外部还是内部因素决定"一直是一个有争议的话题。实证研究发现:外部环境对产品创新的正向影响显著,而核心能力对产品创新的正向影响不显著。[⑤] 这一研究给出的启示是:核心能力只是产品创新的一个必要条件,企业核心能力建设应配合文化和组织建设,只有能力、文化、组织和环境等多种要素相互配合才能实现真正的产品创新。例如,只有有效发挥大股东强有力的监督作用和将自身股权激励薪酬的主观动力最大化,才能促使管理层更加致力于增强企业核心竞争力的产品创新活动。对于国有企业来说,需要防

---

① 冯磊东、顾孟迪:《纵向差异下工艺创新对产品创新的影响》,《管理工程学报》2018 年第 3 期。

② Athey S, Schmutzler A. "Product and process flexibility in An Innovative Environment". *RAND Journal of Economics*, 1995, 26 (4), pp. 557-574.

③ Lin P, Saggi K. "Product Differentiation, Process R&D, And The Nature of Market Competition". *European Economic Review*, 2002, 46, pp. 201-211.

④ 段华:《互联网思维下的产品创新》,《企业管理》2016 年第 7 期。

⑤ 胡赛全等:《什么决定企业产品创新:外部环境还是核心能力?》,《科学学研究》2012 年第 12 期。

止"所有权缺位"问题。在国有产权性质下,国有控股股东可能无法对管理层行为进行有效的监督,使得股权激励契约的设计容易成为管理层自谋福利的工具,导致股权激励抑制管理层对高风险产品创新的研发投入。对于非国有企业来说,需要加强企业管理权的制衡。非国有产权性质下,管理层与控股股东权力的制衡可以抑制管理层自利的激励动机。如果控股股东绝对性地主导股权激励计划,容易产生控股股东收买管理层进行利益侵占的可能。因此,要真正发挥股权激励对公司创新能力的提升效应,关键在于形成管理层与控股股东两类内部主体的权力制衡,避免管理层或控股股东"一言堂"。[1]

　　有别于发达国家,新兴经济体的市场和制度环境具有独特性和复杂性,例如,市场高度异质性、消费者支付能力不强、制度缺失等。企业要在新兴市场取得成功,不仅要有丰富的本土市场知识,还要不断提升企业创新能力。要有低成本地快速响应消费者多样化需求的能力,也要有获取企业长期竞争优势的技术创新能力。事实上,新兴经济体中的后发企业,常常陷入对国外领先企业技术依赖和对国内顾客市场依赖的资源双依赖局面。[2]借助研发联盟学习先进的技术知识和管理经验,是中国企业平衡资源双依赖、摆脱"顾客锁定"状态和提升自身创新能力的有效途径。产品创新能否成功往往决定着一个初创企业的生死,创业者需要通过自身特有的异质性知识和信息来发现并识别市场机会。在资源约束条件下,初创企业很难获得完整的市场信息,需要提高资源整合效率来加快创业机会的识别。因此,为了提高初创企业的存活率,初创企业比较适合采取目标导向逻辑进行产品创新决策。尽管目标导向决策在创业早期有助于企业以较低成本进行资源整合,但随着产品的约束性条件不断演化,创业者需要通过保持资源整合的柔性来持续识别新的创业机会。而在产品创新后期,手段导向决策需要在创新过程中得到更多的体现和运用。创业者决策只有通过保持权变性,才能持续而有效地识别出新的创

---

　　①　杨慧辉:《异质设计动机下的股权激励对产品创新能力的影响》,《科研管理》2018年第10期。

　　②　李晓丹等:《国际研发联盟中依赖关系、技术知识获取与产品创新》,《科学学研究》2018年第9期。

业机会,并且在产品研发与外部环境之间不断的交互过程中控制外部市场风险,从而达到以渐进性创新实现产品快速迭代的竞争策略。①

(二)产品创新模式

市场导向如何影响产品创新程度是近年来的研究热点。根据创新程度的不同,企业的产品创新一般可以分为渐进和突变两种方式。② 渐进性产品创新是指企业对现有产品的改进或者是对现有产品线的扩展,创新风险相对较小。突变性产品创新是指企业运用新的方法创造全新的产品或服务,资源投入大且不确定性高。在分析市场导向如何影响产品创新时,需要分别研究消费者导向、竞争者导向以及部门间协作与企业产品创新程度之间的关系。③ 实证研究发现:消费者导向与突变性产品创新之间存在倒 U 形关系;竞争者导向和部门间协作与突变性产品创新之间存在显著的正相关关系。这一结果说明,过于关注消费者不利于根本性创新活动的开展,而关注竞争对手并加强跨部门协作则有助于提高企业产品的创新程度。

模块化产品创新是企业突破"低端锁定"、实现价值链攀升的重要手段。模块化产品创新的内容主要是技术创新和产品系统不同模块间联系规则的改变,即模块创新和架构创新。④ 组织学习对模块化产品创新的影响方式是:在探索式学习的同时,在产品创新的模块层面和架构层面体现其调节作用,而利用式学习对模块之间联系规则和架构知识的影响比较有限。技术集成通过多元化的技术交叉融合、碎片化技术再整合,进而实现模块功能升级、模块边界延伸和集成模块内部技术突破。

---

① 钟榴等:《从目标导向逻辑到手段导向逻辑——初创企业产品创新流程决策》,《科研管理》2019 年第 6 期。

② Zhou K Z, C K Yim, D K Tse. "The Effects of Strategic Orientations on Technology and Market-Based Breakthrough Innovations". *Journal of Marketing*, 2005, Vol. 69, No. 4, pp. 42-60.

③ 王龙伟、李垣:《市场导向对企业突变性产品创新影响的实证研究》,《科学学研究》2010 年第 6 期。

④ 张煜、龙勇:《技术集成下模块化产品创新实现路径研究》,《科技进步与对策》2018 年第 13 期。

模块技术集成能够拓展模块供应商的利润空间,并成为实现企业价值链位势攀升的有效途径。

供应商对企业的创新贡献源于其技术知识与创新成果的交付,对企业产品创新起着至关重要的作用。[①] 企业将业务外包给创新型供应商,可以利用业务关系学习其专业技术和新产品开发能力,提升新产品创新绩效。供应商的创新性不仅表现为供应商在产品、工艺和服务方面的技术创新能力,还体现于其在合作创新中的协同能力。[②] 在企业和供应商弱关系条件下,协调与沟通能力能提高获取和整合供应商创新性的可能性,因而更有利于提高新产品绩效;而在强关系条件下,巩固供应商创新性获取和利用路径的黏合能力更有利于提升新产品绩效。[③] 整合供应商创新是企业开放式创新的主要模式。企业供应商联合创新平台则是企业有效整合供应商资源与能力的直接路径。与此同时,企业在创新协作过程中也需要避免对供应商产生依赖,警惕和防止供应商的机会主义行为。

客户协同产品创新对提升新产品市场满意度、缩短产品创新周期等具有积极促进作用,已逐渐成为一种新型且极具发展潜力和应用前景的产品创新方式。[④] 客户之所以能够协同产品创新并发挥作用是因为其拥有企业缺少的知识、信息以及创新能力等资源,主要体现在两个方面:一是为产品创新提供相关资源,包括产品需求信息、使用经验以及创新知识等;二是利用自身拥有的创新知识、技能和经验与企业

---

① Azadegan A，Dooley K J，Carter P L. "Supplier Innovativeness and the Role of Interorganizational Learning in Enhancing Manufacturer Capabilities". *Journal of Supply Chain Management*，2008，4，pp. 14-35.

② Schiele H，Veldman J，Hüttinger L. "Supplier Innovativeness and Supplier Pricing：The Role of Preferred Customer Status". *International Journal of Innovation Management*，2011，1，pp. 1-27.

③ 李娜、李随成:《利用供应商创新性实现产品创新——基于关系管理视角》,《软科学》2017 年第 1 期。

④ Mahr D，Lievens A，Blazevic V. "The Value of Customer Co-Creation during the Innovation Process". *Journal of Product Innovation Management*，2013，31(3)，pp. 599-615.

协同完成部分产品创新任务。① 客户协同产品创新的基础和关键在于协同创新客户的选择。选择指标主要包括创新知识、产品需求信息、产品创新能力、协同工作能力、协同态度和协同经验；选择方法主要有筛选法、结果分析法和数学方法；②或者基于创新任务与协同客户匹配策略，用最大化客户与任务之间匹配度的方法来选择协同客户。③ 用户的网络评论信息包含了消费者的产品使用感受，例如对产品的不满和期待，这些信息正是企业产品改进和产品创新的动力来源。因而企业在用户评论信息中挖掘出产品的优势和劣势，并且根据这些信息有针对性地调整后续产品的研发，也是客户协同创新的重要策略。④

（三）复杂产品创新

知识型企业的产品创新以知识资源的特殊性为理论基础，与以资源稀缺性原理和效用递减规律等为理论基础的传统企业创新模式有显著区别。在复杂多变的环境下，知识型企业的产品创新与生产率之间呈现出 U 形非线性关系。在产品创新周期的初始阶段，创新活动以探索式为主，由于新知识领域中的组织学习成本等问题，生产率会趋于下降；进入产品创新周期中期后，随着新知识的巩固，企业创新活动以开发式为主，在吸收能力的作用下，创新行为会提升生产率。企业需要在探索式活动和开发式活动间不断转换，有时两种活动还会同时发生。这种非线性关系有助于企业有效利用探索式和开发式创新活动，不断提高生产率，从而获得企业竞争优势和可持续发展。⑤

---

① Hoyer W D, Chandy R, Dorotic M, et al. "Consumer Cocreation in New Product Development". *Journal of Service Research*, 2010, 13(3), pp. 283-296. Jeppesen L B, Molin M J. (2003). "Consumers as Co-Developers: Learning and Innovation outside the Firm". *Technology Analysis & Strategic Management*, 15(3), pp. 363-383.

② 张雪峰、苏加福：《面向产品创新要求的协同创新客户选择》，《科技进步与对策》2017 年第 13 期。

③ 张雪峰等：《产品创新任务与协同客户匹配策略与模型》，《科学学研究》2016 年第 1 期。

④ 张璐等：《基于用户网络评论信息的产品创新研究》，《软科学》2015 年第 5 期。

⑤ 刘敏：《产品创新对生产率的效应分析——以知识型企业为例》，《工业技术经济》2011 年第 10 期。

探索式和开发式创新活动是企业竞争的资源和目标导向,因而两者被认为是相互对立的。[①] 因此,两者间的相对平衡也被视为组织均衡概念的核心。

飞机、航空发动机、移动通信系统等复杂产品具有知识量大、技术复杂性高的特点,且对一国的国民经济具有重大影响。[②] 从物理结构上看,复杂产品包含大量相互联系的元件,物理建构方式复杂;从技术上看,复杂产品包含大量的新技术和高技术,知识含量大,成本高;从研发和生产组织方式上看,复杂产品以项目管理的方式组织,以单件或小批量方式生产;从产品使用者来看,客户往往是政府、军方或大型运营商;从产品的特点来看,复杂产品以资本品居多,产品使用的年限较长;从市场结构看,复杂产品市场具有寡头垄断的特点。发展中国家在复杂产品的开发和生产上处于劣势,很多产品需要进口,在技术服务上也形成了对发达国家的依赖。发展中国家进行复杂产品创新,一是要实施多元化的发展战略,二是要在全球范围内建立企业战略联盟,三是发展复杂产品产业集群。[③] 发展中国家在复杂产品的技术追赶上只能实行以自主创新为主、以技术引进为辅的发展模式。[④] 政府只有加大对基础科学和应用技术的投资力度,才能在复杂产品的研发和生产上缩小与发达国家的差距。

二、服务创新

在经济发展过程中,特别是工业化后期,服务业的产值和就业比重会不断提高,对 GDP 的贡献率、就业、环保等方面的作用超过了工业。目前,欧美发达国家的服务业在国内生产总值中比重大多超过70%。因此,服务创新的重要性日益突显。近年来,国外服务创新研

[①]　March J G. "Exploration and Exploitation in Organizational Learning". *Organization Science*,1991,Vol. 2,pp. 71-87.

[②]　Hobday M. "Innovation in Complex Products and System". *Research Policy*,2000,29,pp. 793-804.

[③]　缪小明、徐济超:《复杂产品创新:市场结构与企业战略》,《研究与发展管理》2007 年第 1 期。

[④]　缪小明:《复杂产品创新中的政府政策与技术追赶策略研究》,《科学管理研究》2006 年第 2 期。

究的成果主要包括:服务创新的特性与类型研究,服务创新动力、模式与组织研究,逆向产品周期与服务创新系统研究,服务创新数据库的构建与应用研究,等等。① 国内的研究成果主要包括:服务创新策略研究,服务创新与顾客关系研究,服务创新特性研究,服务创新过程研究,科技与服务创新关系研究,服务创新类型研究,服务创新与人力资源研究,等等。② 基于新兴 IT 技术的发展及应用,高技术服务创新成为服务创新研究的主要领域。其中,制造业服务化、服务创新与技术创新融合、商业模式转型、动态能力以及创新绩效量化研究等主题备受关注。③

综合现有研究成果来看,服务创新主要是指在服务过程中应用新思想和新技术来改善和变革现有的服务流程和服务产品。④ 服务创新的目的是形成服务企业的竞争优势。受技术创新研究范式影响,早期的服务创新分类往往被打上"技术"的烙印。在对技术创新分类思路进行批评的同时,不少学者开始反思服务创新的分类。按照创新方式的不同,服务创新可分为概念创新和传递创新。⑤ 概念创新是指为顾客提供全新的或改进的服务内容或功能,以及蕴含在新服务中的新创意或新构思。传递创新是指在提供服务的过程中,服务提供商对生产和传递的流程或规则,以及与客户沟通和交互方式的变革。按照新颖度的不同,服务创新可分为重大创新、创始业务、新服务引入、服务产品线扩展、服务改进、风格和形式变化等。⑥ 按服务业独特性质的不同,服务创新可分为传递创新、结构创新、专门化创新和形式化创新,⑦也可分为知识密

---

① 汪涛、蔺雷:《服务创新研究:二十年回顾与展望》,《软科学》2010 年第 5 期。

② 张秋莉、盛亚:《国内服务创新研究现状及其评述》,《商业经济与管理》2005 年第 7 期。

③ 孙耀吾、李丽波:《服务创新管理研究前沿与热点知识图谱分析》,《科技进步与对策》2015 年第 23 期。

④ 许庆瑞、吕飞:《服务创新初探》,《科学学与科学技术管理》2003 年第 3 期。

⑤ 魏江等:《知识密集型服务创新分类研究》,《科学学研究》2008 年第 S1 期。

⑥ Heany D. "Degrees of Product Innovation". *Journal of Business Strategy*, 1983, Spring, pp. 3-14.

⑦ Gallouj F, Weinstein O. "Innovation in Services". *Research Policy*, 1997, 26, pp. 537-556.

集型服务创新、网络型服务创新、规模密集型服务创新和供应商主导型服务创新。[①]

(一)服务创新特点

与有形产品相比,服务具有异质性、无形性、同时性等特点。在服务业中,创新成果不是有形的实物产品,而是一个新概念或新方法。服务创新是一种"概念化创新"。由于服务业发展迅速,新的服务业态不断涌现,服务创新的基本内涵还没有得到清晰的界定。根据研究重点的不同,现有研究可分为技术学派、服务学派和综合学派。技术学派关注技术设备和系统在服务业中的应用,服务学派强调由服务和服务生产本身特性所引发的创新,综合学派是前两者的综合。[②] 随着服务主导逻辑的兴起,一些制造业企业开始实施服务化战略,从"生产型制造"向"服务型制造"转变。而传统的服务业也意识到,以自动化技术来取代员工的工作可以大幅提高服务效率,因此出现"服务业科技化"倾向。这两种趋势使得制造业与服务业的界限越来越模糊,一些学者发展了将产品和服务统一起来进行创新研究的"整合"研究方法,形成了综合学派。[③] 理论界还对服务创新的一般过程进行了研究。服务企业创新的一般过程分为概念、发展和保护三个阶段。[④] 服务创新四维度模型则认为,服务创新包括新技术、新概念、新顾客界面和新传递系统四个维度,企业进行服务创新的过程中需要综合考虑这四个维度。[⑤] 此外,Johnson 等基于新产品开发(NPD)流程提出了新服务开发的六阶段过程模式,包括:制订战略、产生创意、筛选与评价、商业分析、发展与测

[①] Hipp C,Grupp H. "Innovation in the Service Sector：The Demand for Service-specific Innovation Measurement Concepts and Typologies". *Research Policy*，2005，34，pp. 517-535.

[②] 蔺雷、吴贵生：《服务创新：研究现状、概念界定及特征描述》,《科研管理》2005年第 2 期。

[③] 蔺雷、吴贵生：《服务创新研究方法综述》,《科研管理》2004 年第 3 期。

[④] Sundbo J. "Management of Innovation in Services". *The Service Industry Journal*，1997，17(3)，pp. 432-455.

[⑤] Bilderbeek R,Hertog G,Marklund IMiles. "Service in Innovation：Knowledge Intensive Business Services(KIBS) as Co-producers of Innovation". *The Result of SI4S*，1998，p. 11.

试、商业化。[①] 服务创新活动的大规模调查是开展服务创新研究的基础平台。目前采用的服务创新调查方法包括"从属性创新调查"和"自主性创新调查"方法。系统的大规模服务创新调查始于 1995 年,全球较有名的调查分别是欧盟的 SI4S 项目、意大利的 IIS 项目和德国学者的服务创新调查。

在服务业中,竞争者能够比较容易地模仿和复制服务企业提供的服务产品,因此服务企业比制造企业更容易丧失竞争优势。知识经济时代,服务企业建立和保持竞争优势的源泉逐渐聚焦于稀缺的、难以模仿的与不可替代的知识资源。[②] 服务创新所需要的技术、市场、经验和技能等多种知识,存在于企业与行业竞争者、供应商、顾客、科研机构等组织的关系中,也即企业的服务创新嵌在复杂的组织网络中。企业必须提升网络能力,有效地获取和整合各种外部关系中的有价值知识,才能提高创新的成功率。[③] 服务企业建立和加强企业网络关系,放大网络资源,提升网络能力,对提高企业服务创新的成效和保持竞争优势至关重要。[④] 服务创新网络具有人际网络性、高嵌入性知识占主导、缺乏正式制度等特征,因而服务企业更倾向于选择非正式的关系治理机制。[⑤] 关系治理利用嵌入性的社会关联提供了期望行为的标准,关系嵌入性主要反映在一个企业与合作伙伴之间的联结强度、接触频率、私人关系以及由此而产生的彼此信任度、网络中所存在的规范和义务等方面,因而关系治理比单纯的权威关系更能有效地遏制机

---

① 高顺成:《企业服务创新来源及其演进阶段发展条件研究》,《科技进步与对策》2013 年第 5 期。

② 简兆权等:《网络能力、关系学习对服务创新绩效的影响研究》,《管理工程学报》2014 年第 3 期。

③ Mention A L. "Co-operation and Co-opetition as Open Innovation Practices in the Service Sector: Which Influence on Innovation Novelty". *Technovation*,2011,31(1),pp.44-53.

④ 李纲:《战略导向、网络能力及其交互作用与服务创新关系模型构建》,《商业时代》2013 年第 4 期。

⑤ 白鸥:《关系还是契约:服务创新网络治理和知识获取困境》,《科学学研究》2015 年第 9 期。

会主义行为或不正当行为。① 关系嵌入性可以看作是公司所拥有的不随市场交易而转移的独特资源,它有助于提升合作方的信任关系。对于网络关系比较复杂的平台型服务企业而言,合同治理程度越高,服务创新绩效越高;关系治理能促进合同治理水平提升,进而间接提高服务创新绩效。② 从腾讯公司微信业务发展的案例来看,创新模式经历了用户参与式创新、外部参与式创新、平台创新及跨平台创新四个阶段。③ 微信业务的演进历程动态地展示出平台型服务企业网络能力逐渐增强的过程。

开放式创新过程中,服务创新参与者从创新团队扩展到用户,进而再扩展到外部组织。在这一过程中,企业网络能力不断增强。因此,开放式创新过程同时也是网络能力增强过程。企业进行开放式创新来增加自身网络能力时,需要重视利益相关者导向战略。④ 利益相关者导向是一种通过利他来实现自身价值最大化的企业战略。利益相关者导向强调企业与利益相关者合作时,要为利益相关群体或个体创造价值并满足他们的需求。因而,这一战略能增进企业与利益相关者等网络主体间的互动,进而形成更加广泛而丰富的社会网络;同时也增强了网络主体间的信任,降低了机会主义风险。实证研究表明,各网络主体在参与服务创新过程中是相互影响的。⑤ 顾客和供应商参与创新能显著促进企业员工参与创新的积极性,并且还能显著提高顾客满意度。从供应商参与服务创新的方式来看,主要有四种类型:一是以获取信息为目的的偶然联系,二是有组织的信息与经验交流,三是参与

①　Granovetter M S. "Economic Action and Social Structure: The Problem of Social Embeddedness". *American Journal of Sociology*,1985,91(3) , pp.481-510.

②　彭本红、武柏宇:《平台企业的合同治理、关系治理与开放式服务创新绩效》,《软科学》2016 年第 5 期。

③　赵武等:《开放式服务创新动态演进及协同机制研究》,《科学学研究》2016 年第 8 期。

④　辛本禄、王今:《利益相关者导向对开放式服务创新的影响研究》,《软科学》2019 年第 1 期。

⑤　张红琪、鲁若愚:《多主体参与的服务创新影响机制实证研究》,《科研管理》2014 年第 4 期。

计划制订与项目实施,四是创新产品的领先使用。[①] 当供应商参与到企业的服务创新后,服务创新企业能够利用供应商的专业技术能力来提高服务创新质量,降低服务创新成本和风险;但同时,也可能会带来对供应商过度依赖、知识产权侵权和组织协调困难等风险。顾客参与服务创新则被认为是服务创新最有效的途径。服务企业一般没有正式的 R&D 机构,新的创意往往来源于一线员工与顾客的交互过程,即通过与顾客的对话和合作,实现顾客知识的有效转移。将顾客知识转化为企业关键资源是开放式服务创新的关键,要达到这一目标,企业必须注重对人力资本、社会资本、心理资本型顾客的有效利用,设计相应的激励机制调动顾客服务创新积极性,注意服务创新各个阶段顾客与企业互动程度的差异,以及保持因地制宜选择顾客的战略导向。[②]

(二)制造业服务创新

制造业服务转型研究始于 1966 年美国经济学家 Greenfield 提出的生产性服务业概念。他强调生产性服务业作为中间投入,能够提高制造业的劳动生产率和产品附加值,制造活动与服务活动的融合是产业发展的新趋势。特别是随着计算机、电子信息、网络通信等技术手段在各个产业的推广,产品和服务的固有界限已变得越来越模糊。一方面,制造业与高新技术结合,产品往往是一个软件和硬件设备相结合的高技术产品;另一方面,制造业和服务业相互渗透,无形服务与有形产品结合得更加紧密。对于制造业企业而言,服务创新是一种跨边界、跨网络的能力,需要企业挖掘与定位客户需求,重新搜寻与整合资源,融合有形产品研发所积累的技术能力和服务逻辑,更新价值创造模式。根据微笑曲线理论,制造业价值链两端的研究和销售环节比价值链中段的制造环节拥有更高的附加价值。而这两个环节正是需要更

---

① Fritsch M. "Co-operation in Regional Innovation Systems". *Regional Studies*, 2001, 35(4), pp. 297-307.

② 唐承鲲、徐明:《顾客参与互联网企业服务创新影响机制研究》,《湖南社会科学》2016 年第 3 期。范秀成、王静:《顾客参与服务创新的激励问题》,《中国流通经济》2014 年第 10 期。张童:《顾客参与服务创新及其与企业互动程度研究综述》,《辽宁大学学报(哲学社会科学版)》2013 年第 4 期。李辉、吴晓云:《顾客获取、顾客保留与服务创新绩效》,《广东财经大学学报》2015 年第 5 期。

多专业知识投入的服务化环节。制造企业通过服务覆盖能力、服务流程化能力和服务开发能力三类关键能力来实现服务创新,能够促进制造企业知识创造、流通和使用,提高产品附加价值。① 服务创新已成为制造业企业实施差别化战略的重要手段。②

制造企业实行服务创新战略必须更新与重塑其创新资源与能力。跨界搜索是制造企业从外部获得异质性知识、促进服务创新的关键。制造企业开展服务创新需要专注于技术知识和市场知识的搜索。③ 技术知识跨界搜索能够为制造企业带来新的服务技术和产品技术,从而创造新的服务项目或改进企业—顾客互动界面,促进产品的升级换代或者开发新的产品。市场知识跨界搜索不仅能够促进制造企业更敏锐地识别顾客对服务的现实需求和潜在需求,而且还能帮助制造企业更切实地理解顾客参与服务过程的技术和能力。但企业在进行跨界搜索时,常常面临成本收益选择的两难局面。服务中介机构在解决上述难题中发挥着重要的作用,服务中介机构不仅是重要的服务创新知识源,同时还是制造企业进入各种异质性社会网络的桥梁,能够帮助制造企业降低跨界搜索成本,从而促进服务创新。知识密集服务业被视为制造企业在获取服务创新资源过程中可以借助的第三方力量。④

Miles 认为服务创新不同于产品与技术创新,主要集中于三个方面:一是服务业中人力资本的重要性更加凸显,二是信息传输等技术设备对于服务业的创新更为重要,三是服务创新更需与顾客进行有效的合作与沟通。⑤ 在服务部门中,知识本身就是产品,尤其在知识技能

---

① 许晖、张海军:《制造业企业服务创新能力构建机制与演化路径研究》,《科学学研究》2016 年第 2 期。

② 鲁若愚等:《制造业的服务创新与差别化战略》,《四川大学学报》2000 年第 6 期。

③ 王琳等:《制造企业知识密集服务嵌入的内涵、动因及对服务创新能力作用机制》,《外国经济与管理》2015 年第 6 期。

④ Howells J. "Intermediation and the Role of Intermediaries in Innovation". *Research Policy*, 2006, 35, pp. 715-728.

⑤ Miles I. "Services in the New Industrial Economy". *Futures*, 1993, 13(8), pp. 653-672.

要求较高的服务创新中更是如此。因而人力资本成为创新活动的核心资源。信息技术的运用可以帮助企业收集到竞争对手的产品信息以及顾客的需求信息,推动企业完善业务流程和开发服务产品;能使制造业企业更合理地使用人力、设备以及原材料等资源,节约成本和提升产品质量。因而,信息技术是一个激发企业内部学习的重要工具。服务业提供给顾客的不仅仅是服务本身,更重要的是将服务传递给顾客的过程与手段,它同时也是企业不断对服务、产品及流程进行创新的信息来源。实证结果显示,服务创新与制造企业服务化程度对企业绩效有显著的正向影响;①服务创新能够提升企业绩效,原因在于其显著提高了企业的服务价值;②人力资本、信息技术和客户关系都与企业的服务创新绩效正相关。③ 知识共创在服务提供和服务创新绩效之间起着中介作用,关系管理通过知识获取对服务创新绩效产生影响。④

高端装备制造业代表着一个国家经济和科技发展水平。目前,高端装备制造业技术服务活动正从单一的保障服务功能,逐步扩展为技术开发和技术创新服务功能。串并联运行的复杂技术服务链方式具有发现和创造需求的互动功能,有助于高端装备制造业的发展。⑤ 首先,该模式具有积极的创新互动性。高端装备制造业复杂技术服务链上的每一个环节都可能是技术创新的发动者,创新可能来自供应商新技术需求的拉动,也可能来自新技术对用户服务需要的推动。其次,该模式具有创新成果连锁动力效应。在串并联运行的高端复杂技术服务链方式下,无论是高端装备制造企业自主创新活动,还是用户的创

---

① 姜铸、李宁:《服务创新、制造业服务化对企业绩效的影响》,《科研管理》2015年第5期。

② 杨洋等:《制造企业服务创新对企业绩效的作用机制》,《系统工程》2015年第6期。

③ 肖挺等:《制造业企业服务创新的影响因素研究》,《管理学报》2014年第4期。赵武、刘伟:《服务企业关系管理对服务创新绩效的影响研究》,《软科学》2019年第1期。

④ 蒋楠等:《服务型制造企业服务提供、知识共创与服务创新绩效》,《科研管理》2016年第6期。

⑤ 赫连志巍:《高端装备制造业技术服务创新路径》,《河北学刊》2013年第1期。

新活动,抑或技术供应链上的其他企业技术创新,都会产生成果累加而推动技术链上相关企业的连锁创新行为。综合来看,高端装备制造企业要从主体、过程和保障三个层面来提升服务创新水平:在主体层面,需要维护好与顾客和供应商的关系;在过程层面,需要加强服务界面和协作关系的管控;在保障层面,需要不断完善激励机制让创新源充分发挥作用。

(三)知识密集型服务创新

知识密集型服务是融入大量科学、工程、技术等专业性知识的服务,是与知识的生产、储备、使用和扩散有关的服务,具有高知识度、高技术度、高互动度和高创新度等特点。[①] 知识密集型服务业具有强大的科技创新溢出能力,在创新系统中起着推动知识流动和创新扩散的作用,是创新网络系统中最活跃的部分。知识密集型服务业被认为是创新的催化剂。实证研究发现,知识密集产业发展对制造业促进作用明显。一是知识密集型服务业通过专业化、知识转移和创新嵌入三种效应,显著促进制造业创新;[②]二是知识密集型服务业对制造业效率提升也有显著促进作用,尤其对劳动密集型制造业企业的效率提升更加明显;[③]三是开放经济条件下,知识密集型服务业对本土制造业吸收外资研发外溢的积极效应有正向影响;[④]四是知识密集型服务业与高技术产业具有明显的协同增长效应,发展知识密集型产业有助于破解中等收入陷阱。[⑤] 实证研究还表明,制造业的发展和集聚也能反过来促进知识密集型服务业的发展,并且城市化、工业化、信息化、经济外向度

---

① 陈劲:《知识密集型服务业创新的评价指标体系》,《学术月刊》2008 年第 4 期。魏江等:《知识密集型服务业的概念与分类研究》,《中国软科学》2007 年第 1 期。

② 吕民乐、安同良:《知识密集型服务业对制造业创新的影响研究》,《华经济管理》2015 年第 12 期。

③ 赵明霏:《知识密集型服务业发展对制造业效率影响实证分析》,《科学管理研究》2017 年第 5 期。

④ 黄烨菁:《知识密集型服务业视角下外商直接投资"外溢"的作用机制研究》,《世界经济研究》2019 年第 2 期。

⑤ 任皓等:《知识密集型服务业与高技术制造业协同增长效应研究》,《中国软科学》2017 年第 8 期。

和交通通达性等对知识密集型服务业发展均有促进作用。① 目前,主要的知识密集型服务包括金融服务、科技服务和信息服务。

1. 金融服务创新

金融服务属于典型的知识密集型服务,如何将服务与知识有效融合是金融服务创新的关键。因而,金融企业加强知识管理对实现服务创新尤为重要。一是要培育学习型文化,增强知识吸收能力;二是构建企业内部知识整合平台,加强团队协作;三是积极参与知识联盟,加强企业间的知识共享。数据是金融企业服务创新的核心要素。金融数据具有数据量大、结构单一、脏数据少、关系复杂等特点。在金融企业价值网络中,监管机构、股东、员工和客户是利益相关者。大数据时代的金融服务管理,要从服务价值链网络上的各个利益相关者视角出发分析,研究延伸数据价值链的途径,为各利益相关者创造最大价值。大数据分析有助于提升金融服务竞争力,在互联网和大数据技术的指引下,传统数据价值链有了更多的挖掘空间,有利于提升数据价值的质量和利用效率。② 例如,工商银行产品研发中心紧紧围绕"产品研发—产品管理"这一核心工作环节,通过对大量、多元、真实的用户数据进行挖掘分析来提升服务竞争力。③ 中邮保险提出,要充分利用大数据技术,实现精确风险定价和客户价值挖掘。④

金融服务创新过程总体上可以分为三个阶段:概念阶段、发展阶段和引入阶段。⑤ 在概念阶段,营销部门和前台人员所获得的客户信息是创新的源泉,后台专业研发人员根据客户信息进行服务方案创意设计;在企业高层管理的指导下,新的服务创意需要发展成产品概念,拟定

---

① 方远平等:《知识密集型服务业空间关联特征及其动力机制分析》,《地理科学》2014 年第 10 期。

② 侯敬文、程功勋:《大数据时代我国金融数据的服务创新》,《财经科学》2015 年第 10 期。

③ 中国工商银行产品研发中心:《互联网思维和大数据分析 助力商业银行产品创新》,《中国银行业》2017 年第 6 期。

④ 张宏宇等:《基于大数据技术的保险产品创新研究》,《邮政研究》2016 年第 3 期。

⑤ 王萍等:《金融服务创新的过程模型与特性分析》,《管理世界》2010 年第 4 期。

出新服务产品开发计划书;最后,金融机构的新服务评估委员会对服务概念进行检验和评价。在发展阶段,新服务概念得到认可后先进入商业分析阶段,商业分析主要是新服务概念从财务上和技术上进行可行性考察。通过后进入新服务系统的全面开发设计阶段,系统开发的核心活动主要包括顾客各层次需求的说明、对现有服务系统的详尽评估、对新服务传递过程的设计等,该阶段需要顾客、前台员工和各职能部门等相关利益方的参与并启动人员培训。在引入阶段,先进行金融新服务的小规模测试,成功后再全方位地投向整个市场,最终实现新服务的商品化;新服务运营过程中还必须持续跟踪改进,以便不断提升服务质量。

目前,金融服务有两个重要的创新方向,供应链金融服务创新和"轻资产"金融服务创新。供应链金融以供应链链条上核心企业的上下游为服务对象,在采购、生产、销售等各个环节为其提供金融服务。[①]目前,供应链金融的主要方向有信用或实物担保模式和商贸(电商)、金融、物流一体化发展模式。供应链金融发展的当务之急是为供应链金融提供更加安全的发展环境。"轻资产"产业的承载主体不以实物为主导,一般以智慧、科技、品牌和人力等无形资产形式存在。[②] 现阶段,我国"轻资产"各行业得到快速发展,出现了很多以信息技术为核心的新兴"轻资产"行业,成为我国经济的一个重要增长极。"轻资产"业金融服务要发挥互联网金融服务优势,从信贷、个性化、综合化等多方面入手抢抓成熟优质客户。

2.科技服务创新

科技服务业是提供知识性和技术性服务的组织,目的是促进服务对象科技水平和知识能力的提升。[③] 科技服务由于功能和性质不同,有私人公司的商业化运营,也有政府、大学和研究机构的非营利运作,还有的则属于混合型。在发达国家,科技服务大多以商业化形

---

① 姜超峰:《供应链金融服务创新》,《中国流通经济》2015年第1期。

② 咸兵等:《"轻资产"产业形态发展与金融服务创新研究》,《经济体制改革》2016年第4期。

③ 田波:《科技中介要为区域经济提高竞争力服务》,《首届中国技术市场论坛会议论文集》,2003年,第7—12页。

式运营。① 因而,科技服务的市场化是实现科技服务创新的一个重要方向,尤其是科技成果转化方面要加强市场配置资源的作用。从科技服务的对象来看,资金能力不足、科技能力较弱的中小企业是科技服务的主要需求方。因此,服务企业需面向中小企业创新需求,不断创新服务内容,优化服务流程,改善服务设施,尤其需要积极应用新兴信息和计算机技术来提升服务效率。近几年,"互联网+"为移动知识服务发展提供了技术支撑,使得各类移动知识服务产品层出不穷。例如,近年来百度新上线了百度学术、百度医生等知识服务项目。从百度的服务创新经验来看,技术支撑是科技服务创新的坚强后盾,同时需要重视定位精确、高效便捷、用户至上和全面智能四个层面的内容。案例研究发现,科技服务创新的概念阶段对提升企业绩效作用最大,特别是其中的新思想产生环节和概念开发环节,因而需要注重创意人才的引进和跨部门沟通机制的建构。②

发展中国家由于市场机制不健全、科技水平不发达,科技服务更需依靠政府支持的中介组织来提供。事实上,发达国家为了促进科技发展也运用政府力量支持科技服务平台建设。例如,美国政府为数据中心群建设提供资金支持。其公共科技服务平台具有共享性和非营利性的特点,能大大降低中小企业科技创新成本。2004年,科技部和财政部提出公共科技服务平台发展战略后,公共科技服务平台在全国范围内迅速建立起来。目前,从平台建设模式来看主要有两种模式,一是集成模式,二是离散模式。③ 集成模式将区域内的各种创新资源集中在一个总平台管理下,进行资源的统一调配和管理。离散模式则分块进行平台建设,大致分为公共科技基础条件平台、行业专业创新平台和区域创新平台三大类。西方发达国家还通过政府购买的方式来推动科技服务创新,主要方式有:利用研发合同把科研项目委托给科

---

① 曹丽燕:《发达国家建设科技服务体系的经验》,《科技管理研究》2007年第4期。

② 王炎、程刚:《"互联网+"视角下科技型知识服务企业的服务创新研究》,《情报杂志》2015年第10期。

③ 王瑞敏等:《公共科技服务平台构建和有效运行研究》,《科研管理》2010年第6期。

技服务企业,利用"创新券"支持中小企业购买科技服务,设立科技服务PPP项目。[①] 但是,我国的公共科技服务平台仍存在质量良莠不齐、需求难以满足、效能低下、动力不足等问题。[②] 公共科技服务平台要实现提高科技资源利用效率和降低企业创新成本,需要在运行管理方面进一步强化平台建设相关单位的职责分工、资源共享及信息互动等工作,提高平台信息共享和开放协作的效能。

3. 信息服务创新

信息服务业一般是指利用现代通信和计算机技术,从事信息的采集、存储、加工、传递、交流,向社会提供各种信息产品或服务的行业,[③] 主要包括以软件服务、系统集成、网络服务、信息处理服务和信息咨询服务等内容。当前,全球信息化进程稳步推进,以 5G 为核心的基础设施网络成为各国建设重点,人工智能成为各国和企业竞争高点,互联网和信息技术不断渗透至各个产业,极大地推动了各国数据经济的发展。截至 2019 年 6 月,我国网民规模达 8.54 亿,互联网普及率已达 61.2%,信息服务发展潜力巨大。[④] 随着 5G、人工智能和区块链技术的不断完善,信息服务创新有了坚实的技术基础。5G 技术具有高速度、高并发、高兼容、高安全和低时延等特点,能够推动机器学习、虚拟现实、知识可视化等信息服务手段创新,智能搜索、精细配置、流媒体、智慧定位等信息服务方式创新,"三云"交互、精准智慧等信息服务体系创新。[⑤] 随着通信技术和计算机技术的进步,人类第一次有机会和条件获得和使用全面数据、完整数据和系统数据。大数据时代背景下,以云计算、云存储为基础的信息存储、分享和挖掘手段的有效运用,给信息服务创新带来了前所未有的机遇与挑战。信息服务企业应通过大

---

① 韩凤芹:《政府购买科技服务及其预算管理的国际做法与启示》,《经济研究参考》2015 年第 19 期。

② 余东波:《过程视角下公共科技服务平台运行管理研究》,《科技管理研究》2016 年第 12 期。

③ 匡佩远:《信息服务业:定义和统计框架》,《统计教育》2009 年第 5 期。

④ 数据来源:《中国互联网络发展状况统计报告》。

⑤ 储节旺、汪敏:《5G 环境下移动信息服务创新初探》,《情报理论与实践》2019 年第 3 期。

数据分析技术分析用户特征,智能化辨识用户需求,变被动服务为主动服务,变传统数据服务为知识服务,为客户提供有针对性、个性化的信息服务。大数据时代,传统的政府信息服务已不能满足公众的信息需求,政府信息服务需要顺应新时代的发展,利用大数据的理念与技术来降低运行成本,提升服务效率,打造智慧政府,实现政府信息服务创新。[①] 数据开放是政府信息服务创新的前提,智慧服务是政府信息服务创新的核心,数据创新是政府信息服务创新的关键。因此,政府信息服务需要建立开放、共享的数据平台,建设大数据中心和推进征信服务。

三、管理创新

管理创新所涵盖的内容广泛而复杂,仍没有一个全面、统一的定义。对现有文献进行梳理,管理创新概念大致可概括为:企业优化组织内部资源配置,实现商业成就的价值创新活动。[②] 企业的行为逻辑,本质上讲就是以有限的资源实现最大的价值,这个过程即可理解为管理创新。在数字化和全球化的时代背景下,企业管理的复杂性和不确定性有所增加。企业需要在动态的竞争环境中进行战略管理创新、知识管理创新和投资管理创新,使企业拥有更高的竞争力以实现可持续发展。

(一)战略管理

战略管理理论旨在解释不同企业的竞争优势为何存在差异性。[③]战略管理的基本问题是如何获得并保持竞争优势,是现代企业管理的最高层次与首要任务。20 世纪 90 年代之前的战略管理,主要以单个企业为中心的对抗竞争为主要研究内容,可称之为传统战略管理;20 世纪 90 年代后,随着信息技术和网络技术的发展,战略管理越来

---

① 冯畅、刘甲学:《大数据环境下政府信息服务创新研究》,《情报探索》2017 年第 1 期。

② 黄津孚等:《管理创新》,企业管理出版社 2011 年版,第 5—6 页。魏金萍:《论企业管理创新》,电子科技大学出版社 2015 年版,第 1 页。杨加陆等:《管理创新》,复旦大学出版社 2015 年版,第 2 页。

③ 贺小刚:《社会调查法在战略管理中的应用》,《科学学研究》2007 年第 2 期。

越关注企业间的竞争合作和共同演化，形成了超越竞争的新兴战略管理。[①]

1. 传统战略管理

传统战略管理的主要理论有：结构理论、能力理论、制度理论、资源理论等。[②] 结构理论建立在产业组织学的"结构—行为—绩效"分析范式上，认为产业结构决定的产业内竞争状态决定了企业的行为和战略，进而决定企业的绩效。企业绩效并不取决于企业内部战略的实施，而是取决于外部的市场结构和企业在产业内的竞争位置。五种竞争力量（新加入者的威胁、企业供应商的议价能力、企业顾客的议价能力、替代品的威胁、现有企业间的竞争激烈程度）共同塑造了企业所面临的竞争态势。[③] 因此，结构理论本质上是一种外在竞争优势的观点。

但实证研究却发现，企业的产业内利润率差异要比产业间的利润率差异大得多。[④] 由此，战略研究的重点转向由企业内部因素推动的能力。能力理论关注于识别和培育企业核心能力。这一理论认为企业应当根据自身的能力结构制订竞争战略，并以此为基础来建立和保持企业的核心能力和构建竞争优势。核心能力来自企业组织内集体学习传递的经验规范和价值观等。这是一种企业内在竞争优势形成、保持和更新的理论，构成了企业战略研究新范式。

在结构理论形成期间，一些学者运用新制度经济学来分析企业战略问题。在这一战略分析方法中，主要运用到交易成本理论和委托代理理论。交易成本理论用交易成本、资产专用性等概念分析企业的边界问题，解释了企业与市场的相互渗透与替代，包括企业纵向一体化、M 型组织、战略联盟等现象；委托代理理论用产权、信息不对

---

① 张杰巍：《企业战略管理理论协调性与自洽性研究》，《求索》2012 年第 11 期。

② 倪义芳、吴晓波：《论企业战略管理思想的演变》，《经济管理》2001 年第 6 期；姚小涛：《战略管理理论研究的发展历程与展望》，《预测》2003 年第 6 期。

③ 胡元林、缪斌：《战略管理理论的演进及发展趋势》，《昆明理工大学学报（理工版）》2008 年第 2 期。

④ 杨瑞龙、刘刚：《企业的异质性假设和企业竞争优势的内生性分析》，《中国工业经济》2002 年第 1 期。

称、经理人员的机会主义等概念研究战略实施、执行与控制的某些问题，尤其是公司治理中的经理人员行为、报酬、多元化动机、创新行为以及企业业绩等之间的联系。由于理论工具的局限性，尽管新制度经济学理论在进行战略管理问题分析时，能够很好地揭示企业的内部交易特征（如组织结构、治理结构等），但无法分析企业的生产性特征。因而并不能真正打开企业这个"黑箱"。并且，交易成本、信息不对称等因素很难直接观察和测量，致使实证研究比较困难，研究结论争议很大。

资源理论的核心观点为，企业竞争优势的源泉是企业内部的异质性资源。结构理论强调产业层次分析，制度理论强调交易分析，但是战略管理往往更关心企业层次上的问题。产业层次分析会得出同一产业中处于相同竞争地位的企业都应采用相同的战略计划，这显然不符合实际。因此，需要从企业层次对不同的企业进行更深入的研究。制度理论虽然聚焦于企业层次分析，但是忽视企业经营等生产性特征，难以进行深入分析。无论是基于产业组织理论的结构理论，还是基于新制度经济学的制度理论，对战略问题研究都采用了经济学的一般化分析，而不是管理学的异质性分析。随着战略管理研究的进一步深入，企业的异质性特征日益受到关注。企业的异质性源于企业所积累或拥有的资源差别，具有高价值、稀缺、不可复制与持久四个特征。[1] 在知识经济背景下，顾客需求变化迅速且日益个性化，技术创新速度加快和变化不确定性增加。为了在动态而复杂的环境中获得竞争力，公司必须增加战略响应能力和发展战略柔性。[2] 战略柔性要求公司长期致力于开发和培育关键资源或知识，又能根据新的知识来调整组织的行为，通过不断地自我检验来避免僵化。由于聚焦于不同企业的内部具体特征分析，资源理论在能力的研究思路上加入了"动态能力"和"知识资源"，可以看作是对能力理论战略研究更高层次上的"回归"。

---

[1] Barney B. "Firm Resources and Sustained Competitive Advantage". *Journal of Management*, 1991(17), pp. 99-120.

[2] 李柏洲、吕海军：《企业战略管理理论的演进及其发展方向》，《中国科技论坛》2003年第4期。

2. 新兴战略管理

随着信息技术和网络技术的发展,市场变化加快、环境不确定性增加,企业的竞争优势的可保持性降低。为适应第二次信息技术革命,全球许多知名公司以创新为导向进行发展战略调整,具体表现为研发的全球化、面向未来、客户驱动和注重生态效应。[①] 为了适应网络经济的发展和战略环境复杂度上升,一些新的战略管理理论随之出现,如集群战略、竞争合作战略、边缘竞争战略和价值创新战略等。

集群战略强调企业集群对维持企业竞争优势的重要性。集中在一定地理位置上相互关联的企业与组织可以带来规模经济和范围经济,减少交易成本,方便经验、知识、技能和经验的传播。[②] 竞争合作战略在集群战略的基础上,把企业所面临的环境从集群上升为企业生态系统观,认为企业应根据生态环境选择战略。企业可以运用生产力、活力和细分市场的创造力三个指标来判断企业所处生态系统的健康程度,并据此调整自身战略。[③] 这一理论用企业生态系统分析代替产业分析并强调合作的重要性,破除了战略分析行业划分的限制和过分强调竞争的弊端,提出了合作竞争、共同进化等战略管理新理念。根据这一理论,企业在制定和实施企业战略中需要充分考虑整个商业生态系统及其成员的利益,争取建立或领导有利的或占优势的新的战略生态系统。[④]

边缘竞争战略理论认为,战略最重要的是对变革进行管理。不仅要对变革做出反应和预测,更要引领变革。引领变革意味着要走在变革的前面,甚至改变竞争规则。市场环境的高速变化和不确定性要求企业不断变革管理来构建、调整和改造企业的竞争优势,保持企业在无序和有序之间的微妙平衡。管理层要形成适应性学习型组织,运用

<hr>

① 李建宇:《论构建企业创新文化》,《经济问题探索》1999 年第 5 期。

② 雷如桥、陈继祥:《战略管理理论的沿革最新进展及发展趋势》,《商业研究》2004 年第 12 期。

③ Lansiti M,Levien R. "Strategy as Ecology". *Harvard Business Review*,2004 (3),pp. 69-79.

④ 陈建校:《企业战略管理理论的发展脉络与流派述评》,《学术交流》2009 年第 4 期。

以战略矛盾、战略转折点、战略认知为基础的分析框架来构建新的战略变革。边缘竞争战略的成功实施，还需要相应的组织结构的支持。这种组织结构的特点是在固定式结构和松散式结构之间寻求最佳的结合形式。价值创新战略也强调战略变革，并进一步明确了战略变革的方向，即实施蓝海战略，创造全新价值。所谓蓝海战略是指企业通过跨越现有竞争边界，将不同市场的买方价值元素筛选与重新排序，开启巨大的潜在需求，从而摆脱血腥的已知市场空间（红海），开创新的未知市场空间（蓝海）。蓝海战略要求企业把视线从市场的供给方移向需求方，从赶超竞争对手转向为买方提供新的价值。价值创新战略摆脱了传统的基于竞争的教条，将创新与效用、价格与成本整合一体，通过改变产业远景框架和重新设定游戏规则来瞄准潜在需求，创造新的市场价值。①

（二）知识管理

知识经济时代，知识成为最重要的生产要素，是企业获得竞争优势的关键资源。企业的产品创新和服务创新是各种知识相互融会贯通、渗透和创新的过程，实质上是基于知识的新组合。知识决定着企业的价值，企业是知识的集合。知识管理是企业获取、共享、整合、应用知识的过程，以显著提升企业工作效率和经济效益。知识管理已经成为企业管理的重点，微软、英特尔等高科技公司都将知识管理理念和方法引入企业管理，世界500强大企业中已经有一半以上建立了知识管理体系。②

1. 知识管理过程

知识获取。企业扩大外部知识搜寻宽度有助于企业获取更多外部知识，进而在企业内产生新知识组合的可能性。自2012年始，信息通信技术发展到云计算，强大的计算能力让海量的数据累积和处理成为可能，人类逐渐进入大数据时代。③ 数据挖掘与机器学习等技术成

---

① 饶文军：《企业战略管理理论发展评述》，《商业时代》2009年第26期。
② 陈文伟、陈晟：《知识工程与知识管理》，清华大学出版社2015年版，第27页。
③ 相丽玲、牛丽慧：《知识管理思想的演化与评价》，《情报理论与实践》2015年第6期。

为将数据转换成有效知识的革命性技术，为企业有效利用外部知识、拓展知识边界创造了条件。知识获取途径主要有三条，一是与各类专家对话获取专家知识，二是对数据或文本进行挖掘，三是直接购买知识。运用大数据技术，企业能及时、动态地从供应商、客户及合作伙伴等获得经验、技术、管理等方面的知识。在知识获取过程中，企业能够发现其在采购、生产环节中存在的问题，进而确定知识优势和发现知识缺口。在销售过程中，企业通过目标客户认知、体验等挖掘与获取客户知识，为企业改善产品性能和拓展服务业务探寻方向。同时，对企业个性化的、经验性的隐性知识进行挖掘与获取，能让企业厘清知识脉络，有利于其开发更先进的技术和产品。企业购买知识产权和对其他企业进行兼并也是重要的知识获取途径。在企业自身研发能力不足的情况下，购买知识产权是企业获取知识的有效方法。根据商务部数据，2018 年，我国知识产权进口使用费为 2355 亿元，比上一年增长 22.03%。近年来，中国企业为了获得国外先进的生产技术和管理经验，积极开展海外并购。企业并购实质上是为了获得被并购企业的生产管理知识和人才。2018 年，中国科技、媒体和通信行业的海外并购金额在所有行业中排名第二。并且，民营企业已经成为海外并购的主力军，由民营企业发起的海外并购共计 419 宗，披露交易金额合计 1138.94 亿美元，交易宗数占比 85.16%，披露交易金额占比 78.67%。

知识共享。企业为了提高效率不得不在组织内进行专业化分工，但企业在市场竞争中所需要的是整体性的知识能力。因而，企业需要有效促进知识分享，使知识在组织内扩散，并让员工的个人知识成为企业层面的知识。首先，知识共享可以加深部门间的合作，优化内部业务流程，提升工作效率。企业内知识共享可以通过上传数据库、发布正式文件、跨团队调换员工以及论坛讨论等方式实现。[①] 多类型的知识共享方式，不仅能使可编码的显性知识得以传播，而且员工自身的经验、直觉等隐性知识也能在组织内得到共享。其次，知识共享还能推动学习型组织的建立。组织学习是组织在不断变化的内外环境中保持

---

① 孙晓雅、陈娟娟：《网络型组织结构如何有效推动知识管理》，《图书馆学研究》2016 年第 2 期。

竞争优势的一种学习导向，实现组织成员创造、获取并推广应用知识。[1] 知识共享是知识传授者与接收者之间的沟通交流过程，是典型的团队互动过程；团队成员间的互动是团队凝聚力形成的基础。因而，知识共享有助于激发成员的学习积极性、增强团队的协同性和一致性，有助于学习型组织的形成。企业激励员工在组织内共享知识：一是要培育知识共享的文化环境，创造信任的文化氛围；二是要创建知识共享的网络环境，方便企业内各个层次上的知识交流；三是鼓励非正式的知识共享，以定期和不定期的内部会议、实践小组等方式加强交流和沟通。[2]

知识整合。企业将知识资源库中无序、零散的以及隐性和显性的知识进行有效的知识整合，是企业汲取新知识形成新思想的重要途径。知识整合是知识元素成为结构化的、有市场价值的组织知识的过程。[3] 知识整合类型可分为形式整合、分类整合、立体整合和用途整合；[4]也可分为专业整合、跨专业整合、功能整合和跨功能整合。[5] 知识整合内容之一是把知识按一定的标准进行归类，使之条理化、有序化。例如，按照知识横向和纵向的关联度进行归类，按照各种知识类别进行归类，按照知识重要性进行归类，以及按照知识在组织中的用途进行归类，等等。知识整合内容之二是在企业内知识流通共享的基础上，把个体的知识整合为组织的知识。企业中不同的员工和不同的组织拥有不同的知识，企业通过整合分散存放于不同主体的知识，可以将

① Yu C，Yufang T，Yucheh C. "Knowledge Sharing，Organizational climate，and innovative Behavior：a Cross Level analysis of effects". *Social Behavior and International Journal*，2013，41(1)，pp. 143-156.

② 王学智等：《知识管理中知识创新的促进方式与路径》，《贵州社会科学》2017年第9期。

③ Henderson R M，Clark K M. "Architectural Innovation：The Reconfiguration of Existing Product Technologies and the Failure of Established Firms". *Administrative Science Quarterly*，1990，35，pp. 9-30.

④ 任皓、邓三鸿：《知识管理的重要步骤——知识整合》，《情报科学》2002年第6期。

⑤ Grant R M. "Prospering in Dynamically-competitive Environments：Organizational Capability as Knowledge integration". *Organization Science*，1996，7(4)，pp. 375-388.

企业各局部知识优势转化为全局知识优势。知识整合的内容之三是以解决特定问题为导向,综合运用组织所拥有的各类知识。知识元素的结构一般受到外部市场需要的拉动,学习总是和企业所要解决的问题相关联。在特定技术条件和市场环境下,知识整合方式往往体现为组织的一个问题解决方案。① 知识整合一般被认为是两个维度上的螺旋,一是显性知识和隐性知识之间的社会化、外在化、组合化和内在化形成的知识转化螺旋;二是知识转化由个人、团队、组织、组织间逐层上升为系统化组织知识的知识创造螺旋。② 知识整合要求企业向学习型组织转型。知识整合是在组织学习过程中实现的,组织是最基本的知识整合环境。学习型组织是能促进组织成员进行学习并借以不断改善自身素质的组织。③ 学习型组织的内部体制实行非集中化,类似于计算机网络。网络化的组织结构有利于各部门间的横向联系、协作和相互学习,也有利于企业在多变的环境中自发整合各类知识和各主体间的知识。知识整合只有涵盖与硬件相关的系统化程度、与软件相关的社会化程度以及与团队成员相关的合作化程度,才能达到增进整合的效果。④

知识创新。知识创新是知识管理的目标,新知识在知识获取、知识分享、知识整合和知识应用的过程中产生,并形成企业的动态能力。知识创新被认为是企业最重要的资源优势,企业的知识存量是企业竞争优势的源泉。企业知识创新会以技术创新、组织创新、管理创新等形式表现出来。⑤ 从这个意义上讲,企业的知识创新能力决定了企业的技术创新能力、组织创新能力和管理创新能力,是企业核心竞争力的主要内容。企业的动态能力是随着知识的变化而变化的,其演化过程就

---

① 沈群红、封凯栋:《组织能力、制度环境与知识整合模式的选择》,《中国软科学》2002 年第 12 期。

② Nonaka I. "A Dynamic Theory of Organizational Knowledge Creation". *Organization Science*, 1994,5(1), pp. 14-37.

③ 赵修卫:《组织学习与知识整合》,《科研管理》2003 年第 3 期.

④ 谢洪明:《组织学习、知识整合与核心能力的关系研究》,《科学学研究》2007 年第 2 期。

⑤ 朱祖平:《知识进化与知识创新机理研究》,《研究与发展管理》2000 年第 6 期。

是追求新知识的过程。① 企业特殊性知识创新和整合性知识创新能带来企业功能性能力的变化,提升企业能力的效率或生产容量;配置性知识变化扩大了企业能力的使用范围;企业的知识创新积累到一定程度,就能让企业形成一种新的动态能力(惯例)。② 企业动态能力的扩展与组织学习有着紧密的关系。组织学习是组织开发新知识的过程,是知识创新的基础。组织学习使企业中不同部门对企业创造的新知识进行吸收并相互分享,推动组织知识演化和创新循环,有助于企业形成新的动态能力。③ 根据知识及知识创新的特点,一些学者提出知识创新模型。④ 野中郁次郎的 SECI 模型认为,知识创新是一个包括社会化、外在化、组合化和内在化四种知识转换模式的社会认识过程;"场"理论强调知识交流环境对知识创新的重要性;知识发酵模型利用仿生学的原理揭示组织学习与知识创新的内在机理;系统动力学理论建立知识创新运行的网络模型,强调整体和动态地分析各要素行为的变化;混沌动力学模型将创新系统看作是一个复杂系统,分析知识创新的混沌特性。⑤

2.知识管理系统

知识管理系统是对组织知识进行管理的信息系统。知识管理系统把从企业外部和内部获得的知识统一存储在知识库中,让使用者能够快速而方便地访问到所需要的信息和知识,通过系统性地利用信息、处理流程和专家技能,不断提高企业的快速响应能力、决策能力和创新能力。企业知识管理系统的架构需要经历规划、设计和应用三个

---

① 曾萍:《知识创新、动态能力与组织绩效的关系研究》,《科学学研究》2009 年第 8 期。

② Nielsen P. "Capturing Knowledge within a Competence". Khalil M, Lefebvre A, Mason M. "Management of Technology, The Key to Prosperity to the Third Millennium". *Oxford-Elsevier Science*, 2001, pp. 481-490.

③ 王建刚:《基于竞争优势的知识流、知识创新与动态能力关系研究》,《情报杂志》2012 年第 2 期。

④ 龙跃:《知识创新研究综述与评析》,《情报杂志》2013 年第 2 期。

⑤ 韩蓉、林润辉:《基于混沌动力学的知识创新演化规律分析》,《科学学研究》2013 年第 12 期。

阶段。① 企业知识管理系统的规划需要以企业的发展战略为指导,并结合企业实际明确知识管理的目标。如实现隐性知识的显性化、业务流程的再造,学习型文化的培育,等等。知识管理系统设计是为了实现知识管理目标对整个系统进行模块化设计,例如用户模块、业务流程模块、知识库模块、讨论社区模块等等。企业类型不同、规模不同,其知识管理系统的模块设计也是千差万别的。在知识管理系统应用过程中,企业需要对知识共享、知识创新、效率提升等应用效果进行评价,并且需要根据评价结果对知识管理系统进行动态的调整,以适应企业的技术能力进步和发展。知识管理系统一般有三个方面的具体应用。② 一是最佳实践的编码和共享。这一功能往往是通过基于流程的知识管理来实现。企业通过业务流程和知识流程的结合,以实现快速发现问题和解决问题的目的。二是企业知识目录的创建,建立内部专家地图是创建企业知识目录的有效方法。三是知识网络的创建,技术角等虚拟空间或直接面对面地交流是建立知识网络的主要方式。

知识管理系统可以分为面向流程的知识管理系统和面向基础设施的知识管理系统。③ 业务流程是知识利用和创造的场所,为知识流程的运行提供情境。面向流程的知识管理系统能够把企业的业务流程和知识流程高效地结合起来,并能为业务流程的高效执行提供知识养分。面向基础设施的知识管理系统可以全面而系统地获得企业各个方面的数据和知识,有利于企业及时调整发展战略。按知识来源的不同,知识管理系统又可分为基于用户创新的知识管理系统、基于协同管理的知识管理系统、基于社会网络的知识管理系统等。用户创新是指用户对产品和服务提出新设想。基于用户创新的知识管理系统是让所有参与知识管理系统的相关人员,包括工程师、决策者、员工以及一般访问者,成为创新主体的系统。用户创新模式的知识管理系统符合企业内部知识创造的双螺旋原理,具有系统结构健壮、开发复杂

① 陈建军:《企业知识管理系统架构研究》,《科技进步与对策》2009 年第 3 期。

② 戴伟辉等:《高层管理团队优化配置的知识管理系统》,《科技进步与对策》2008 年第 2 期。

③ 杨娟娟、武忠:《面向业务流程的知识管理系统建模研究》,《情报杂志》2009 年第 3 期

度低和应用配置灵活的特点。① 协同管理系统是将企业所有的应用和数据集成到一个信息管理平台之上，并以统一的用户界面提供给用户的信息平台。② 协同管理系统的核心是知识文档的管理，包含知识收集、知识整理、知识分发三个子系统。全面的知识文档管理让员工能找到与他职位和权限相关的知识，为每个员工提供一个个性化的知识信息门户。在这个知识门户中，每一个员工积累着知识，并与大家共享经验和知识。基于社会网络的知识管理系统从网络视角来搜寻和管理知识，其包含三个层次的网络模型：由各类知识单元相互联系形成的底层知识网络、由拥有知识单元的主体构成的中间层网络和由所有组织成员构成的最顶层网络。③

目前，很多机构和公司构建起了符合自身发展需要的知识管理系统，并取得了很好的成效。美国国家航空航天局（NASA）负责制订和实施美国太空计划，是一个开展太空科学研究的行政性科研机构。1999 年 4 月，NASA 设立了首席信息执行官，开始知识管理活动。④ 当前，NASA 主要致力于如下三个领域的知识管理活动：在 NASA 内部进行信息的识别与获取工作；更加有效地管理内部知识资源并促进知识共享；开发新技术与新工具，使项目团队间进行畅通无阻的交流。NASA 通过知识管理使项目团队避免从前的错误，并从成功的项目中学到宝贵的经验；项目的成功率、可靠性和效率提升明显。NASA 的知识构成了其独有的智力资产，是 NASA 强大竞争优势的源泉。同样，在 IBM 公司中，无论是产品开发团队还是集成产品管理团队，都要将其在技术上的突破及时记录到企业知识门户中，比如学习中心（Learning Center）或是共用基础模块（CBB）数据库，以便企业其他团队或部门的学习和应用。产品开发团队完成一项任务，集成产品管理

---

① 张庆华、张庆普：《基于用户创新模式的企业知识管理系统研究》，《情报杂志》2011 年第 6 期。

② 杜栋：《基于协同管理系统的企业知识管理系统》，《情报理论与实践》2011 年第 2 期。

③ 张星等：《基于社会网络的企业知识管理系统框架研究》，《现代图书情报技术》2011 年第 5 期。

④ 赵天：《NASA 的知识管理体系及其在风险管理中的应用》，《飞航导弹》2015 年第 10 期。

团队都会对其完成的情况进行评估,与该项目的产品开发团队在电子会议中心(E-meeting Center)上讨论其成功与不足之处。集成产品管理团队还通过上传数据库、发布正式文件、跨团队调换员工以及论坛讨论等方式进行知识共享管理。① 近年来,我国公司也开始建设知识管理系统。2012 年 12 月,海尔正式启动"三个化"转型战略,通过"众创意""海尔社区""海尔交互定制"等开放社区实现了对平台用户知识的获取、共享和价值实现等一系列管理流程。从纵向上看,海尔的创新知识管理模式具有全周期、多平台、轻资产和直面用户等特点,能够简化知识管理流程、改革创意激励机制和提升创意落地效率,推动海尔成功实现转型。② 为适应移动互联网时代市场快速变化及企业知识更新迅速的特点,中兴通讯在公司知识管理战略上架构了以能力为核心的能力中心架构体系,启动了基于云计算的"中兴学习云"平台的开发工作。③

(三)投资管理

投资是企业生产与发展的基本前提,直接关系到企业的兴衰成败,对企业的长期发展有重要的战略意义。企业进行投资,能够明确经营方向,形成新的生产能力,提高资金利用率、优化资源配置和获得经济收益。因此,加强投资管理可以为企业健康持续发展奠定基础。投资管理是指企业在科学合理的决策程序下,结合企业发展方向和战略部署,对投资活动进行规划、决策和调节的行为。投资管理包括投资决策管理、投资过程管理和投资效益管理。企业的投资管理,首先是投资决策的管理,投资决策管理是指企业投资战略的制定,并对投资项目的风险和回报进行评估等;其次是投资过程管理,主要是在投资过程中及时了解项目进展,管控投资风险,做好投资过程中的衔接工作;最后是投资收益回报分析,投资项目完成后,对项目收益进行科学分析,

① 孙晓雅、陈娟娟:《网络型组织结构如何有效推动知识管理》,《图书馆学研究》2016 年第 2 期。

② 王露露、徐拥军:《海尔创新平台知识管理模式研究》,《现代情报》2017 年第 12 期。

③ 常金玲等:《企业培训到知识管理的变革——以中兴通讯为例》,《中国人力资源开发》2018 年第 8 期。

总结利弊，为企业未来的投资提供经验和依据。随着经济发展，我国投资环境不断优化。一是企业经营条件改善，企业投资能力不断增强；二是投资项目越来越丰富，新产业投资、境外并购规模日益扩大；三是企业投资管理趋于科学化，投资决策水平不断提高。

1.投资管理问题与对策

第一，投资管理体系缺乏，投资战略规划薄弱。投资管理是一项系统工程，企业要有完善的投资管理体系，才能保障投资过程规范，降低投资风险。但是不少企业未能建立完善的投资管理制度，缺乏制度束缚可能导致不良投资行为。没有规范的投资决策制度导致治理层控制缺失、责任不明，"长官意志"式投资管理方式造成投资决策的独断性、随意性，致使企业投资出现流程混乱、盲目决策等问题，给企业投资成本控制带来严重困难。单一的投资决策管理，难以及时寻求合理措施予以控制投资风险，可能给企业带来严重的经济损失。企业投资管理的组织能力不足，会造成投资项目管理缺乏专业人才，导致投资管理执行力弱。例如，部分企业在投资项目已经确定的情况下，出现资金不能够及时到账，影响投资项目进度；或是资金调动和审批程序不够严格，出现滥用职权现象。除此之外，如果企业投资管理混乱、管理能力不足，即使投资项目可行性很高，仍然有可能会造成企业投资亏损。企业必须依据发展战略科学合理地制订投资规划，详细制订投资实施方案，才能确保企业战略目标的实现。企业的投资活动需要与发展战略紧密结合在一起。然而，许多企业投资管理体系缺乏，也没有投资战略发展规划，在投资管理中主观性较强，出现了盲目投资、感情投资和政策投资等情况。例如，许多企业在投资管理方面急功近利，企业投资往往基于短期经济效益，没有考虑企业长期发展战略布局，缺乏战略发展眼光。有的企业没有根据实际财务情况盲目投资，致使企业资金链断裂，引发财务危机。有的企业不从企业自身特点出发，而仅仅是受招商优惠政策吸引或国家产业政策引导而投资。一旦优惠政策发生变化，不能享受某些政策优惠，企业往往会陷入经营危机。

为此，企业管理层要强化投资管理意识，编制合理的投资决策方案，做好企业资源的统筹和调配，运用科学的方法进行有效投资，建立健全投资管理体系。首先，投资管理要与企业发展战略相一致，做到投资目标明确,投资管理活动具有计划性,减少短期投资的功利主义思想。科学的企业发展战略需要把握好国家的政策动向与市场环境,并结合自身特点制订出最优投资策略。其次,企业投资需要制订制度体系,提高投资决策的科学性。企业可以让有经营、财务等方面经验的专业人才参加投资委员会,也可以聘请专业中介机构、行业专家共同参与投资项目的审查和评估,确保投资决策的可行性和有效性。再次,企业投资要能够充分利用现有企业资源,运用产能扩张、技术研发、市场拓展、战略并购等投资模式,提高企业的经营能力和盈利能力。还要制订预算管理,合理配置有限的企业资源,走专业化运作道路。

第二,市场调研不充分,投资项目前期认证不足。企业在选择投资的方向和项目时,需要对市场信息进行搜集和分析,编制项目可行性报告,以减少投资风险。企业在进行投资决策前如果没有进行充分的市场调研,就无法获得投资项目的实施难度、预期收益和财务风险等方面的客观数据,造成投资的盲目性;如果企业进行了市场调研,但调查不足、方法不当或者信息剖析不深刻,也会造成企业投资失误。企业市场调研不充分的原因,往往是项目策划人员业务能力不足,市场调研知识匮乏。市场调研不充分主要表现在两个方面。一是对市场行情判断不准确,投资风险预计不足。投资项目决策者盲目地跟随市场风向,没有对市场进行有效的分析;或者是调查员工作态度不严谨,导致收集到的信息与实际情况差别巨大。这些失误要么使企业投资其并不擅长的项目,要么使企业对市场的供需关系判断失误。在投资项目进行过程中,市场行情会发生变化,如果事先对投资风险估计不足,一旦行业发展陷入低谷,投资活动只能被迫中止。二是对投资环境考察不全面。例如,有的企业因一些地方的招商引资优惠政策吸引而仓促投资,对投资地周边环境和产业环境考察不细致,在项目建设过程中才发现,投资地基础设施落后,无法满足企业正常运营;或者是所在地相关产业配套能力薄弱,造成企业生产成本高昂。

因此,企业投资前最重要的工作是进行市场调研,形成科学系统的投资项目可行性研究报告,为投资决策提供科学依据。首先,进行充分的市场调研。为了提高投资的成功率,企业在投资前要做好投资项目的政策风险、行业发展的前景预测、竞争对手的技术实力、所在地的投资环境等方面的调研。其次,认真做好项目论证。企业要充分了解企业资金周转和资源存量情况,要保证投资活动预算充分,不影响企业现有业务运营。在此基础上,对项目构成、商业模式、投资回报进行全面的分析评判。再次,全面评估投资风险。投资过程不确定性高,难以把控的因素多,全面评估投资风险是投资成功的关键。企业应该把握资本市场规律,结合企业的财务状况,在风险评估的基础上优化企业投资结构,在把握市场需求的基础上编制合理的投资方案。

第三,投资管理方式落后,没有进行投资跟踪管理。现阶段,许多企业招聘专业的管理人员对投资项目进行管理。但"任人唯亲"现象仍然大量存在,很多企业没有专业人员负责投资项目管理,管理方式落后。一是有的企业投资组织管理薄弱。通常表现为,开展投资活动时,没有做好投资项目的沟通与协调工作,使投资活动进展受阻;或者是部门间或工作人员间权责不明,风险点不清,导致工作中相互扯皮和踢皮球现象时有发生,造成投资项目运行效率低下。企业投资管理既是一项专业技术,又是一种综合管理能力;既要让投资发挥最佳经济效益,又要发挥组织协调能力。在实施投资项目中进行合理的组织管理可以让投资项目运行顺畅。二是有的企业缺乏较为严格的资金管控制度,以致资金使用存在受限的情况,影响投资资金正常流动。例如,有的企业资金管理松懈,信贷资金无法及时到位,导致项目资金出现缺口;还有的企业没有严格的预算控制,投资项目要么依赖持续注入大量资金来维持,要么资金预算不足形成资金缺口,导致项目无法实施。三是有的企业未能制定有针对性的风险预警机制。投资风险是指投资项目未来收益和资金回收周期的不确定性,包括市场风险、利率风险和政策风险。很多企业管理者缺乏风险意识,要么是企业内部没有建立起完善风险管控体系,要么是风控体系形同虚设。企业往往侧重事后的检查,不重视风险的事前预警和事中管控。当通货膨胀、货币贬值等突发风险发生时,企业极可能无法有效应对风险而遭受重大经济损失。企业忽视投资项目监管,会导致项目未能沿着企业最初的预定目标推进,甚至造成整个投资项目失败。四是有的企业后期管理工作不到位,投资项目后评价不够完善。很多企业对投资前期的项目可行性分析和项目中期的跟踪管理都做得比较好,但往往忽视投资项目后期的审计和评价。项目验收仅仅是对投资项目的可行性报告和项目建设内容进行验收,没有对投资效果进行及时、有效的评价。由于对投资项目后期审计评价重视不足,投资者不能清楚地认识到投资项目是否达到了预期的效果。

据此,企业投资管理要加强投资项目跟踪管理,防范投资风险发生。首先,企业要完善投资管理方法,实行科学管理。企业制定科学、有效的监督管理制度,定期对企业的投资项目实施管理;对投资资金流向进行全程监督,保证资金合理使用;审计管理部门对实施方案进行审核,项目管理、财务、基建等部门要对投资项目定期开展检查和效能监察。在投资管理中要将防控风险放在重要位置,实行全程风险防控;尽可能缩短投资时间,加强投资的时间管理,减少投资延期风险;做好政策分析,协调好与投资所在地政府与合作对象的关系,防范政策风险和合作风险。其次,企业要加强投资项目跟踪管理。要派专业人员做好项目跟踪管理,协调和监督项目进度;要严格执行投资计划,做好投资资金统筹管理,使资金按照投资方案和投资进度合理调度;为了准确了解项目实施效果,必须对投资项目实施过程进行验收、审计和评估;重视后期评价,选择合理的评价指标对投资项目进行系统化评价,积累经验教训。再次,企业要做好投资应急预案和风险防范。企业要将风险管控贯穿于整个投资过程,做好风险应急预案,不但在项目投资前要做好前期防控、投资中强化资金有效管理,而且当项目出现危机时,要有应急预案。企业要准备有效的备案,防止因投资项目被迫终止而影响企业发展。

2.企业并购投资管理

企业并购是企业为追求协同效应而采取的对外扩张行为,以实现其利润最大化,是企业投资管理创新的重要方式。自1897年以来,美国已经历了五次大的并购浪潮。[①] 企业发展壮大的途径一般有两条:一是靠企业内部资本的积累,实现渐进式的成长;二是通过企业并购

---

① 郑兴山、唐元虎:《企业并购效应分析》,《经济体制改革》2000年第2期。

扩展资本规模,实现跳跃式发展。① 从企业成长的角度来看,企业并购比内部资本积累能给企业带来更快的发展速度。著名经济学家施蒂格勒发现,几乎没有一家美国大公司主要是靠内部扩张成长起来的。从市场关系看,并购类型主要有横向并购、纵向并购和混合并购。企业进行横向并购是为了提高市场份额,实现规模经济和加强市场垄断力。企业进行纵向并购,实现生产的垂直一体化,能够显著降低企业生产成本和交易成本。也有一些企业为了实行多元化发展战略而进行跨行业的混合并购,审慎的多元化发展能让企业逐步退出衰退行业,投入更多资源研发新产品和进行组合式创新。从交易类型看,并购类型主要有善意并购、敌意并购、拆分式并购和管理层并购。所谓善意并购是指并购方案征得管理层同意的并购,而敌意并购则是不理会管理层的意见直接向股东提出收购要约。拆分式并购和管理层并购都是将母公司的某一部门或某一子公司出售给并购方,只是出售对象不同。出售给其他公司被称为拆分式并购,出售给现有管理层则称为管理层并购。

　　企业并购动因是多元而复杂的,企业仅为某个单一的原因而进行的并购并不常见。企业并购常见的并购动因主要有协同效率、市场势力、价值发现等。首先,协同效率来源于企业合并后产生的协同收益。② 两个公司合并可以提高目标公司的管理效率,获得管理协同效率;并购双方存在经济上的互补性,规模经济、范围经济或多元化的混合经营,可以让企业获得经营协同效率;企业合并后,能够降低企业现金流波动和融资成本,获得财务协同效率。其次,兼并竞争对手可以增大企业规模、减少行业竞争,从而增强企业的市场势力;企业市场势力的增强使并购企业可以影响市场价格,获取高额利润。再次,并购能够实现价值发现。当收购公司具有独特的信息优势,能够发现市场价值被低估的公司,企业就能从并购中获得利益;杠杆收购公司的管理者非常善于挖掘有关目标公司价值的独特信息;在并购过程中或并购完

　　① 谢霄亭:《中美企业并购动因的比较分析》,《财贸经济》2004年第6期。
　　② 汤文仙、朱才斌:《国内外企业并购理论比较研究》,《经济经纬》2004年第5期。

成后,关于价值发现的信息会反映到价格中,市场会对新信息做出反应,拉动股票价格上升。最后,并购可以解决委托代理困局。如果管理者没有或者只拥有企业较小的股份,管理者就可能利用管理特权来追求私人利益,从而产生委托代理问题;尽管报酬安排、经理市场和股权激励可以减缓代理问题,但接管是最后的外部控制机制;公开收购或代理权争夺形成的并购会重组董事会和改选经理人员,因此追求私利的管理者是驱动并购活动发生的重要原因。

近年来,随着我国资本市场的完善和发展,我国企业也掀起了一股企业并购的热潮,企业并购成为企业投资决策的重要手段之一。我国企业并购与西方企业围绕利润最大化展开的并购有所不同,具有鲜明的中国特色。① 我国企业的并购动机主要有消灭亏损、破产替代、优化资源配置和提高企业活力等。政府主管部门推动盈利企业并购亏损企业,提高亏损企业经营效率,企业并购成为消除亏损的一种机制。大规模的国有企业破产会造成严重的社会问题,政府从稳定大局出发,往往会给予救助,并购于是成为一种破产替代机制。企业并购可以优化资源配置,盘活存量资产,使产权结构、产业结构和区域结构得到合理调整。而且政府制定了许多财税和信贷方面的优惠政策,鼓励国有企业并购,以提高资源使用效率。企业并购可以让企业获得先进的管理制度和生产技术,提高企业活力和竞争力;企业通过并购实行强强联合可以增强企业国际竞争力,通过跨国并购还可以促进国内国际资本市场的对接,规避国外贸易壁垒。由于国情不同,中外企业的并购浪潮也各有特点。② 国外企业的并购浪潮特点是,随经济发展而浪起潮落,企业并购的主要动机是市场扩张和企业扩张,并购操作程序规范,横向并购越来越成为并购的主要类型。我国企业并购浪潮的特点是,在政府管制和推动措施中起伏,短期经济利益是企业并购的主要行为目标,纵向并购占据很大的比重,企业并购程序简单,基础产业是大型并购重组的多发地。

---

① 汤文仙、朱才斌:《国内外企业并购理论比较研究》,《经济经纬》2004年第5期。

② 马金城:《中外企业并购特点的比较分析》,《财经问题研究》2003年第1期。

从已有研究结果看,尽管企业并购的数量和金额屡创新高,但成功率并不高。企业并购失败的主要原因之一是企业并购后的整合管理失败。① 企业并购是为了获取企业发展所需的资源和能力,强化企业核心竞争力。竞争力要素整合是并购后企业核心竞争力形成的主要来源。从微观上讲,企业的整合包括组织整合、财务整合、知识整合和文化整合四个方面的内容。

组织整合是指并购后的企业在组织机构和制度上的调整或重构,以实现企业的组织协同。企业组织制度如何进行整合,取决于被并购企业的组织制度的优劣。如果原企业的组织制度运行良好,则应保持不变;轻易改变企业原有的组织制度会引发连锁反应,产生制度风险。如果原有组织制度缺陷明显,则需进行组织制度再造。企业并购后,企业需要根据并购方的经营目标和总体战略对企业内部的组织机构进行重新调整,以建立高效、统一的组织机构;并购后的组织结构应有利于各环节、各部门相互适应、交流和学习,发挥协同效应使并购双方职能部门的组织更科学、管理能力更强。

财务整合是发挥企业并购财务协同效应的保证,是并购方对被并购方实施有效控制的根本途径,更是实现并购战略的重要保障。② 企业并购后,并购方需要对双方企业的资产和负债进行整合,被并购企业的不良资产和闲置资产、不符合并购方发展战略要求的经营性资产应当剥离出售,被并购方的负债按照负债改造资产或负债转股权的方式整合。并购双方的财务制度需要互相连通、资金管理需要协调一致,以降低融资成本,节约财务费用。

企业并购后的知识整合指的是并购企业通过各种手段来整合并购企业和目标企业现有管理和技术知识从而获取协同效应的过程。③ 人才是知识的主体,隐性知识更是与人才资源密不可分,企业并购后要防止人力资源流失,进行人力资源整合,协同并购双方专业分工的差异,建立更有竞争力的管理团队。当并购企业拥有知识优势时,并

①　王坷、张晓东:《论企业并购后的整合管理》,《现代经济探讨》2000 年第 8 期。

②　张晓峰、欧群芳:《企业并购的财务整合》,《商业研究》2003 年第 21 期。

③　张洁梅:《我国企业并购后的知识整合模式分析》,《学术论坛》2014 年第 1 期。

购企业要将更先进的管理理念或技术经验推广并同步到被并购企业，提高被并购企业的技术能力和竞争力；当被并购企业拥有知识优势时，并购企业需要采取有效措施来汲取目标企业的先进知识来提高自身管理能力；并购双方知识整合的实质是并购双方组织间的相互学习。

文化整合是企业并购中最艰难、最重要的环节。作为"企业之魂"的企业文化具有很强的个性，企业间文化的差异性会产生企业文化冲突。文化整合可以促进企业管理各层面的改革和完善，使并购双方真正形成一个有机整体。[①] 企业并购中的文化整合是一项系统工程，一般需要通过三个阶段完成。第一阶段是对并购双方企业文化进行比较，发掘各自优势和不足，分析整合的可行性；第二阶段是采取有效措施分离原有企业文化的不合理部分，进行初步整合；第三阶段是重构更适合于并购后企业和融合各自优势的企业文化。

第三节　企业创新文化

文化是企业之魂。不同企业在技术创新上的不同表现，归根到底是企业间的文化差异造成的。企业创新文化作为企业文化中的一个特殊分支，是指能够激发和促进企业内创新思想、创新行为和创新活动产生，有利于创新实施的一种组织精神内涵和外在表现相统一的综合体。[②] 创新文化将企业信念根植于创新，将创新视为企业生存和发展的关键要素。首先，企业创新文化对企业成员的价值取向和行为取向起着引导作用，能够营造挑战、冒险和富有创造性的价值观氛围，赋予管理者和员工创新精神，激励创新思维和创新行为，对企业创新起着内在的、无形的推动作用。其次，企业创新文化通过对群体创新意识的培养，营造创新文化氛围，引导企业员工产生共同的使命感、归属感和认同感，最终形成创新的集体荣誉感，从而把职工的个体行为引导到群体行为上来，在企业创新过程中产生巨大的向心力和凝聚力，构

建起企业强大的创新合力。再次,企业创新文化既植根于企业的一切活动之中,又流溢于企业的一切活动之上,它是形成企业核心竞争力的原动力。① 这种竞争力不能被简单模仿和复制,因为员工离开企业可以带走技术资料、管理方法,但无法带走无形的企业创新文化。培育企业创新文化需要突出员工在企业创新中的主体地位,培养其追求开拓、变革和高效的精神;需要积极捕捉企业经营中出现的创新点,并大力弘扬和倡导;需要宣传典型人物和事迹,营造创新光荣的良好氛围。综合来看,创新精神是企业创新文化的价值内涵,创新组织是企业创新文化的行为范式,创新氛围是企业创新文化的外在表现,三者共同构筑起企业的创新文化体系。

一、创新精神

企业精神是企业基于自身特点和发展方向,长期精心培育而逐步形成的思想成果和精神力量。企业创新精神渗透于企业创新发展的方方面面,潜移默化地指导和制约着员工的心理和行为。创新精神是企业创新文化的精神内涵,是指导企业开展生产经营活动的价值观念。创新精神根植于每一位企业员工的思想之中,激发员工工作的主动性、积极性和创造性,促使员工在工作当中刻苦学习、勇于探索和研究,能有效提高企业的技术水平、产品质量和服务效能。

(一)首创精神

首创精神不只是简单的鼓励创新,更是对原创性的强调。企业不能一直停留在对原有技术、产品、服务的完善与改进上,如果企业只能模仿与跟随竞争对手,迟早会被市场所淘汰。因为,企业长期依赖渐进式创新、模仿式创新,必然会失去创新精神。在激烈的市场竞争中,企业会遇到技术壁垒、市场壁垒,唯有创新才能破除这些壁垒;已取得一定市场优势的企业也不能因循守旧、故步自封,必须勇立潮头、敢为人先,用首创精神来保持企业的生机和活力。塑造首创精神,必然要求企业有竞争意识。优胜劣汰是市场竞争最基本的法则,企业要在竞争中

---

① 刘朝臣等:《论企业创新文化的价值观与创新行为》,《生产力研究》2006年第5期。

胜出,需要不断开发新产品、研发新工艺,在竞争中逐步培育创新能力,运用创新能力来提升竞争力。塑造首创精神,还需要企业有冒险精神。创新本身就是高风险的投资行为,创新与冒险总是形影不离的,企业创新就是在挑战市场风险;循规蹈矩、墨守成规会限制员工的创新意识,必然会极大地抑制企业创新。塑造首创精神,更要求企业有超前思维。首创精神不但要求企业能够创新,还要求企业能够取得突破性创新,这就要求企业敢于突破思维定式,时刻关注行业中的新思想和新技术;只有拥有超前思维才能突破原有的技术路线,取得技术上和管理上的行业首创。首创精神还需要企业有一定的自主创新能力。如果企业自主创新能力羸弱,首创精神培育就会成为空中楼阁。一是首创精神需要企业具有扎实的自主知识产权基础。创新不是凭空产生的,创新能力是企业长期知识积累的结果。因此,企业需要进行科学的知识管理,对员工进行学习激励,以取得行业领先的知识产权。二是首创精神需要企业有源于企业内部的核心技术能力。企业拥有一定的知识产权基础仍然是不够的,需要把研发能力、知识管理能力切实地转换为产品和服务生产的核心技术能力。三是首创精神需要企业能用创新能力带动和开发新的市场需求。企业做产品研发不能一味地跟随市场,这样只会让企业越来越被动,唯有引领市场才能让企业在行业内拥有更大的主动权和更广阔的市场。

(二)协作精神

协作是人与人之间或组织之间的相互合作。协作创新的兴起源于两个原因:一是单个企业越来越无法单独完成重大的科技创新活动,往往需要借助创新网络的力量;二是政府为提高重大科技活动的创新效率,积极推动企业间的协同创新。[①] 在经济全球化背景下,开放、协作、共享的创新模式是有效提高创新效率的重要途径。日本松下公司和美国波音公司与零件生产企业之间的协作是典型的企业间协作。松下公司非常重视扶植协作企业的发展,认为协作企业强大是松下公司强大的基础。协作创新能实现知识和技术的快速扩散,降低创新成本,分散创新风险,使产业链上的企业形成产业生态系统,协作提

---

① 陶春:《企业协同创新的实现途径》,《中国科技论坛》2013年第9期。

高了企业同盟在国际市场上的竞争力。企业不仅要与产业链上的企业进行协作,更重要的是要管理好企业内部的协作。企业内的不同部门、不同工种,诸如生产工人、检验员、销售员、工程师、管理人员,都需要发扬协作精神来提升工作效能。例如,波音公司鼓励,甚至是强迫员工进行协作,让所有员工都参与到问题的解决中来。创新作为一个动态过程,需要研发人员不断发现问题、研究问题和解决问题。在这个过程中研究人员需要互补知识结构和技能,实现知识共享。正是创新过程中的协作使问题得以解决,具有自主知识产权的新知识得以增加,企业创新能力得以增强。团队协作和知识共享是创新活动中极为重要的一环。大量实证研究表明,知识共享越好的团队创新效率也越高,知识共享对组织学习和组织绩效起着关键性作用。[①] 不仅企业内部和企业联盟内部需要进行协作,企业与大学、研究机构和政府之间也需要协作。大学以及科研机构作为知识的主要生产者和提供者,对知识的传播和整合起着重要作用,并且学术知识是理解和应用经验知识的基础。协同创新的重要功能就在于把学术知识和应用知识结合起来,实现知识的价值转换。政府作为科技政策的提供者,会提供创新财政补贴,给予创新税收优惠,对企业创新成果进行奖励。企业与政府的创新协作,使企业能够获得更多的创新支持。

(三)标杆精神

标杆精神是指企业要有成为行业之最和同业之冠的精神。创新是企业成为行业标杆的唯一路径,因而标杆精神是创新精神的重要组成部分。标杆精神以竞争精神为基础,又高于竞争精神。创新型公司一般都非常重视营造和利用竞争环境,通过优胜劣汰的竞争机制塑造员工的竞争精神。但企业要成为行业标杆,不仅要有竞争精神,还要不断学习行业内外一流企业的最佳实践,研究分析标杆企业达到优秀水

---

① Gray R J. "Organizational Climate and Project Success". *International Journal of Project Management*, 2001, 19 (2), pp. 103-109. Spencer J W. "Firms' knowledge-sharing Strategies in the Global Innovation System: Empirical Evidence from the Flat Panel Display Industry". *Strategic Management Journal*, 2003, 24(3), pp. 217-233.

平的原因和过程,并结合自身实际创造性地借鉴和改进,实现从学习标杆、赶超标杆和成为标杆的转化。在企业的标杆学习中,选择标杆是关键,企业需要找到标杆企业和标杆员工,在与标杆的比较中学习先进经验和方法。标杆学习是一个系统而持续的评估过程,企业通过不断地与标杆企业相比较,在学习中不断改善其运营绩效。[①] 标杆精神不仅要求学习标杆,还要超越标杆,成为标杆,即实现从立标和追标到超标和创标的蝶变,这就要求企业在向标杆学习的过程中有超前意识。超前意识贵在超前,创新不是由过去决定现在,而是由现在推断未来。企业要创新必须进行超前思考,例如未来的市场需要是什么,未来的技术路线是什么,未来的企业组织结构是什么,等等。预测未来尽管十分困难,但若要创新就无法回避预测。超前意识即意味着预测未来,用预测的结果指导实践,而预测的准确性依赖于企业知识的沉淀。标杆精神的作用在于,它能为企业源源不断地输入发展动力和竞争力,并在企业中催生出一种持久而有远见的学习文化,使企业始终走在行业队伍的最前端。因而,标杆精神的精髓在于促使企业崇尚竞争、力争上游和追求卓越。

(四)宽容精神

宽容精神是创新文化特有的生态环境。[②] 自由创造的动力既来自生命的内在冲动,也生成于宽松的外部环境。企业创新没有现成道路可走,更没有必定成功的保证,需要大胆摸索、反复试错。因此,企业要塑造创新精神,就要树立宽容意识,培育有利于创新人才成长的文化环境。一是要宽容"奇谈怪论"。新诞生的创新思想往往与传统的、占主流地位的思想和观念格格不入,经常会被认为是天方夜谭的"奇谈怪论"。然而企业创新历史表明,许多创新恰恰是"奇谈怪论"的实现。宽容是对异于自己的思想和行为给予理解和接纳,"和而不同"是一种社会美德。如果企业以同一性来约束人才,就会错失人才的创造活力和创新能力。创新需要容忍与尊重不同的理论、观点以及对同行的宽

---

① 陈向军、木娇:《企业创新文化标杆学习与内部创业关系研究》,《理论月刊》2014 年第 12 期。

② 吴恒亮:《科学精神——创新文化的核心要素》,《科技管理研究》2008 年第 8 期。

容,使各种"似非而是"的见解、学说能够发表和展示出来。二是要宽容"异想天开"。无论科学怎样发达,总还会存在用理性暂时无法解释的自然奥秘,用经验而不是用科学来解决创新中的某些难题将是无法避免的事实。① 如果事事都有充足的理由,这就不是创新而是成熟的工艺流程。宽容精神是对"异想天开"冒险行为的鼓励,能激励创新人才敢于凭直觉做出大胆的尝试,这些尝试往往孕育着创新。三是要宽容"错误失败"。创新是对人类未知领域的探索和迈进,这种活动具有很大的风险性。企业的每一次创新都可能因市场、资金、技术和管理等多方面的因素而夭折。如果不允许犯错误,就等于扼杀创新;没有宽容失败的精神,创新活动就可能裹足不前。宽容失败就是要充分认识创新的风险性,把失败理解为创新过程中的必经阶段和必要代价。创新不可能一蹴而就,只有允许失败、宽容失败,才能培育出不怕失败、勇担风险、勇攀高峰的创新者,才能使企业创新永葆活力和生机。

二、创新组织

创新组织是对创新过程的一种有效组织和创新精神的制度化。② 人力资本是企业创新的决定性资源,有效的创新组织方式是激励员工创新和强化企业创新的基础。企业文化可以看成是企业行为的组织惯例,它影响着企业组织学习的规范和组织结构的形式。反之,组织学习和组织结构的变革也会伴随着某种程度的文化变迁。学习型组织是信息技术与组织管理相结合的产物,是一种整合了组织学习、知识管理和创新文化的创新组织形式。

(一)组织学习

在知识经济时代,知识成为一种重要的生产要素。学习是获取知识的重要途径,企业创新过程实质上是一个组织学习的过程。③ 组织

---

① 罗长海:《创新文化与企业创新价值观的塑造》,《中国人民大学学报》2005 年第 4 期。

② 王瑞花:《创新组织内知识共享的演化博弈》,《运筹与管理》2016 年第 4 期。

③ 张钢:《企业组织创新过程中的学习机制及知识管理》,《科研管理》1999 年第 3 期。

学习是指,企业在特定的行为和文化下,建立或完善组织的知识和常规,通过不断应用相关工具与技能来加强企业适应性与竞争力的方式。① 大数据时代,企业组织学习需要借助信息管理系统,以便把知识与知识、知识与人以及知识与组织联系起来,在知识获取、共享、整合和创新的过程中,丰富企业知识库,增强企业适应性和竞争力。

首先,组织学习存在三种类型的学习方式:单环学习、双环学习和三环学习。② 单环学习是在既定组织规范和目标下,通过对组织运作结果进行分析和评价来修正组织的策略和行为,是组织学习最基本的方式。双环学习则要在单环学习的基础上,对组织既有的规范和目标进行质疑并对其进行修正,因而存在发现和修正策略行动错误及规范目标错误两个反馈环。三环学习在双环学习的基础上,再增加对学习过程和学习方式的质疑,并提出新策略来改善组织学习和提高组织学习效率。三类学习对应着组织学习的三种功能,即环境适应、组织变革和学习变革,分别通过调整组织行为策略、调整组织规范目标和调整组织学习方法来实现。

其次,组织学习是创新的基础和方法。组织学习过程是一个由发现、发明、执行、推广和反馈五阶段构成的闭路循环。③ 在这个过程中,组织学习为知识管理提供了条件和平台。通过组织学习,企业能及时获取和共享企业外部的市场信息和科技信息,企业内部的成员信息和生产信息,通过存量知识和新知识的整合、显性知识和隐性知识的整合、个人学习和组织学习的整合、外部学习和内部学习的整合,④组织知识不断得到解体和重建并产出新知识,加速显性知识和隐性知识的相互转化,进而促成组织成员对战略性问题的共识。⑤ 企业本质上就是一个不断学习和创造知识的组织。组织学习提升了企业对外界环

———————

① 陈国权、马萌:《组织学习—现状与展望》,《中国管理科学》2000 年第 1 期。

② 陆昌勤等:《"组织学习"研究的历史、现状与进展》,《中国软科学》2001 年第 12 期。

③ 陈国权、马萌:《组织学习的过程模型研究》,《管理科学学报》2010 年第 3 期。

④ 赵修卫:《组织学习与知识整合》,《科研管理》2003 年第 3 期。

⑤ 孙卫忠:《组织学习和知识共享影响因素试析》,《科学学与科学技术管理》2005 年第 7 期。

境变化的适应能力,确保了发展战略的适用性与即时性,因而对提升企业核心能力有正面的强化作用;组织学习所产生的隐性知识具有特定的组织专属性,常常能形成难以被观察和模仿的新知识和新的核心能力。①

(二)组织结构

企业具有一定的组织结构形式,这种结构会随着企业成长或时代变迁而发生改变。组织结构可以定义为任务分配、职责、权力等之间关系的配置,直接影响着组织学习的效率。② 不良的组织结构设计会造成员工或部门得不到有关组织运行结果的信息,导致组织成员无法从经验中获得知识。③ 例如常见的官僚制组织架构等级森严、层次过多,不但灵活性和适应性差,信息传递速度慢,而且限制了自主学习行为,阻碍了组织学习过程中的知识共享和知识创新。根据现代组织结构演化的历史,大致存在四类不同的组织结构形式:职能制、事业部制、矩阵制和网络结构。同时,从管理模式来看,企业组织结构趋向于从官僚制向权变制转化。创新型企业的组织结构一般是权变的网络结构。权变制结构强调组织的柔性化动态整合,即根据任务的需要而灵活采用不同的组织形式,以适应企业外部环境的快速变化。在这种组织结构下,企业可以针对具体问题,将专业人员组成多学科的研发队伍,实现跨等级、跨部门的开放式管理,从而高效协调技术研发活动。④ 在组织结构日益数字化和网络化的背景下,建立最恰当的工作单元结构以实现最高效的信息收集、加工、处理和分发,成为组织结构优化最基本的任务。实证研究表明,组织结构对企业技术创新影响明显,并且

---

① 谢洪明等:《组织学习、知识整合与核心能力的关系研究》,《科学学研究》2007年第2期。

② Greenberg J, Baron A. *Behavior in Organizations* (6th ed.), Upper Saddle River, 1997.

③ Poppe M, Lipshiz R. "Organizational Learning Mechanisms: A Structural and Cultural Approach to Organizational Learning". *The Journal of Applied Behavioral Science*, 1998, 34(2), pp.161-179.

④ 张钢、许庆瑞:《文化类型、组织结构与企业技术创新》,《科研管理》1996年第5期。

机械式和有机式组织结构分别与渐进性技术创新和突破性技术创新正相关。[1]

组织结构的演变与信息传递方式具有密切的联系。[2] 随着信息技术在企业管理中的运用,企业组织变革显现出扁平化、柔性化、网络化和虚拟化的趋势特点。(1)扁平化。传统的层级制基于经营活动和生产过程来设计组织结构模式。经营或生产工序越复杂,则组织结构层次越多、信息链越长,面对市场竞争的应变能力就越弱。信息技术的发展使信息可以在同一层次上快速传递和共享,企业减少管理层次和扩大管理范围有了技术上的保障,组织结构扁平化成为企业组织结构变革的一大趋势。(2)柔性化。组织结构的柔性化主要体现为集权化和分权化的合理统一,团队化是实现组织结构柔性化的重要形式。工作团队不是按照传统的计划、命令和控制原则来运作,而是按照满足客户需要和企业增值的原则来运作。组织结构柔性化能增强企业组织对市场变化与竞争的反应能力,其实质是自主性和合作性在更高层次上相统一的一种组织形式。(3)网络化。个性化生产使企业决策结构呈分散化趋势。决策结构的分散化使管理组织中的决策点由单一转变为多个,进而形成多个信息中心。信息中心之间会形成一种纵横交错、上下交互的联系,这种超越等级的联系形成信息的交互化和组织结构的网络化。网络化使企业组织内部的层级机构紧密地联系在一起。(4)虚拟化。组织结构的虚拟化是企业在网络化的基础上,使企业的某项功能虚拟化。虚拟化组织结构虽有研发、制造、销售等功能,但企业内部却没有功能实现的实体性组织。虚拟化企业在组织上突破了有形的界限,其实质是用市场化组合代替传统的纵向层级组织。组织结构虚拟化使企业能最大限度地专注于自身的核心业务,并能对市场变化做出最低成本的灵敏反应。

(三)学习型组织

学习型组织是组织学习的结果,是一种能保持高度的外部适应性

---

[1]　陈建勋等:《组织结构对技术创新影响作用的实证研究》,《管理评论》2011年第7期。

[2]　王英:《组织结构与信息传递效率》,《系统工程理论与实践》2000年第11期。

和具有自我更新能力的组织形态。① 彼得·圣吉的"五项修炼模型"从系统动力学出发,认为组织经过自我超越、改善心智模式、建立共同愿景、团队学习和系统思考五种修炼,就可以成为学习型组织;马奎特认为学习型组织由学习、组织、人员、知识和技术五个相互关联的子系统构成,并具有扁平、流线型的层级和紧密的网络化开放系统。② 学习型组织被认为拥有以下一系列特征:持续不断的学习、亲密合作的关系、彼此联系的网络、集体共享的观念、创新发展的精神、系统存取的方法和建立能力的目的。③ 随着时代的发展,组织既是市场竞争的主体,也是人实现自我价值的载体。学习型组织正是一种既能提升市场竞争力又能让人快乐工作的组织形式。随着知识成为经济社会发展的驱动力,彼得·圣吉认为最成功的组织将是学习型组织,因为"未来唯一持久的优势是比竞争对手学习得更快"。④ 因而,学习型组织必然是组织学习与知识管理的结合体。一是组织员工自我超越,本质上就是一个知识积累的过程;二是知识的学习是认知或行为的改变,进而改变心智模式;三是共同愿景建立在知识共享基础之上;四是团队学习是知识获取的主要方式;五是系统思考是知识整合的基石。⑤ 一个成功的学习型组织必然是组织学习和知识管理的有机统一,这也是学习型组织产生创新动能的前提条件。

在实践层面,如何构建和评价学习型组织成为研究的重点。构建学习型组织,首先是企业领导要重视和引领。学习型企业建设是长期而艰巨的,因而企业领导的态度直接决定着建设的结果。变革型领导能够突破传统管理模式,对组织创新有促进作用。变革型领导对于员工积极性的调动、组织业绩的开拓、创新氛围的形成,都起着至关重要

---

① 陈江:《组织学习与学习型组织的比较研究》,《现代管理科学》2010 年第 3 期。

② 陈江华:《学习型组织理论研究综述与评价》,《北京交通大学学报(社会科学版)》2014 年第 4 期。

③ Watkins Karen E, Marsick Victoria J. *Sculpting the Learning Organization*, 1993, San Francisco, Jossey Bass, pp. 25-27.

④ 彼得·圣吉:《第五项修炼——学习型组织的艺术与实务》,上海三联书店 1994 年版。

⑤ 王淼等:《学习型组织建构的知识基础论阐释》,《科技进步与对策》2011 年第 1 期。

的推动作用。① 其次,要重视学习载体和学习形式。② 学习型组织离不开学习团队,因而组建学习团队,增强团队凝聚力是建设学习型组织的基础。一是要构建学习平台及各类学习载体,使所有成员能够自觉学习、快乐学习和研究性学习;二是探索组织学习的开展形式,不仅可以利用固定学习日来开展,也可以通过论坛、知识竞赛、技能比拼等形式进行。再次,要重视学习机制的创新。学习机制需要实现思想发动与组织推动相结合,长期规划与短期安排相结合,集中学习与经常学习相结合,全员学习与重点学习相结合,检查评估与总结提高相结合。③ 既要给员工学习动力又要给其一定压力,以保证学习型组织能深入而持久运行。最后,要重视科学评价建设成效。学习型组织建设是一个长期的过程,需要根据内外部实际情况进行动态调整。因而对学习型组织进行客观评价成为一个重要问题。常用的方式是通过评价组织学习能力对学习型组织进行间接评价。随着测量工具的日趋成熟和公信力的显著提升,已有大量直接评测学习型企业绩效的方案可供企业选择。④

三、创新氛围

员工是企业创新的基础。20 世纪 80 年代以后,管理学研究者研究员工创新行为的侧重点,开始从个体特征转向影响员工创新行为的外部情境因素,尤其是组织氛围的重要作用。众多研究表明,组织创新除了必要的物质资源和人力资源支持以外,更加需要鼓励创新的气氛。⑤ 创新氛围存在于组织内部,是组织成员与组织环境相互作

---

① 秦晓芳:《变革型领导与组织创新关系研究——一个文献综述》,《经济问题》2017 年第 9 期。

② 徐红涛、吴秋明:《企业学习型组织的创建与研究》,《管理世界》2018 年第 1 期。

③ 邵均克:《创建学习型组织的进一步思考》,《东南大学学报(哲学社会科学版)》2014 年第 S2 期。

④ 赵莹、刘凤霞:《学习型组织建构及其对绩效影响的探讨》,《税务与经济》2015 年第 1 期。

⑤ 刘云、石金涛:《组织创新气氛与激励偏好对员工创新行为的交互效应研究》,《管理世界》2009 年第 10 期。

用的结果。[①] 具体来说,这种互相作用表现为组织成员对组织系统、管理者作风及其他重要环境因素产生的主观知觉,以及在此基础上形成的态度、信念、价值观和动机等。创新氛围浓厚的企业重视创新理念,鼓励创新创意,积极为员工搭建学习平台,对员工创新能力的培育起着潜移默化的作用。可以说,培育企业创新文化就是要建立一个行之有效的创新激励机制,并在企业内营造出良好的创新氛围。从一定程度上讲,创新氛围正是企业创新文化的外在表现。

(一)作用机制

随着研究的深入,学者们越来越关注组织创新氛围和员工创新行为间的作用机制,以期为企业营造积极的创新氛围提供更加精准的指导。综合而言,创新氛围大致通过三条路径作用于员工创新力。

第一,创新氛围提升了员工致力于创新的内在动机。在创新氛围的熏陶下,员工会产生较高的创新意识,激发其内在的创造动机。组织创新氛围相当于组织期望个体采取创新行为而发出的信息。例如,对创新员工进行保护,努力消除影响员工创新行为的负面因素;鼓励下属勇于承担风险,为其创造更多机会,分配更具挑战性的工作任务,容许失败、奖励创新。这些信息被个体接收后,个体就会进行解释,并在行为上予以回应,从而获得正面的自我评价。[②] 在创新氛围较浓的组织中工作,员工会明显感知到组织对创新的鼓励与支持,从而将创新作为自己工作的重要组成部分。

第二,创新氛围提升了员工致力于创新的协作动机。组织创新氛围有助于激发员工间的创新协作和知识分享。创新氛围感知为组织成员营造出支持性心理氛围,激起组织成员的知识分享意愿。当员工感知到工作环境或组织情境支持倡导创新时,便会注重个体间的思想交流与经验分享,呈现出自愿合作以及协同努力的精神,进而促进个体或群体间的知识分享和传播。实证研究显示,组织创新氛围对员工

---

① 方来坛、张凤华:《组织创新氛围:一个不断发展的研究领域》,《科学学研究》2008 年第 S1 期。

② James L, R Jones A P. "Organizational Climate: A Review of Theory and Research". *Psychological Bulletin*, 1974, 81(12), pp. 1096-1112.

知识分享具有显著正向影响。① 完善的知识分享制度与浓厚的知识分享氛围会使员工更加愿意与同事交流知识和经验，从而更容易产生创新行为。

第三，创新氛围提升了员工致力于创新的自我效能。自我效能是指人们对完成某项工作目标的自信程度。良好的工作氛围可以增进员工和组织的信任关系，而员工相互信任则会促进组织的知识创新。创新氛围较浓的组织往往会注重培训员工技能、管理组织学习、完善授权机制和鼓励员工参与组织决策，这些措施有助于提高员工创新的自我效能感。拥有较高创新自我效能感的员工更倾向于挑战常规，更易接受不同的观点和行为，更能保持目标性学习技能，在创新过程中遇到失败和危机时更能坚持到底。② 创新氛围促进了员工自我效能和创新效能的良性互动，能提高组织知识创新的效率，进而提高整个组织的创新绩效。

(二)评估量表

对创新氛围进行定量评估，不仅有助于加深对创新氛围内涵的理解，也有助于开展更广泛而深入的实证研究。因而，创新氛围评估一直以来都是创新氛围研究的重点和难点。从国外文献来看，使用频率最高的创新氛围量表主要有六个：SSSI、CCQ、WEI、KEYS、TCI 和 SOQ。③从测量的角度来看，上述六个量表可以大致分为两类：第一类用于测量员工对组织创新支持的心理知觉，第二类用于测量员工对组织创新环境的现象知觉。④ KEYS、WEI、TCI、SSSI 等属于第一类，SOQ、CCQ 属于第二类。其中，KEYS 是 WEI 的发展，SOQ 是 CCQ 的英国版本，SSSI 主要适用于学校环境，TCI 主要适用于团队环境。因此，主观论视角的 KEYS 和客观论视角的 SOQ 是测量组织创新气氛的主要工

---

① 曹科岩、窦志铭：《组织创新氛围、知识分享与员工创新行为的跨层次研究》，《科研管理》2015 年第 12 月。

② Tierney P，Farmer S M. "Creative Self-Efficacy: Its Potential Antecedents and Relationship to Creative Performance". *Academy of Management Journal*，2002，45 (6)，pp. 1137-1148.

③ 陈威豪：《创造与创新氛围主要测量工具述评，《中国软科学》2006 年第 7 期。

④ 刘云等：《创新气氛的概念界定与量表验证》，《科学学研究》2009 年第 2 期。

具,两者相互补充。KEYS 量表是 Amabile 在实证研究的基础上编制的创新氛围评估表,包括组织激励、管理者鼓舞、丰富性工作团队的支持、来源于组织的阻碍、工作压力、充满挑战的工作、工作自主性、齐备的资源、个体对组织创新的感知、个体对组织生产力的感知等十个维度。① SOQ 量表是 Isaksen 等编制的形势前景调查问卷,包括冲突、冒险性、挑战性与卷入、时间压力、创意支持、信任与公开、轻松与幽默、争论、自主性等九个维度。② KEYS 量表和 SOQ 量表不仅被广泛应用,许多研究者还对其进行修订并拓展了使用范围。对国外的成熟量表进行分析可以发现,创新开放的管理层、高管支持、融洽的组织成员关系、组织凝聚力、工作挑战性、工作自主性、任务清晰度、参与度、强调结果、创新资源可得性、智力激发、创新的报酬导向、组织的灵活性与冒险性以及组织资源整合能力等是最主要的构成要素。③

目前,国内创新氛围评估研究已经从翻译验证国外已有量表转向自主开发适合中国本土情境的测量工具。郑建君等在对 MBA 学员进行问卷调查的基础上,得到了一个包含组织激励与支持、有效的奖励机制、领导支持、自主工作、充足的资源保障、领导的创新行为和团队的融洽合作等七个维度的创新氛围结构。④ 刘云等以中国企业为样本,在 KEYS 的基础上确定了团队支持、任务特性、资源供应、主管支持、组织理念五个维度的量表。⑤ 邱皓政等在参考 KEYS、SOQ、TCI 等量表的基础上,编制了结合华人文化圈情境的创新氛围量表,包括组织理念、工作方式、资源提供、团队运作、学习成长、领导效能和环境气氛七个维度。杨百寅等以深度访谈辅以开放式问卷调查,采用扎根理论

---

① Ambile M. "A Model of Creativity and Innovation in Organizations". *Research in Organizational Behavior*,1988(10),pp. 123-167.

② Isaksen G,Lauer J,Ekvall G. "Situational Out-Look Questionnaire:A Measure of The Climate for Creativity and Change". *Psychological Reports*,1999,85(1),pp. 665-675.

③ Hunter T,Bedell E,Mumford D. "Dimensions of Creative Climate:A General Taxonomy". *Korean Journal of Thinking & Problem Solving*,2005,15(2),pp. 97-116.

④ 郑建君等:《组织创新气氛的测量及其在员工创新能力与创新绩效关系中的调节效应》,《心理学报》2009 年第 12 期。

⑤ 刘云等:《创新气氛的概念界定与量表验证》,《科学学研究》2009 年第 2 期。

的方式探索组织创新氛围的内涵和结构。他们认为,在中国背景下,组织创新氛围包含理念倡导、市场引导、评价激励、学习培训、沟通合作、典型示范、资源保障和授权支持八个维度;同时,这八个维度又从属于价值导向、制度激励和人际互动这三个更高阶的潜变量。[①] 冉爱晶等通过访谈记录和问卷调查构建出我国中小企业组织创新氛围的基本架构,包括企业家支持创新、组织创新制度、组织学习、组织凝聚力以及组织远景六个维度。[②] 学者们在开发具有中国企业文化特色的创新氛围量表的过程中,一方面积极吸收和借鉴国外量表中经过大量检验的可靠结论,另一方面运用访谈和问卷调查等方式,采用定性和定量相结合的方法开发具有本土特色的新维度。

(三)环境营造

个体所处的环境特征是其产生某种行为的重要动因,尽管处于同样客观环境中的个体心理环境并不一定相同,但创新氛围仍被认为是组织客观环境影响下的产物,是员工对组织创新环境的知觉。[③] 从客观论的视角看,创新氛围也被直接认为是企业内影响员工态度与行为的环境变量。因而,无论是主观感知还是客观变量,创新环境都直接影响着企业创新氛围,创新内部环境的营造过程也是创新氛围的塑造过程。企业内部创新环境包含硬环境和软环境两个方面。[④]

硬环境是指创新工作赖以进行的各种物质环境条件。一是创新资源支持。技术创新不可能凭空产生,往往是反复试验的结果。因而,企业必须提供创新所需的物质资源,例如便捷的科技文献查阅设施、先进的实验设备等等。一些企业为了提高获得外部创新资源的机会,刻意将企业处所设置于行业龙头企业附近。比如许多新兴软件公司

① 杨百寅等:《中国企业组织创新氛围的结构和测量》,《科学学与科学技术管理》2013 年第 8 期。
② 冉爱晶等:《我国中小企业组织创新氛围的架构和异质性研究》,《科学学与科学技术管理》2017 年第 5 期。
③ Amabile T M. *Creativity in Context*：*Update to the Social Psychology of Creativity*. Boulder, Colo Westview, 1996.
④ 宋培林:《论企业创新文化——兼析我国企业创新文化的营造》,《当代经济科学》2000 年第 5 期。

设立在谷歌、皮克斯等公司不远之处。二是工作情境塑造。[①] 很多优秀的企业非常注重在办公楼宇外的园区设置优美的自然环境。例如，乔布斯主导设计的苹果公司新总部内设计有果园和中心花园，整个园区 80％ 面积都是绿化。这些设计皆是为了体现苹果公司开放协作的创新氛围。为员工提供健身、游戏等休闲娱乐场所也已成为许多优秀高新技术企业的普遍配置。因为这些公司发现，许多创意都是员工在工作过程中放松身心时随意闲聊的结果。也有很多互联网及高新技术公司鼓励员工自主布置自己的办公区域，其目的在于让员工工作时心情舒畅，从而有利于创意的产生。三是知识交流便捷。许多公司为了方便员工之间信息交流和知识共享，建立了企业网络交流平台，例如 IBM 公司的电子会议中心系统、海尔公司的"海尔社区"等等。除此之外，为了方便员工面对面的交流，很多公司布置了纸贴板和可以随意涂画的书写板，甚至是巨大的纸贴墙和书写墙。员工可以随意在上面贴上写有自己想法的纸贴，随时把想到的创意要点写到白板或白墙上。如此，员工们就能便捷地看到其他人的想法，互相启发，进而激发出群体性创意。

软环境是指企业支持创新的各项管理制度。企业制度作为企业文化的一种具体表现形式，是把无形的文化有形化。[②] 渗透着创新文化精神的制度具有强制性的规则和约束，有助于将企业的创新精神直接转化为创新氛围。完善企业创新制度，营造企业创新软环境，主要体现在三个方面。一是制定创新激励制度。创新型企业必须形成一套物质激励和精神激励兼顾的激励机制。物质激励实行股权与薪酬相结合，科学规划薪酬结构中的固定部分和弹性部分，加大对常规工作之外的创新性行为的奖励力度。同时，要让为创新付出努力和成果的员工获得赞赏、声誉、成就感等精神激励。二是鼓励全员沟通的交流制度。高科技企业越来越重视鼓励沟通的制度性安排，以保证高层管理人员与一线员工之间以及全体员工之间的顺畅沟通。为此，

---

① 孙道银、金永花：《知识密集型企业内部创新环境建设》，《企业管理》2017 年第 6 期。

② 孙林杰：《企业文化对技术创新的推动作用》，《科学学研究》2004 年第 6 期。

企业需要建立面谈、书信、会议和网络等多渠道的沟通机制，以便员工选择自己最擅长的沟通方式。例如，谷歌设有"接访制度"，公司领导每周都会留出几个小时与员工沟通。三是实行创新自由保障制度。知识型人才与一般白领的不同之处在于，其工作不是简单地完成领导安排的任务，而是创新。最小化官僚主义、简化规章制度和设计科学的授权机制，有助于员工突破现状，全身心地去冒险、试验和探索。例如，3M公司推行"15％时间"制度，允许技术人员工作时间内有15％的自由时间从事自己感兴趣的研究。同样，谷歌公司鼓励员工拿出20％的工作时间从事自己喜欢的研究，甚至可以把20％的自由时间积攒起来集中使用。

第三章

产业创新发展

产业创新是行业整体创新,它包括企业技术创新和行业内技术扩散两个过程。[①] 产业创新路径一般有两条。一是单个企业的创新成功吸引其他企业对其进行模仿,由此引起的新技术产业内扩散推动了整个产业的发展,甚至可能催生出全新的产业。二是多个企业协同创新形成新的产业链,进而推动产业发展或形成新产业。理论界一般将产业创新定义为,企业突破结构化的产业约束,运用技术创新、产品创新、市场创新或组合创新等来改变现有的产业结构或创造全新产业的过程。[②] 基于产业创新内涵,本章将产业创新分为新兴产业形成和传统产业改造两种类型,并分别对其理论机制和中国的具体实践进行分析。从时空分异特性看,技术创新推动下的产业创新会外显为时间脉络上的产业结构变迁和空间结构上的产业空间演化。

第一节　产业创新类型

根据技术创新对产业发展作用方式的不同,产业创新可分为两种类型:一是技术创新推动新兴产业的形成和发展,表现为产业结构的升级;二是技术创新推动传统产业改造和升级,表现为产业能力的增强。

一、新兴产业形成

新兴产业的形成与新产品的研发密切相关,新兴产业的形成往往起始于一种新产品的发明。内生经济增长模型中的产品多样化模型刻画了新产品的发明、新产业的形成与经济增长之间的关系。此类模型直接将新中间产品的出现视为技术进步的外在表现,因而经济增长取决于新产品发明的速度。

(一)基本模型

企业 i 的生产函数为

$$Y_i = AL_i^{1-\alpha} \sum_{j=1}^{N} (X_{ij})^{\alpha} \tag{3.1}$$

---

① 张耀辉:《产业创新:新经济下的产业升级模式》,《数量经济技术经济研究》2002 年第 1 期。

② 陆国庆:《产业创新:超越传统创新理论的新范式》,《江汉论坛》2003 年第 2 期。

其中，Y_i 是产出，L_i 是劳动投入，X_{ij} 是第 j 种专业化中间产品的使用量，$0 < \alpha < 1$。$(X_{ij})^\alpha$ 的加性可分形式意味着中间产品 j 的边际产量独立于中间产品 j' 的使用量。这一假定表明，新产业的出现不会使任何一个现有产业被淘汰。其经济意义相当于对迂回生产理论的模型化。

假定当 $X_{ij} = 0$ 时，每种中间产品的边际产量 $\partial Y_i / \partial X_{ij}$ 都等于无穷大，那么当可以用有限的价格获得中间产品时，企业将会使用这所有 N 种产品。为了简化模型，假定所有的中间产品可以用共同的物质单位来衡量，并且使用量都相同，即 $X_{ij} = X_i$。由方程（3.1）可得

$$Y_i = AL_i^{1-\alpha} N X_i^\alpha = AL_i^{1-\alpha}(NX_i)^\alpha N^{1-\alpha} \qquad (3.2)$$

由方程（3.2）可知，当 N 给定时，产量对劳动投入 L_i 和中间投入 NX_i 表现为规模报酬不变；当 L_i 和 NX_i 给定时，$N^{1-\alpha}$ 项表明产出 Y_i 随着 N 的增加而增长。这一效应表明，把固定的中间产品量 NX_i 分散到范围更大的 N 上能获得额外的收益；其经济含义是，新的中间产品的出现能够促进经济增长。新的中间产品出现正是产业创新的结果，也是迂回生产理念的体现。迂回生产理论认为，先生产生产资料（或称资本品），然后再用生产资料去生产消费品的"迂回生产"更有利于提高劳动生产率，并且迂回生产的过程越长，生产效率越高。

中间产品数 N 也可被理解为一个连续而非离散的变量。此时，从企业微观视角看，N 表示企业生产技术的复杂程度或是生产要素的专业化程度。假设所有企业生产出的产品都是相同的，产出 Y_i 的总和 Y 可用于消费、中间产品的生产和新中间产品的发明。

企业 i 的利润函数为

$$\pi_i = Y_i - wL_i - \sum_{j=1}^{N} P_j X_{ij} \qquad (3.3)$$

其中，w 是工资率，P_j 是中间产品 j 的价格。假定生产者是竞争性的，因而 $\pi_i = 0$，w 和 P_j 可视为给定且等于劳动和中间产品的边际产出。

由（3.1）式可得第 j 种中间产品的边际产出为

$$\partial Y_i / \partial X_{ij} = A\alpha L_i^{1-\alpha} X_{ij}^{\alpha-1} \qquad (3.4)$$

当 $\partial Y_i / \partial X_{ij} = P_j$ 时，解得

$$X_{ij} = L_i (A\alpha / P_j)^{1/(1-\alpha)} \qquad (3.5)$$

由 w 与劳动边际产出相等可知

$$w = (1-\alpha)(Y_i/L_i) \qquad (3.6)$$

(二)产品种类扩大分析

中间产品数 N 的增加表示新产业的出现,并且新产业不会替代已有产业。新产业的出现是研究与开发活动的结果。为了简化,模型不考虑发明成功与否的不确定性。即假设只花费确定数量的努力必然能生产出一种成功的新产品。新产品发明的确定性框架会产生一个经济增长的平滑路径。这一简化的目的在于消除经济波动,把分析重点聚焦到新兴产业发展与经济增长的关系上来。假定发明新产品的成本固定在 η 单位的 Y 上。由于发明成本的存在,为了激励研发必须对发明者进行经济补偿。所以模型赋予中间产品 j 的发明者拥有该产品生产和销售的永久垄断权。设中间产品 j 的成本为 1 单位 Y,则发明中间产品 j 的收益现值为

$$V(t) = \int_t^\infty (P_j - 1) X_j e^{-\bar{r}(v,t)(v-t)} dv \qquad (3.7)$$

其中 $X_j = \sum_i X_{ij}$,即每一期中间产品 j 的总生产量;$\bar{r}(v,t) \equiv [1/(v-t)]\int_t^v r(w)dw$ 是 t 到 v 时的平均利率。由(3.6)式可得

$$X_j = \sum_i X_{ij} = \big(\sum_i L_i\big)(A\alpha/P_j)^{1/(1-\alpha)} = L(A\alpha/P_j)^{1/(1-\alpha)}$$

$$(3.8)$$

垄断者在每一期制定价格 P_j 以最大化 $(P_j-1)X_j$。由于在生产方面没有状态变量,在需求函数中没有中期因素,所以在每个时期中间产品生产者只需选择 P_j 来最大化垄断利润流。需要被最大化的表达式为 $(P_j-1)L(A\alpha/P_j)^{1/(1-\alpha)}$,由此解出垄断价格为

$$P_j = P = 1/\alpha \qquad (3.9)$$

由此可得价格 P_j 是持续不变的,并且对所有中间产品 j 都相同。因为 $1/\alpha > 1$,所以垄断价格在边际生产成本之上。把(3.9)代入(3.8)可得

$$X_j = X = LA^{1/(1-\alpha)}\alpha^{2/(1-\alpha)} \qquad (3.10)$$

把(3.9)式和(3.10)式代入(3.7)式并把常数项移到积分外,则 t 时的发明者净现值为

$$V(t) = LA^{1/(1-a)} \left(\frac{1-\alpha}{\alpha} \right) \alpha^{2/(1-a)} \int_t^\infty e^{-\bar{r}(v,t)(v-t)} dv \qquad (3.11)$$

假定任何人支付研发成本 η 以获得上式所示的净现值 $V(t)$，那么，当 $V(t) > \eta$ 时，则 t 时会有无限多的资源致力于研发，故均衡条件下 $V(t) > \eta$ 不会成立。当 $V(t) < \eta$ 时，发明者没有动力从事研发工作，故中间产品数 N 将保持不变。因此，要获得一个 N 不断增加的均衡解，只有 $V(t) = \eta$ 时才会出现，由(3.11)式可得

$$\eta = LA^{1/(1-a)} \left(\frac{1-\alpha}{\alpha} \right) \alpha^{2/(1-a)} \int_t^\infty e^{-\bar{r}(v,t)(v-t)} dv \qquad (3.12)$$

上式中除积分外，所有变量都是固定的，那么等式成立意味着积分也为常数。由此可得，$r(t)$ 等于常数 r，且 $\int_t^\infty e^{-\bar{r}(v,t)(v-t)} dv = 1/r$。①那么在 $V(t) = \eta$ 条件下，可得

$$r = (L/\eta)A^{1/(1-a)} \left(\frac{1-\alpha}{\alpha} \right) \alpha^{2/(1-a)} \qquad (3.13)$$

（三）均衡分析

假定家庭部门的效用函数为

$$U = \int_0^\infty \left(\frac{c^{1-\theta}-1}{1-\theta} \right) e^{-\rho t} dt \qquad (3.14)$$

家庭部门在资产上获得报酬率 r，在固定的劳动力总量 L 上获得工资率 w。在封闭经济中，家庭部门的总资产等于企业的市场价值 ηN。②储蓄等于投资，且等于 $\eta \dot{N}$。

家庭最优化得到消费增长率的表达式为

$$\gamma_C = (1/\theta)(r-\rho) \qquad (3.15)$$

把(3.13)式代入上式可得

$$\gamma = (1/\theta) \left[(L/\eta)A^{1/(1-a)} \left(\frac{1-\alpha}{\alpha} \right) \alpha^{2/(1-a)} - \rho \right] \qquad (3.16)$$

在上式中用 γ 代替了 γ_C，这是因为：在均衡条件下，总消费 C 增长

---

① 求积分 $I = \int_t^\infty e^{-\bar{r}(v,t)(v-t)} dv$ 关于 t 的导数，可得 $0 = dI/dt = -1 + r(t)I$，又因为 $r(t) = r$，所以 $I = 1/r$。

② 因为要素价格等于各自的边际产品，可以证明家庭的总收入 $wl + r\eta N$ 等于经济的净产品 $Y - NX$。

率、总产出 Y 增长率和中间产品数 N 增长率都等于 γ。设中间产品数 N 开始于某个值 $N(0)$。将(3.10)式代入(3.2)式可得总产出水平为

$$Y = AL^{1-\alpha}NX^\alpha = A^{1/(1-\alpha)}\alpha^{2/(1-\alpha)}LN \qquad (3.17)$$

因此,当人口 L 不变时,总产出 Y 与中间产品数 N 有相同的增长率 γ。

消费水平 C 需要满足预算约束

$$C = Y - \eta\gamma N - NX \qquad (3.18)$$

其中,$\eta\gamma N = \eta\dot{N}$ 是用于研发新产品的投资额,NX 是用于中间产品的总支出。将(3.17)式、(3.16)式和(3.10)式代入上式可得

$$C = (N/\theta)\{LA^{1/(1-\alpha)}(1-\alpha)\alpha^{2/(1-\alpha)}[\theta-\alpha(1-\theta)]+\eta\rho\} \quad (3.19)$$

(3.19)式表明,对于给定的 L、C 和 N 以相同的速度 γ 增长。对(3.16)式进行分析可以发现增长率 γ 的三个促进因素:一是更低的家庭偏好参数 ρ 和 θ,二是更高的生产技术水平 A,三是更低的新产品发明成本 η。由于模型的增长源泉来自新兴产业的出现和发展,因而这些变量也是影响新产品发明和新兴产业发展的因素。更低的家庭偏好参数表示家庭部门有更高的储蓄意愿,意味着有更多的投资用于新发明;更高的生产技术水平使新发明有更高的技术含量;更低的发明成本能增加发明的收益,从而提高发明的积极性。新兴产业的形成建立在新发明的基础之上,因而更多的发明资源、更高的发明质量和更低的发明成本能够促进新兴产业发展,进而促进整个经济的增长。同时,模型还包含了规模效应。因为新产品发明后,可以非排他性地用于整个经济。于是用 L 表示的经济规模越大,单位 L(或 Y)的发明成本越低。即 L 越大,单位经济活动的研究成本 η/L 越低。由(3.17)式可知,η/L 越低则增长率 γ 越高。规模效应表明,新产业的产业关联性越强则越能促进经济增长。

(四)战略性新兴产业

1992 年,我国开始正式建立和发展战略性新兴产业。为应对金融危机和抢占新一轮经济和科技制高点,2009 年的中央经济工作会议正式提出"发展战略性新兴产业,推进产业结构调整"。2010 年国务院审议并通过了《关于加快培育和发展战略性新兴产业的决定》,这标志着我国战略性新兴产业发展正式进入快车道。

1. 政策措施

为进一步加速推动战略性新兴产业发展,国家制定出台了一系列密集的政策措施。

(1)产业规划政策。从"十二五"开始,我国对隶属战略性新兴产业的新一代信息技术产业、高端装备制造业、新材料产业、生物产业、新能源汽车产业、新能源产业、节能环保产业、数字创意产业的发展方向、发展内容、发展保障等方面进行了详尽的规划。譬如在节能环保领域,发展重点是节能技术和装备、环保技术产品和设备、矿产资源综合利用等,以及重点攻坚半导体照明产业化、海水淡化产业基地建设等工程。在各项具体的发展内容上,由专门的部门譬如生态环境部、财政部、科技部等给予相应的政策倾斜和保障。

(2)区域规划政策。受地缘因素的限制,国家在规划发展战略性新兴产业时,充分结合了地方经济特色,鼓励各地因地制宜地发展战略性新兴产业,建设战略性新兴产业集群。譬如:国家从空间分布上规划了京津冀和环长株潭两个重要的战略性新兴产业发展基地;支持赣南等原中央苏区培育和发展各类战略性新兴产业;培育少数民族特色战略性新兴产业;进一步发挥武汉、长株潭地区综合性国家高技术产业基地和武汉信息、郑州生物、南昌航空、合肥电子信息等专业性国家高技术产业基地的辐射带动作用,形成一批具有核心竞争力的新兴产业集群;规划渤海湾沿岸及海域、山东半岛沿岸及海域重点发展海洋类战略性新兴产业;鼓励已规划的各个自贸区发展相适应的战略性新兴产业集群等。

(3)金融支持政策。战略性新兴产业的发展需要坚实的资金支撑。为此,国家鼓励建立专门支持战略性新兴产业发展的科技金融服务体系;鼓励发展股权投资基金和创业投资基金;鼓励民间资本采取私募等方式发起设立主要投资于战略性新兴产业的投资基金;鼓励保险公司通过投资企业股权、债权、基金、资产支持计划等多种形式,为战略性新兴产业发展提供资金支持;鼓励战略性新兴产业领域的成长型企业开展市场化债转股;鼓励金融租赁公司扩大设备投资、支持技术进步、促进产品销售、增加服务集成,加快创新业务协作和价值创造模式以支持战略性新兴产业发展。

(4)人才支撑政策。国家主要从人才培育和就业两方面建立起支撑战略性新兴产业发展的人才体系。譬如:鼓励智力密集、技术密集等战略性新兴产业开发就业新领域,增设就业岗位吸纳应届毕业生;调整完善职业院校区域布局,科学合理地设置专业,健全专业随产业发展动态调整的机制,培育面向战略性新兴产业的人才;紧密结合战略性新兴产业开展技师、高级技师培训;围绕经济社会发展开展战略性新兴产业培训,加大人工智能、云计算、大数据等新职业新技能培训力度等。

(5)市场支撑政策。一方面,国家鼓励和支持战略性新兴产业发展与国内市场需求相适应。比如,根据新兴产业特点,完善企业行业归类规则和经营范围的管理方式,加快破除阻碍消费升级和产业升级的体制机制障碍,优化战略性新兴产业的市场环境,推动战略性新兴产业开拓和培育新市场,鼓励新技术、新产业积极投入市场应用。另一方面,国家也鼓励战略性新兴产业开拓国际市场,在进出口上给予相应的支持,促进战略性新兴产业国际化发展。

(6)财税优惠政策。国家财政是战略性新兴产业发展的最直接支持,国家不仅以中央财政资金为引导,带动地方财政和社会投入支持战略性新兴产业发展,而且还通过税款减免、减计收入、收入返还、加计扣除等方式,在税收方面对战略性新兴产业发展提供支持。

(7)科技服务政策。除企业自身推动战略性新兴产业发展外,国家还在外围给予了战略性新兴产业发展的科技服务支撑。一是发展高技术服务业。在整合创新创业服务资源的基础上,支持建设"创业苗圃＋孵化器＋加速器"集成的创业孵化服务链条,建设公共科技服务平台,深入推动重点行业的科技服务应用。二是大力发展新兴产业大数据,提升相关产业大数据资源的采集获取和分析利用能力,促进战略性新兴产业发展;围绕战略性新兴产业等重点领域,建立专利导航产业发展工作机制;对战略性新兴产业的知识产权创造、运用、保护和管理能力方面进行了详细规划;等等。

2.发展现状

在各类政策的支持下,我国战略性新兴产业得以飞速发展,具体表现为:

(1)在投资水平上,战略性新兴产业已成为全社会资金关注和投入的重点。2017年,战略性新兴产业重点行业完成固定资产投资4.34万亿元,投资额年均增速为8.9%,高于同期全社会完成固定资产投资年均增速1.9个百分点。此外,2016—2017年共有203家战略性新兴企业在A股融资上市,共募资1273亿元,占同期A股IPO募资总额的33.6%。同期,有超过4000家战略性新兴企业获得风险资本投资,投资额超过8000亿元,约占风险资本总投资额的90%。

(2)在发展规模上,战略性新兴产业增速持续快于总体经济增速水平。2016年及2017年,全国战略性新兴产业工业增加值同比增长10.5%和11.0%,高出同期规模以上全国工业增加值增速40%以上。2016年及2017年,全国战略性新兴产业服务业营业收入同比分别增长15.1%和17.3%,比同期全国服务业整体增速高出1倍左右。2018年上半年,战略性新兴产业延续快速增长态势,工业增加值同比增长8.7%,比同期规模以上工业快2个百分点。

(3)在经济贡献上,战略性新兴产业成为带动经济持续高质量发展的重点行业。据国家信息中心统计,2017年,战略性新兴产业26个重点工业行业累计出口交货值达4.2万亿元,同比增长14.5%,对中国整体规模以上工业出口增长的贡献率达131.5%。在2008—2017年间,我国战略性新兴产业增长平均每年带动GDP增长超过1个百分点,增长贡献度接近20%,有力支撑了高质量发展。

(4)在国际竞争上,战略性新兴产业成为我国攀升高端价值链的有效体现。据国家信息中心统计,截至2017年,已有25家中国战略性新兴企业入选世界500强,数量比2008年增加了18家,显示出我国战略性新兴产业特别是重点企业的发展实力。部分产业处于世界领先水平,中国新能源发电装机量、新能源汽车产销量、智能手机产量、智能电视产量、工业机器人产量、海洋工程装备接单量等均位居全球第一;在新一代移动通信、核电、光伏、高铁、互联网应用、基因测序、纳米技术等领域也具备世界领先的研发水平和应用能力。

3.主要问题

尽管我国战略性新兴产业整体发展势头强劲,发展成绩也比较亮眼,但是依旧面临着一些突出问题,具体而言:

（1）战略性新兴产业发展出现"瓶颈"特征。2016 年以来,战略性新兴产业整体上虽然一直保持增长趋势,但是增速却明显下滑,从 2017 年第 3 季度的 11.3％下降到 2019 年第 1 季度的 6.7％。虽然在 2019 年后半年有所起色,但相较往期而言,增速水平仍比较低。[1] 究其原因,主要是战略性新兴产业的发展正面临着两类困境。一是技术成果转化慢,无法快速实现从技术到市场的商用发展。从国研网的数据来看,尽管新材料产业的市场前景十分广阔,但国内新材料企业的产能不能满足国内市场需求,产量与市场需求之间的缺口很大。在数字创意产业领域,市场长期对于虚拟现实等创新技术保持着高涨情绪,市场前景良好,但是由于其普及速度慢于预期,导致实际需求下降。二是产能饱和,利润空间下滑严重。其中以新一代信息技术产业中的智能手机行业最为明显。据统计,2018 年我国智能手机出货量同比继续下降,市场趋于饱和。

（2）战略性新兴产业空间分布差异明显。我国战略性新兴产业整体发展空间呈现出明显的东部向西部、沿海向内陆递减的梯度分布态势,不均衡特征显著。[2] 江苏、山东、浙江、广东和河南分别位列我国战略性新兴产业发展的前五名。2016 年主营业务收入排名第一的江苏是排名最后的海南的 86 倍,利润总额排名第一的江苏则为排名最后的宁夏的 314 倍。无论是产业规模还是盈利能力,我国不同地区间的战略性新兴产业发展差距仍处于扩大阶段。长三角、珠三角和环渤海区域是我国目前战略性新兴产业部类最全、发展最好和最集中的区域,其他地区则依据产业特性而存在分布差异。[3]

（3）战略性新兴产业发展同构现象突出。我国各省、区、市目前虽然对于战略性新兴产业的发展都很重视,但没有形成差异化的发展格局,同构现象非常明显。其中,新一代信息技术和新能源产业同构率达到了 70％以上,生物和新材料产业更是高达 90％以上,基本各省、区、

---

[1] 相关数据资料来源于国研网（国务院发展研究中心信息网）。

[2] 刘华军、王耀辉、雷名雨:《中国战略性新兴产业的空间集聚及其演变》,《数量经济技术经济研究》2019 年第 7 期。

[3] 资料来源于国研网和作者整理。

市都在发展生物和新材料产业。① 过度同构极易造成战略性新兴产业发展出现产能过剩、生产资料浪费和市场扭曲等现象。除了地区间的产业同构,在战略性新兴产业的子行业中也存在着明显的同构现象。据统计,2015 年我国轨道交通装备制造业占高端装备制造业的 32.1%;在新一代信息技术产业中,电子信息制造业占到了 68%。多数企业都集中于战略性新兴产业内的几个重点领域,产业结构失衡现象仍比较突出。

(4)战略性新兴产业存在创新结构失衡现象。近年来,我国战略性新兴产业专利申请数平均增速已超过 10%,战略性新兴产业创新驱动特征明显。国产大飞机 C919、多晶硅生产线、量子通信技术等重大创新成果不断涌现。虽然我国战略性新兴产业的创新实力强劲,但是各战略性新兴产业内部间创新结构却不均衡。从专利申请数结构分布情况看,高端装备制造业一枝独秀,占比高达 40%;排名第二的新一代信息技术产业专利申请数占比仅为 18%;新能源产业占比最低,只有3%。② 在战略性新兴产业上市公司中,新一代信息技术产业的研发强度最高,为 9.2%;高端装备制造业次之,研发强度为 7.7%。③ 由此可见,我国战略性新兴产业不仅产业间创新结构存在明显的不均衡现象,而且在研发强度和研发产出间也存在着不匹配现象。

二、传统产业改造

在内生经济增长模型中有一个产品质量改进型模型。这种模型假定一种特定中间投入品的不同质量之间是完全替代的,因而一种更高质量投入品的发明将完全替代低质量的投入品。在模型中,中间投入品的数量为常数,每种中间产品都沿着各自的质量阶梯改进质量。因而,模型中的技术进步并不表现为新产品的出现和新产业的形成,而是表现为原有产业生产能力的增强。模型的这一特性生动地刻画了现实经济中传统产业生产方式的技术性改造。

---

① 汪亚青:《地缘经济新格局下战略性新兴产业国际竞争力塑造——新常态下"一带一路"倡议带来的机遇、挑战与应对策略》,《西部论坛》2015 年第 5 期。

② 黄燕秋:《我国战略性新兴产业发展现状分析》,《科技和产业》2019 年第10 期。

③ 国家信息中心:《2017 年上半年战略性新兴产业上市公司运行特征》。

(一)厂商行为

模型假定每个部门只有最先进质量的中间产品被生产出来,并被最终产品生产者使用。对最新技术拥有垄断权的研究者会收获一个利润流。由于模型设定最新技术的研究者与上一个技术的研究者不是同一人,因此企业在做研发资源投入时会考虑利润流的规模和持续时间。由于研究结果的不确定性,利润流持续时间被假定为是随机的。企业 i 的生产函数为

$$Y_i = AL_i^{1-\alpha} \sum_{j=1}^{n} (\widetilde{X}_{ij})^{\alpha} \qquad (3.20)$$

Y_i 和 L_i 仍然是产出和劳动投入,$\widetilde{X}_{ij}$ 是指第 j 种中间产品经过质量调整的使用量。每种中间产品质量的潜在等级沿着一个质量阶梯排列,这一阶梯的梯级成比例地分布在区间 $q > 1$ 上,并设每种中间产品首次被发明时的质量为1,后续质量梯级以等比数列 $q, q^2, \cdots$ 的方式上升。如果中间产品 j 经过 k_j 次质量改进,那么该中间产品生产部门中可获得的质量等级为 $q, q^2, \cdots, q^{k_j}$。

设 X_{ijk} 为第 i 个企业所使用的质量梯级 k 的第 j 种中间产品的数量。梯级 k 对应质量 q^k,例如,梯级 $k = 0$ 对应的质量为1。因此,如果 k_j 是中间产品生产部门 j 中可达到的最高质量水平,并且一个部门内不同等级的生产投入间是相替代的,那么第 j 种中间产品经过质量调整的使用量为

$$\widetilde{X}_{ij} = \sum_{k=0}^{k_j} (q^k X_{ijk}) \qquad (3.21)$$

研究者对其改进的中间产品拥有排他性权力,因此研究者拥有这一质量水平的垄断权力。设中间产品为非耐用品,所有质量梯级中间产品的边际成本相同且标准化为1。可以证明,均衡条件下,只有最高质量的中间产品才被用于生产。由(3.20)和(3.21)两式可以计算出这种中间产品的边际产出

$$\partial Y_i / \partial X_{ijk_j} = A\alpha L_i^{1-\alpha} (q)^{\alpha k_j} (X_{ijk_j})^{\alpha-1} \qquad (3.22)$$

如果单位产出的价格定为 P_{jk_j},则隐需求函数为

$$X_{jk_j} = L[A\alpha (q)^{\alpha k_j} / P_{jk_j}]^{1/(1-\alpha)} \qquad (3.23)$$

在上述假设条件下,生产者能进行垄断性定价,可得定价公式为

$$垄断定价 \Rightarrow P_{jk_j} = P = 1/\alpha \qquad (3.24)$$

垄断价格与产品数量增加型模型一样都是常数。将其代入(3.23)式可得垄断定价下的中间产品生产量

$$\text{垄断定价} \Rightarrow X_{jk_j} = LA^{1/(1-a)} \alpha^{2/(1-a)} (q)^{k_j a/(1-a)} \tag{3.25}$$

在每个中间产品的生产部门中, k_j 随时间演化和各部门间 k_j 差异的变化会引起 X_{jk_j} 产生相应的变化。假定质量改进间隔 q 足够大,低质量等级的中间产品会被立即驱逐出市场,可以证明此时 q 满足不等式 $aq \geqslant 1$。因此,当 $aq \geqslant 1$ 时,只有最高质量 k_j 的中间产品被用于最终产品的生产,并且其价格和产量分别由(3.24)式和(3.25)式决定。由此生产函数(3.20)式可改写为

$$Y_i = AL_i^{1-a} \sum_{j=1}^{N} (q)^{ak_j} (X_{ijk_j})^a \tag{3.26}$$

将(3.25)式中的 L 用 L_i 代换,然后代入上式,并对企业 i 加总,得到总产出表达式如下

$$Y = A^{1/(1-a)} \alpha^{2a/(1-a)} L \sum_{j=1}^{N} q^{k_j a/(1-a)} \tag{3.27}$$

由于 L 和 N 都是固定的,因而由(3.27)式可知,总产出 Y 的增长取决于各个中间产品生产部门中的质量阶梯位置 k_j 的高度。设总质量指数为

$$Q \equiv \sum_{j=1}^{N} q^{k_j a/(1-a)} \tag{3.28}$$

则(3.27)式可化简为

$$Y = A^{1/(1-a)} \alpha^{2a/(1-a)} LQ \tag{3.29}$$

上式表明,总产出的增长取决于总质量指数的上升。总质量指数 Q 是各个 k_j 质量梯级的组合,即各个中间产品部门质量梯级上升则总质量指数上升。

对(3.25)式进行加总可得

$$X = A^{1/(1-a)} \alpha^{2/(1-a)} LQ \tag{3.30}$$

由(3.29)式和(3.30)式可知,无论是总产出还是中间产品产出都是总质量指数的常数倍。因此,这些变量的增长率都等于 Q 的增长率:

$$\gamma_Y = \gamma_X = \gamma_Q \tag{3.31}$$

为了理解传统产业改造对经济增长的影响,需要分析总质量指数 Q 变化。

由于 $Q \equiv \sum_{j=1}^{N} q^{k_j a/(1-a)}$，如果中间产品部门 j 有一项研发成功，则总质量指数中这一项上升为 $q^{(k_j+1)a/(1-a)}$，因此研发成功引发的该项变化比例为 $q^{a/(1-a)} - 1$，如果每单位时间成功概率为 p，由于假定所有部门的成功概率相同，每单位时间中 Q 的期望变化比例为

$$E(\Delta Q/Q) = p[q^{a/(1-a)} - 1] \tag{3.32}$$

假定 N 足够大，Q 长率可视为可微且非随机，则上式可写为

$$\gamma_Q = p[q^{a/(1-a)} - 1] \tag{3.33}$$

在中间产品研发的期望净利润流为零的条件下，设有如下单位努力程度下的成功率函数

$$\varphi(k_j) = (1/\zeta)q^{-(k_j+1)a/(1-a)} \tag{3.34}$$

其中 ζ 是单位研发成本，此时可解得研发成功概率为

$$p = (1/\zeta)A^{1/(1-a)}\left(\frac{1-a}{a}\right)a^{2/(1-a)} - r \tag{3.35}$$

代入(3.32)式得

$$\gamma_Q = \left[(1/\zeta)A^{1/(1-a)}\left(\frac{1-a}{a}\right)a^{2/(1-a)} - r\right][q^{a/(1-a)} - 1] \tag{3.36}$$

为了确定均衡条件下 Q 和 Y 的增长率，需要先确定报酬率 r。确定 r 则需要分析家庭部门的选择，然后才能确定均衡条件下的 r 和 γ_Q。

（二）均衡分析

家庭部门的效用函数仍然为

$$U = \int_0^\infty \left(\frac{c^{1-\theta} - 1}{1-\theta}\right)e^{-\rho t}dt \tag{3.37}$$

其中 c 是人均消费，且人口增长率 n 为 0。家庭在资产上获得的报酬率为 r，劳动的工资率为 w。在一个封闭经济中，家庭的总资产等于企业的市场价值 ζQ。家庭最优化条件下的消费增长率仍为

$$\gamma_C = (1/\theta)(r - \rho) \tag{3.38}$$

经济的总资源约束为

$$C = Y - X - Z \tag{3.39}$$

设中间产品生产部门 j 投入 R&D 中的资源数为 $Z_{jk_j} = p/\varphi(k_j)$，将(3.34)式和(3.35)式代入可得

$$Z_{jk_j} = q^{(k_j+1)a/(1-a)}\left[LA^{1/(1-a)}\left(\frac{1-a}{a}\right)a^{2/(1-a)} - r\zeta\right] \tag{3.40}$$

上式表明,中间产品质量梯度越高则需要的研发投入越多。对 Z_{jk_j} 进行加总,可得总研发支出为

$$Z \equiv \sum_{j=1}^{N} Z_{jk_j} = Qq^{a/(1-a)} \left[LA^{1/(1-a)} \left(\frac{1-\alpha}{\alpha} \right) \alpha^{2/(1-a)} - r\zeta \right] \quad (3.41)$$

把(3.29)式、(3.30)式和(3.41)式代入(3.39)式可得总消费为

$$C = \left[A^{1/(1-a)} (1-\alpha^2) \alpha^{2a/(1-a)} L - \rho\zeta q^{a/(1-a)} \right] Q \quad (3.42)$$

上式方括号内为常数,所以 C 的增长率也与 Q 的增长率相同,至此变量 Y、X 和 C 的增长率都与 Q 相同,记这一增长率为 γ。由厂商最优行为得到的增长率方程(3.36)和消费者最优行为得到的增长率方程(3.38),可解得

$$r = \frac{\rho + \theta[q^{a/(1-a)} - 1] \left[(L/\zeta)A^{1/(1-a)} \left(\frac{1-\alpha}{\alpha} \right) \alpha^{2/(1-a)} \right]}{1 + \theta(q^{a/(1-a)} - 1)} \quad (3.43)$$

$$\gamma = \frac{[q^{a/(1-a)} - 1] \left[(L/\zeta)A^{1/(1-a)} \left(\frac{1-\alpha}{\alpha} \right) \alpha^{2/(1-a)} - \rho \right]}{1 + \theta[q^{a/(1-a)} - 1]} \quad (3.44)$$

每个中间产品生产部门都以 γ 的速度在增长,但其背后的实现机制是研发努力的随机后果。这种随机性还表现在各部门相对质量地位和中间产品研发上的相对支出额。其结果是,在某个时点上,各个部门的质量位置呈现出不规则的样式。对(3.44)式进行分析可以发现,如果有更高的储蓄意愿(ρ 和 θ),更高的产品生产技术(A),更低的研发成本(ζ)以及更大的经济规模(L),那么就有更高的经济增长率(γ)。需要注意的是,各次创新之间的质量提高量 q 越大,则经济增长率也会越高。

上述结论建立在行业中领导地位连续"蛙跳"的基础上。即在位者不进行研究,当一个外部竞争者完成一次质量改进时,在位者的行业领导地位就会被取代。然而这一假设显示与现实不符。在现实世界中,现有产品质量的大多数改进都是由行业领导企业完成的。因为行业领导企业拥有关于当前技术的最佳信息以及有效降低研发成本的经验。因而,假定研发工作由内部人来进行更符合现实。可以证明,当行业领导者从事全部的研究时,只要其研发的成本优势大到足以排除外来竞争,那么均衡条件下的研发成功概率 p、家庭资产收益率 r 和经

济增长率 γ 都与蛙跳模式一样。在这种情形下，一方面模型无法预测每次创新是否会导致行业领导者被外来竞争者取代；另一方面，无论创新是由行业领导者完成还是外来竞争者完成，都会得到相同的 r 和 γ。这种结果显示的是研究者在寻求在位者的租金并预期他们的成功只是暂时的，并随时准备取代他们。

（三）传统产业数字化改造

21世纪以来，数字经济在整个世界经济构成中的比重持续上升，已经成为世界生产方式变革的重要驱动力量。[①] 数字经济以信息化技术的进步为基础，不仅与传统农业、工业和服务业深度结合，而且还超越了这三种业态。数字经济发展以互联网跨界融合应用为特征，全面促进了实体经济转型升级，尤其是互联网与制造业的融合掀起了制造业的数字化革命。制造业数字化转型成为后金融危机时代各国培育经济新动能、构筑竞争新优势的重要抓手。[②] 党的十九大以来，以习近平同志为核心的党中央高度重视数字经济发展，将其作为供给侧结构性改革、实体经济发展和创新驱动发展的重要内容。

近年来，我国数字经济发展迅速，具体表现为以下几方面。一是网络能力全球领先，数字产业化基础坚实可靠。截至2019年11月，全国光纤用户渗透率达到92.5%，4G用户达到12.8亿户，占移动电话用户比例接近80%，远高于49.5%的全球平均水平。移动通信技术实现了从2G空白、3G跟跑、4G并跑，到5G引领的重大突破。二是产业数字化进程提速升级，数字化新模式蓬勃发展。据工业和信息化部统计，截至2018年，我国产业数字化总量达24.9万亿元，同比名义增长23.1%，占数字经济比重由2005年的49%提升至2018年的79.5%；工业、服务业、农业数字经济占行业增加值比重也分别提升至2018年的18.3%、35.9%和7.3%。三是数字经济已成为解决就业问题的新高地。据中国信息通信研究院统计，2018年我国数字经济领域就业岗位为1.91亿个，占当年总就业人数的24.6%，同比增长11.5%，显著

---

① 王玉柱：《数字经济重塑全球经济格局——政策竞赛和规模经济驱动下的分化与整合》，《国际展望》2018年第4期。

② 王彬燕等：《中国数字经济空间分异及影响因素》，《地理科学》2018年第6期。

高于同期全国总就业规模增速。四是数字经济成为推动我国经济发展的新动力。据中国信息通信研究院统计,从 2012 年至 2018 年,我国数字经济持续高速增长,数字经济规模从 11.2 万亿元增长到 31.3 万亿元,总量居世界第二,占 GDP 比重从 20.8% 扩大到 34.8%,在推动经济高质量发展中的战略地位和引擎作用不断凸显。

数字经济的核心在于数字化技术与传统产业的发展融合,传统三大产业仍然是产业主体,区别在于数字经济经过了数字化的技术升级改造,生产效率得到大幅提升。因此,在数字经济快速发展的背景下,我国的传统产业改造表现出如下几类特点:

第一,"互联网＋"和"智能＋"赋能传统产业改造。数字技术对经济发展的带动作用既包括自身的产业化,又包括为其他产业赋能,特别是赋能传统产业。"互联网＋"是数字经济赋能传统产业的有效形式。在"互联网＋"背景下,互联网技术、互联网模式和互联网资本等参与渗透到传统产业中来,改变了传统产业的生产和消费方式。从电子终端到 App 运用,从远程传输到大数据开发,给传统产业带来全新的机会和变化。传统产业正在全方位向互联网转型,而且互联网与传统产业在融合的过程中可以构建全新的商业模式,驱动企业跨界融合与创新,创造新的经济增长点。例如互联网与传统农业的融合,会带来农业产业技术的改造和商业模式的重构,实现从种植到收获的全过程监管,能够提高农业的资源配置效率,加快产品流通,形成跨界农业、定制农业、平台农业、智能农业等新的模式。2019 年,伴随各类数字技术、新兴技术的不断迭代和升级,李克强总理在政府工作报告中首次提出"智能＋"重要战略,"智能＋"将接棒"互联网＋"成为传统行业赋能的新方式。目前,我国尚处于"互联网＋"向"智能＋"转变的初级阶段,"智能＋"发展主要集中于生产供给、生活消费和公共治理三个方面。[①]

第二,大数据成为传统产业数字化改造的技术首选。传统产业在进行数字化改造时要充分利用相应的数字化技术,根据业务场景和需求的不同,数字化技术的应用也会出现不同的组合,常见的数字化技术包括:大数据、云计算、人工智能、移动化、物联网、区块链。目前,大

---

① 资料来源:《中国"智能＋"社会发展指数报告(2019)》。

数据和云计算技术是传统产业数字化转型最主要的技术手段,成为传统产业转型升级的加速器和催化剂。[①] 这主要是因为数据资源具有可复制、可共享、无限增长的特性。挖掘数据价值能使传统产业"老树发新芽",成为企业数字化转型的关键。但是,目前仍有相当大比例的企业没有实施数字化转型,完全没有应用大数据和完全没有应用云计算技术的企业占比分别高达 62.6% 和 43.7%;而开始应用的企业分别只有 10.2% 和 13.2%。上市公司数字化转型情况相对较好,2017 年,沪深股市共有 677 家主板实体企业已经实施数字化变革。在传统产业中进一步普及数字化技术、推动数字化改造、减小"数字鸿沟"仍是未来传统产业改造的工作重点。

第三,平台经济成为推动传统产业数字化改造的重要模式。数字化发展背景下,平台经济成为不同于传统产业的新型生产组织形态。[②] 在传统产业中,企业成长主要依赖于自身的资源和能力。由于互联网是没有边界的,只要一根网线就可以相连,这使得分布在世界各地的个人或企业都可以成为一个平台的供应商。因此,平台模式能够打破企业自身资源和能力对其成长性的束缚。当前,无论是传统产业企业、科技企业还是互联网企业均热衷于平台建设,例如海尔的 COSMOPlat 平台、华为的 OceanConnect-IoT 平台、阿里的 ET 工业大脑等等。[③] 数字平台赋能中小企业已成为中国传统产业数字化转型的一个重要方式。根据工业互联网产业联盟的统计,中国的互联网平台建设成效显著。目前,我国具备一定产业影响力的工业互联网平台已超过 50 个,约占全球的三分之一。一方面,尽管我国的这些互联网平台不乏以技术为主的赋能平台,但总体而言,由于我国制造业整体集中度较低,与欧美等发达国家相比,我国的数字经济平台更侧重于应用领域,数量众多的中小企业亟须数字化改造和转型帮助;另一方面,由于中小企业自身对数字化关注度较低,侧重资源匹配的平台模式更能让中小企业在短期内见到数字化改造的成效。

---

① 资料来源:《2018 中国数字化转型进程调研报告》。

② 李晓华:《数字经济新特征与数字经济新动能的形成机制》,《改革》2019 年第 11 期。

③ 资料来源:《中国互联网经济白皮书 2.0》。

第四，产业数字化变革中"数字鸿沟"现象依旧突出。受区域信息化水平发展差异的影响，我国传统产业数字化改造也存在明显的空间差异。依据《数字中国建设发展报告（2018）》，浙江、上海、北京、广东、江苏、福建、山东、天津、重庆和安徽在推动信息化和工业化深度融合、数字经济与实体经济融合，以及改造提升传统动能上在全国排名前十。从空间分布来看，我国数字化基础设施呈现出明显的由东向西梯度递减态势，浙江和广东的数字化基础设施最为发达。[①] 而在数字化产业变革布局中，上海、北京和广东的产业数字化变革最为突出，次之为江苏、浙江和福建。多数地区的数字化基础设施和数字产业化变革并不相匹配，譬如四川、辽宁、山东等地区的数字化基础设施很好，但是数字化产业变革却没有表现出相应的优势，特别是在促进传统产业数字化改造方面存在差距，"数字鸿沟"现象突出。目前，我国非网民规模仍有 5.41 亿人，并且多以农村居民为主，占比为 62.8%。同时，我国产业间的"数字鸿沟"现象也很明显，我国产业数字经济渗透程度最深的为服务业，其次为工业，农业数字化改造发展仍然较慢。[②]

伴随着数字化转型的深入推进，我国产业数字化转型的一些深层次问题也逐渐体现，主要表现为以下几点。一是传统产业自身数字化转型能力不足。数字化转型是传统产业未来发展的主要方向，但是并非所有的企业都有能力去完成数字化转型发展，企业在数字化改造中面临着多重困难，譬如，高层缺乏共识、技术能力不足、资金不足、没有整体战略和规划等，导致数字化改造难以为继。[③] 二是工业互联网尚未形成良好的产业生态。目前，我国工业互联网建设存在"三重三轻"现象，即重技术、单打独斗和财政投入，轻管理、集团作战和社会融资。企业数字化转型"基础薄弱，数据不流通"的现象依旧突出。一方面，我国制造业企业生产设备数字化率不到 50%，应用信息技术实现业务综合集成的比例不足 20%，企业数字基础设施建设水平

[①] 张雪玲、吴恬恬：《中国省域数字经济发展空间分化格局研究》，《调研世界》2019 年第 10 期。

[②] 资料来源：国家工业信息安全发展研究中心。

[③] 资料来源：《2019 行业数字化转型方法论白皮书》。

亟待进一步提升。[①] 另一方面,由于数据资源的权属问题存在,导致企业间的数据资源流通存在阻碍,运用工业互联网共享数据资源促进传统产业转型仍旧比较困难。三是传统产业数字化转型内容和市场竞争日益激烈。企业数字化转型的获利成本持续上升,导致企业即使转型成功,也面临着难以获利的窘境,传统产业数字化转型不仅在转型发展内容上竞争激烈,在消费市场上也竞争激烈。四是人才成为制约传统产业数字化转型的重要因素。转型人才是传统产业在数字化改造中面临的一项重要挑战,数字化转型不仅需要新技术人才、业务创新人才,更需要能够将新技术与业务结合起来的跨领域人才。而传统产业一方面面临着高端人才流失的现象,另一方面战略性新兴产业、高技术产业等知识密集型产业对于人才的竞争力度更强,导致了传统产业在数字化改造中面临严峻的人才制约问题。

第二节　产业结构变迁

经济发展从本质上讲是新知识的发现、传播及其在生产中的应用,技术创新是经济长期持续增长的根本动力。在产业发展的时间脉络上,产业创新表现为产业结构的变迁。为了刻画这种变迁的理论机制,本节将索洛模型扩展到两部门情形,系统分析了技术创新、产业结构变迁与经济增长之间的关系。

一、引言

库兹涅茨在大量经验统计分析的基础上提出:"一个国家的经济增长,可以定义为给居民提供种类日益繁多经济产品能力的长期上升,这种不断增长的能力是建立在先进技术以及所需要的制度和思想意识的相应调整基础上的。"[②]这一关于经济增长的经典定义表明,经济增长既包括量的因素还包含质的因素。帕金斯等人进一步将既包含人均收入上升又包含经济结构根本变化的增长定义为经济发展。

---

① 资料来源:《2019—2020 年度数字经济形势分析》。
② 库兹涅茨:《现代经济的增长:发现和反映》,载《现代国外经济学论文选》第 2 辑,商务印书馆 1981 年版。

更为重要的是,根据这一定义,经济增长的基础是技术进步。

20 世纪 60 年代初,特别是 20 世纪 60 年代中期,发展中国家的经济发展遭遇到多种困难。一些经济学家认为,这些困难是发展中国家奉行进口替代政策、实行计划经济和过度政府干预的结果。在对传统发展经济学经济计划化政策进行批判的过程中,发展经济学实现了新古典主义复兴。其主要特点是,强调市场机制在经济发展中的重要作用,抛弃了作为政府干预政策理论基础的结构主义思路;但传统发展经济学关于技术进步与经济增长之间关系的分析则被保留下来。这一点在新增长理论的发展中表现得非常明显。无论是罗默的知识外溢增长模型还是卢卡斯的人力资本增长模型,都是对技术创新因素在经济增长过程中作用机理的详细刻画。罗伯特·巴罗和哈维尔·萨拉伊马丁更加明确地将技术创新分类为产品创新和工艺创新,并用产品种类扩大增长模型和产品质量改进增长模型分析它们与经济增长之间的内在机理。[①] 受新古典主义思想的影响,新增长理论尽管强调技术创新与经济增长的关系,但对于技术创新和产业结构变迁之间关系的分析非常稀少。

作为最大的发展中国家,我国受传统发展经济学的影响非常巨大。国内学者对技术创新与产业结构之间关系的分析相对较多。丁云龙、李玉刚探讨了技术创新与不同产业结构升级模式之间的相互关系。[②] 徐冬林指出,需求结构、供给结构、国际贸易结构和国际投资结构四种因素是决定产业结构变动的基本因素,但创新发挥着核心作用。[③] 刘富华、李国平利用传统的份额变化分析方法,分析中国工业的技术创新、产业结构变迁对劳动生产率增长的影响。[④] 刘伟、张辉将技术进步和产业结构变迁从要素生产率中分解出来,实证度量了

---

① 罗伯特·J·巴罗、哈维尔·萨拉伊马丁:《经济增长》,中国社会科学出版社 2000 年版。

② 丁云龙、李玉刚:《从技术创新角度看产业结构升级模式》,《哈尔滨工业大学学报(社会科学版)》2001 年第 3 卷第 1 期。

③ 徐冬林:《创新对产业结构高级化的影响》,《当代经济》2005 年第 5 期。

④ 刘富华、李国平:《技术创新、产业结构与劳动生产率》,《科学学研究》2005 年第 23 卷第 4 期。

产业结构变迁对中国经济增长的贡献,并将其与技术进步的贡献相
比较。[①] 孔曙光、陈玉川将区域创新主体在创造新的技术(包括新产
品和新工艺)、新的市场、新的材料来源和新的企业组织等方面所具
有的素质和本领定义为区域创新能力,技术创新在区域创新能力的
构成中处于核心地位,并且指出产业结构升级实质上是区域技术结
构从一种均衡向另一种均衡的过渡。[②] 朱轶、熊思敏在利用 DEA 方
法估算我国整体以及二、三产业全要素生产率的基础上,探讨了技术
进步、产业结构变动与我国就业增长之间的影响机制与关联效应。[③]
张文等应用面板数据的分析方法对影响中国产业结构演变的因素进
行实证研究,发现 20 世纪 90 年代中期以来,经济发展水平与产业结构
无明显的因果关系;而 FDI 的增长和创新水平的提高能引起产业结构
的变动。[④]

在新古典主义者看来,市场机制是解决资源配置问题的最佳方
式,对于技术创新而言亦是如此。在市场机制下,经济要素会自动流向
效率最高的技术创新项目。但是,需要注意的是由于技术创新所具有
的特殊属性,"市场失灵"将不可避免。一是技术创新往往与垄断相互
依存。熊彼特就曾指出具有市场垄断力的大企业更具技术创新能力,
也就是垄断与创新具有相互强化的作用。演化经济学的研究也表明,
某一产业内的优胜劣汰机制在使那些拥有好的"惯例"的企业得以发
展的同时,也导致了产业集中度的提高。二是技术创新会产生严重的
信息不对称。新技术作为一种特殊的商品使得买卖双方之间的信息
不对称非常严重,致使用买卖方式达成交易的可能性很低。一般情况
下,研发者不会轻易出售高价值的新技术,而是更愿意利用对新技术
的垄断来获取尽可能多的超额利润。技术市场中更可能出现交易的

[①] 刘伟、张辉:《中国经济增长中的产业结构变迁和技术进步》,《经济研究》2008
年第 11 期。

[②] 孔曙光、陈玉川:《广义技术创新与区域产业结构升级的机制探索》,《工业技
术经济》2008 年第 9 期。

[③] 朱轶、熊思敏:《技术进步、产业结构变动对我国就业效应的经验研究》,《数量
经济与技术经济研究》2009 年第 5 期。

[④] 张文等:《中国产业结构演变的影响因素分析》,《科技管理研究》2009 年第
6 期。

是相对成熟的旧技术,因为通过市场检验后的旧技术的价值能够很容易被观察到,买卖双方达成交易的可能性就比较大。通过雇佣科研人员自研新技术的效率也比较低。理由很简单,研发新技术是一项高风险的事情,雇主无法确定研究失败的原因是科研人员的偷懒还是运气不佳。因而无论是通过买卖契约还是雇佣契约来研发新技术都是低效率的。三是技术创新存在路径依赖现象。当企业沿着由局部学习过程和生产要素不可逆性所决定的路径运行并最终进行创新时,内部路径依赖就会发生。相反,外部路径依赖是由外部条件所决定的,这种外部环境在系统层面上支配和决定着新技术的成功引入。前者产生的原因是不可逆性、局部学习过程和转换成本,而后者主要取决于要素禀赋和相对价格。正因为路径依赖现象的存在,技术创新可能会被限定在一条低效率的路径之上。正是技术创新过程中存在明显的"市场失灵",使得运用行政手段来促进技术创新非常必要。尤其对技术创新水平比较低的发展中国家来说,如果仅通过市场机制来推动技术创新,那么其与发达国家的技术差距有可能会进一步拉大。因而传统发展经济学的结构主义思路在技术创新的研究方面仍具有借鉴意义,可以帮助我们厘清市场和政府两种机制下的技术创新规律。

国内学者对技术创新与产业结构关系的研究相对丰富,但是仍存在着一些不足。首先,对于技术创新与产业结构之关系的学理性解说还不够深入。现有研究对技术创新在产业结构变迁中的重要作用有了充分的认识,但仍存在重增长轻结构的倾向;在结构研究方面又存在重产业结构轻就业结构的趋向。经济发展更本质地讲是新知识的传播和在生产中的应用以及劳动力人力资本积累的增加。从这个意义上讲,就业结构在技术创新与经济转型的关系中应处于中心地位。其次,在技术创新与产业结构关系的实证研究方面,存在概念不清的问题。在现有的实证研究中,常用的变量一般包括全要素生产率、技术创新、产业结构、经济发展水平等,这些变量之间实际上存在一定的因果关系。对这些变量之间的相互关系需要进行深入分析,理清思路,否则实证结果无非是变量之间因果关系的相互印证。

二、理论模型

要构建一个同时包含产业结构和经济增长的数理模型,有两类模型值得借鉴。一个是刘易斯的二元经济模型。二元经济模型通过把整个经济分为农业部门和工业部门,使得结构问题得以模型化。但由于其主要目的是强调资本积累对于工业化的重要性,因而忽视了创新在经济结构变动中的作用。另一个是产品种类扩大型内生增长模型。这类模型将产品种类扩大视为技术创新的结果,从而把技术创新、产业结构与经济增长的关系内在地结合起来。不足之处是无法从产品种类扩大中将产业结构变动清晰地刻画出来。通过将索洛模型扩展为包括传统产业和新兴产业的两部门情形,不仅能够把产业结构的变动反映出来,而且也能把创新因素加入进来。[①]

1.模型设定

设整个经济由传统产业和新兴产业两个部门组成:

传统产业的生产函数为 $Y_T(t) = [a_K K(t)]^{\alpha} [L_T(t)]^{1-\alpha}$;新兴产业的生产函数为 $Y_N(t) = [(1 - a_K) K(t)]^{\beta} [H(t) L_N(t)]^{1-\beta}$。

其中,$Y_T(t)$ 表示传统产业产量;$Y_N(t)$ 表示新兴产业产量;$K(t)$ 表示物质资本;$L_T(t)$ 和 $L_N(t)$ 分别表示传统产业和新兴产业中的劳动力;a_K 表示资本用于传统产业的比例;$1 - a_K$ 表示资本用于新兴产业的比例;$H(t)$ 表示新兴产业的人力资本积累,并且 $\dot{H}(t)/H(t) = g_h$,因假定传统产业的人力资本积累率为 0,所以 g_h 也表示新兴产业与传统产业的人力资本积累率之差;[②]设 $P(t)$ 表示总人口,其增长率为 $\dot{P}(t)/P(t) = n$。

设 $r_T(t) = L_T(t)/P(t)$,$r_N(t) = L_N(t)/P(t)$,$k(t) = K(t)/H(t)P(t)$。假定资本积累仅来源于新兴产业部门,并且资本增长为 $\dot{K}(t) = sY_N(t)$,其中 s 表示物质资本投资率。

---

① 尽管索洛模型中技术进步是外生的,但这并不影响模型的结论,并且简化了模型的结构。

② 另一方面,这种新兴产业与传统产业的人力资本积累率差距也刻画出了新兴产业相对传统产业的创新力水平。

与传统产业相比,模型中新兴产业的创新性特征表现在两个方面。一是新兴产业具有比传统产业更高的人力资本积累率。二是新兴产业部门能够形成资本积累而传统产业则不能,同时其产出不仅是一种消费品,还是一种资本品,并能通过分配 a_K 比例的物质资本用于传统产业而影响该部门的发展。

2.传统产业对劳动力的需求

由于传统产品消费的边际效用递减,传统产品的人均消费量最终将趋于不变。但考虑到新兴产业的发展可能对传统产业的社会需求产生影响,因而设传统产品人均需求量的变动率为 g_T,并假定 $g_T = \theta g_h$;也就说新兴产业对传统产业的需求影响与新兴产业的创新力水平相关,当 $\theta > 0$ 时新兴产业的发展能提高传统产品的需求从而促进传统产业的发展,相反当 $\theta < 0$ 时新兴产业的发展会抑制传统产业的发展。

假定零时刻没有新兴产业,所有劳动都从事传统产业的生产。设零时刻人均传统产品的消费为 $\bar{y} = Y_T(0)/P(0)$;由于此时没有新兴产业,初始资本都用于传统产业生产,传统产业中的劳动力等于总人口,也即 $a_K(0) = 1, L_T(0) = P(0)$,得 $\bar{y} = K(0)^a P(0)^{-a}$。

均衡条件下,传统产业的产品供给等于产品需求,所以 $Y_T(t) = [a_K K(t)]^a [L_T(t)]^{1-a} = P(t)\bar{y}e^{g_T t}$。

代换已知变量后,得

$$r_T(t) = k(0)^{\frac{a}{1-a}} a_K^{-\frac{a}{1-a}} e^{\frac{(\theta-a)g_h}{1-a}t} k^{-\frac{a}{1-a}} \qquad (3.45)$$

从(3.45)式可以看出 k 上升会使 r_T 下降,说明新兴产业的资本积累会提高传统产业的生产效率从而减少对劳动力的需求。另外,当 $\theta \neq a$ 时,新兴产业人力资本积累率会对传统产业的劳动力需求产生影响,也就是 r_T 会随着时间的变化而变化,变化方向取决于 θ 的大小。

3.新兴产业的劳动力需求

求 k 对时间的导数

$$\dot{k}(t) = \frac{\dot{K}(t)}{H(t)P(t)} - \frac{K(t)}{H(t)P(t)}\frac{\dot{P}(t)}{P(t)} - \frac{K(t)}{H(t)P(t)}\frac{\dot{H}(t)}{H(t)} \qquad (3.46)$$

将已知变量代入得,$\dot{k}(t) = \frac{sY_N(t)}{H(t)P(t)} - nk(t) - g_h k(t)$

即 $\dot{k}(t) = s(1-a_K)^\beta k(t)^\beta [L_N(t)/P(t)]^{1-\beta} - k(t)(g_h+n)$。均衡状态下 $\dot{k}(t) = 0$，得

$$r_N = \left[\frac{g_h+n}{s}\right]^{\frac{1}{1-\beta}}(1-a_K)^{-\frac{\beta}{1-\beta}}k \tag{3.47}$$

(3.47)式表明：新兴产业劳动比与单位有效劳动的平均资本之间存在正向的线性关系。与传统产业相反，新兴产业的就业创造能力与资本积累水平成正比。一般来说，资本积累对劳动需求来说同时存在挤入效应和挤出效应。如果资本积累更多地表现为生产规模的扩大，则表现为挤入效应；而如果资本积累更多地表现为生产效率的提高，则表现为挤出效应。资本积累之所以在传统产业上表现为劳动力需求的挤出效应而在新兴产业上表现为劳动力需求的挤入效应，表明新兴产业的资本积累对传统产业的影响更多地表现为生产效率的提高而对自身的影响更多地表现为生产规模的扩大。模型的这一结论与现实经济中资本积累在两个产业中的效应是相一致的。

4. 新兴产业的劳动力供给

如果劳动力能在传统产业和新兴产业之间自由转移，那么总人口减去传统产业的劳动力需求即为新兴产业的劳动力供给，也就是

$$r_N^s = 1 - k(0)^{\frac{1}{1-\beta}}a_K^{-\frac{1}{1-\beta}}e^{\frac{(\sigma-\alpha)g_h}{1-\beta}t}k^{-\frac{1}{1-\beta}} \tag{3.48}$$

但事实上，传统产业劳动力和新兴产业劳动力之间存在着巨大的知识结构差异，这种差异往往导致从事传统产业的劳动力无法转变为新兴产业的劳动力，并且可能以隐性失业的方式存在。设 d 是由于传统产业和新兴产业之间的知识结构差异导致的结构性障碍，并假定 d 是 g_h 的函数，并且 $\partial d/\partial g_h > 0$。因为 g_h 是新兴产业与传统产业之间人力资本积累率的差异，而这种差异往往是由知识结构差异引起的。这样

$$r_N = 1 - d(g_h) - k(0)^{\frac{1}{1-\beta}}a_K^{-\frac{1}{1-\beta}}e^{\frac{(\sigma-\alpha)g_h}{1-\beta}t}k^{-\frac{1}{1-\beta}} \tag{3.49}$$

三、均衡分析

从新兴产业的劳动力供给函数(3.48)式可以看到，新兴产业的劳动力供给量会随时间的变化而变化，因而有必要对静态均衡和动态均衡分别加以讨论。

1. 静态均衡

对任一时刻 t，当新兴产业部门的劳动需求等于劳动供给时，模型达到静态均衡状态，也即（3.48）式等于（3.49）式。均衡过程如图 3.1 所示，直线 AE 代表（3.47）式，双曲线 E_0AE 代表（3.48）式。AE 的左侧 $\dot{k}(t)>0$，右侧 $\dot{k}(t)<0$。曲线 E_0AE 与横轴的交点 E_0 表示整个经济仅存在传统产业。曲线 E_0AE 与 AE 相交于 A 点和 E 点。由于 AE_0 处于 AE 的下方，k 反降不升，所以，如果资本积累不能突破 A 点，单位有效劳动的平均资本存量将回到 $k(0)$，整个经济又回到纯传统产业生产阶段。① 一旦资本积累突破 A 点，处于 E_0AE 曲线上任何位置的点都会收敛于 E 点，此时得到模型的静态均衡解，记最优单位有效资本为 k^*、最优新兴产业劳动比为 r_N^*。

从图 3.1 可以看出，要使新兴产业得以建立和发展的一个重要前提是新兴产业的资本积累需要突破 A 点，以摆脱低水平均衡陷阱。新兴产业劳动比 r_N 的提高表明劳动力从传统产业部门转移到新兴产业部门。新兴产业投资一旦突破低水平均衡陷阱，r_N 便会随着资本积累的增加而提高，直至均衡点 E。而要提高均衡点处的新兴产业劳动比 r_N^*，需要通过改变外生变量使直线的斜率减小或使双曲线的系数减小使其向左上方旋转来实现。通过对图 3.1 的分析，可得以下结论：第一，降低人口增长率 n 和提高投资率 s 能促进传统产业劳动力向新兴产业转移；第二，传统产业投资分配比 a_K 的增加，一方面会增大直线 AE 的斜率，同时又会减小双曲线 E_0AE 的系数，因此对均衡的影响具有不确定性；第三，当 $\theta \geqslant \alpha$ 时，人力资本积累率 g_h 的下降会减小直线 AE 的斜率的同时也会减小（或不变，即 $\theta=\alpha$ 时）双曲线 E_0AE 的系数，因而可以有效地促进传统产业劳动力向新兴产业转移，而当 $\theta<\alpha$，其效应与 a_K 增加的效应相同，对均衡的影响也是不确定的；第四，在受到结构性障碍的情况下，由于 $\partial d/\partial g_h>0$，$g_h$ 下降能够减少劳动力流动的结构性障碍，促进劳动力向新兴产业转移。

2. 动态分析

由（3.48）式可知，由于新兴产业劳动供给会随时间变动而变动，因

---

① AE_0 一般被称为低水平均衡陷阱。

而最优新兴产业劳动比 r_N^* 动态变化存在以下三种情况:(1) $\theta > \alpha$ 时, $\partial r_N^* / \partial t < 0$;(2) $\theta = \alpha$ 时, $\partial r_N^* / \partial t = 0$;(3) $\theta < \alpha$ 时, $\partial r_N^* / \partial t > 0$。也就是从长期或动态变化的角度来看, θ 的大小对就业结构的影响非常显著。对于现实经济来说,全局均衡点 $\theta = \alpha$ 更具有实际意义。当 $\theta > \alpha$ 时,劳动力将从新兴产业不断转出直至新兴产业消失,也就是新兴产业会被传统产业完全吸收,这可能夸大了传统产业的技术吸收能力。当 $\theta < \alpha$ 时则刚好相反,劳动力从传统产业不断转入直至新兴产业完全替代传统产业,这可能又过分乐观估计了新兴产业的发展。较为现实的情况是 $\theta = \alpha$,这一条件下传统产业和新兴产业的就业结构保持稳定,其变动取决于外生变量 n、s、g_h 和 a_K。

　　图 3.2 给出了新兴产业和传统产业就业结构变化的动态分析。[①]零时刻具有 g_h 创新力的新兴产业出现并发展,在时刻 1 达到均衡状态,此时新兴产业劳动比、传统产业劳动力比和结构性障碍分别为 r_N^*、r_T^* 和 d。当新兴产业的创新性消失,或者说与传统产业的知识结构差异消失时,即 g_h 降至 0,此时 $d = 0$, r_N^* 则无限接近 1,此时新兴产业与传统产业的区别消失了,整个经济又回到零时刻前只存在传统产业的状态,直至另一个新兴产业的出现。社会经济在这种新兴产业的出现和消失的轮回中实现真正的增长。

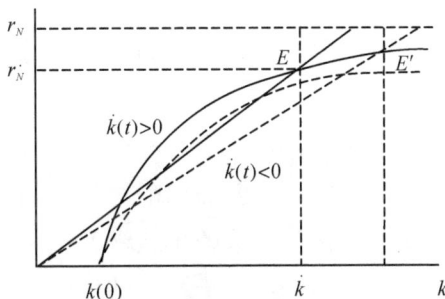

图 3.1　均衡和比较静态分析　　图 3.2　动态分析

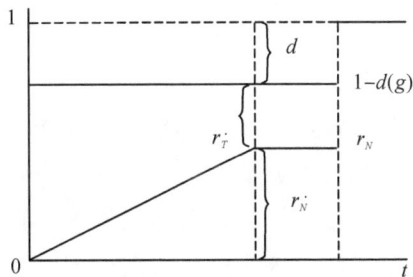

四、工资和经济增长

均衡分析给出了人力资本积累及其他外生变量对就业结构变动

---

　　① 图 3.2 显示的是 $\theta = \alpha$ 时的情形。

的影响。但就业结构变动的直接动力来自新兴产业和传统产业工资率的差异,因而有必要对影响工资率的因素进行理论分析。另外,除了分析就业结构外还需要研究产业结构的变动。产业结构变动的实质是新兴产业和传统产业经济增长速度不一致所导致的,因而需要进一步找出造成增长速度不一致的原因。

1. 工资

完全竞争条件下,工资率等于劳动边际生产率。对传统产业生产函数中的 $L_T(t)$ 求偏导得到

$$w_T = \frac{\partial Y_T(t)}{\partial L_T(t)} = (1-\alpha)a_K^{\alpha}\left[\frac{K(t)}{H(t)P(t)}\right]^{\alpha} \cdot \left[\frac{L_N(t)}{P(t)}\right]^{-\alpha} \cdot H(t)^{\alpha}$$

$$= (1-\alpha)a_K^{\alpha}k^{\alpha} \cdot r_T^{-\alpha} \cdot H(t)^{\alpha}$$

$$(3.50)$$

将(3.45)式代入后得

$$w_T = (1-\alpha)\left[K(0)^{-\alpha}a_Kk\right]^{\frac{\alpha}{1-\alpha}} \cdot e^{-\frac{\alpha(\theta-\alpha)g_h}{1-\alpha}t} \cdot H(t)^{\alpha} \qquad (3.51)$$

因此传统产业工资增长率为

$$g_T^w = \frac{\dot{w}_T}{w_T} = \frac{\alpha(1-\theta)}{1-\alpha}g_h \qquad (3.52)$$

从(3.52)式可以看出,传统产业的工资率与新兴产业的创新性水平相关,但更重要的是 θ 决定着这一相关性的方向。当 $\theta < 1$ 时,传统产业工资率与新兴产业创新性水平正相关;当 $\theta > 1$ 时,则负相关。也就是,如果新兴产业的发展极大地促进了传统产品的社会需求,反而会使传统产业的工资趋于下降。造成这一结果的原因在于模型中假定传统产业不存在人力资本积累,因此传统产品社会需求的增加只能通过增加资本和劳动数量来实现,而资本积累又仅依赖于新兴产业的发展而与传统产业的发展无关。在 $\theta > 1$ 的情形下,传统产品社会需求的增加反而造成了劳动生产率的降低,造成传统产业的工资增长率为负值。当存在大量剩余劳动力时,这种产业发展与工资增长相背离的情况更有可能出现。

与传统产业的分析类似,对新兴产业生产函数中的 $L_N(t)$ 求偏导得到

$$w_N = \frac{\partial Y_N(t)}{\partial L_N(t)} = (1-\beta)(1-a_K)^\beta \left[\frac{K(t)}{H(t)P(t)}\right]^\beta \cdot \left[\frac{L_N(t)}{P(t)}\right]^{-\beta} \cdot H(t)$$

$$= (1-\beta)(1-a_K)^\beta k^\beta \cdot r_N^{-\beta} \cdot H(t)$$

$$(3.53)$$

将(3.47)式代入后得

$$w_N = (1-\beta)\left[s(1-a_K)/(n+g_h)\right]^{\frac{\beta}{1-\beta}} \cdot H(t) \qquad (3.54)$$

因此新兴产业增长率为

$$g_N^w = \frac{\dot{w}_N}{w_N} = g_h \qquad (3.55)$$

(3.55)式表明,对于新兴产业而言其工资增长率完全取决于创新性水平。定义 d_w 为新兴产业与传统产业的工资增长率之差,则 $\partial d_w/\partial\theta = \alpha/(1-\alpha) > 0$。表明新兴产业对传统产业影响力越大,则两者间的工资率差距越大。这一机制表明,仅依靠传统产业改造促进经济持续增长是不现实的。由于传统产业没有人力资本积累,创新所带来的传统产品社会需求的增加不会加快传统产业工资率的上升,反而会加大与新兴产业的差距,这也就限制了其持续发展的可能性。在全局均衡点 $\theta = \alpha$ 处,$\dot{w}_T/w_T = \alpha g_h$,因而传统产业与新兴产业工资率的差距为 $(1-\alpha)g_h$。这说明传统产业与新兴产业之间的人力资本差异越大工资增长率差距也会越大,这一差距成为传统产业劳动力向新兴产业转移的动力。

2. 经济增长

由传统产业的生产函数 $Y_T(t) = [a_K K(t)]^\alpha [L_T(t)]^{1-\alpha}$,可得传统产业的人均产量为

$$y_T(t) = \frac{Y_T(t)}{P(t)} = [a_K k(t)]^\alpha [r_T]^{1-\alpha} [H(t)]^\alpha \qquad (3.56)$$

所以传统产业人均产量增长率为

$$g_T^y = \theta g_h \qquad (3.57)$$

同理,由新兴产业的生产函数 $Y_N(t) = [(1-a_K)K(t)]^\beta [H(t)L_N(t)]^{1-\beta}$,可得新兴产业的人均产量为

$$y_N(t) = \frac{Y_T(t)}{P(t)} = [(1-a_K)k(t)]^\beta [r_N(t)]^{1-\beta} H(t) \qquad (3.58)$$

所以新兴产业人均产量增长率为

$$g_N^y = g_h \qquad\qquad (3.59)$$

(3.57)式和(3.59)式表明,新兴产业建立后,整个经济的增长速度取决于人口增长率、新兴产业人力资本积累和影响力系数。显然,新兴产业能否建立和发展是经济增长和产业结构变动的关键因素。如果 $g_h = 0$,则 $g_N^y = g_T^y = 0$,说明如果没有新兴产业的出现,整个社会的产业结构不会发生改变而且经济总量的增长速度也会等于零。如果 $g_h > 0$,即存在新兴产业时,影响力系数 θ 对经济增长和产业结构变动有重要影响。当 $\theta < 1$ 时,新兴产业的比重提高;当 $\theta = 1$ 时,产业结构不变;当 $\theta > 1$ 时,新兴产业的比重下降。在全局均衡点处,由于 $\theta = \alpha < 1$,此时尽管新兴产业的就业比重不再提高,但产业比重仍会增加。因而长期来看,评价一个国家经济结构转型,就业结构指标比产业结构指标更加可靠。

五、小结

通过将索洛—斯旺模型拓展为两部门情形,我们系统地考察了技术创新、产业结构调整和经济增长之间的关系。通过对模型的分析可以得到以下结论:

第一,创新能力的培育和引导资本流向新兴产业是产业转型升级的关键。在本文的模型中,我们用人力资本积累率来表示企业的创新能力。人力资本是指劳动者受到教育、培训、实践等方面的投资而获得的知识和技能的积累。这些以人力资本形式存在的知识的数量、质量和结构决定了企业发现机会的概率和配置资源的效率,构成了企业创新能力和竞争优势的基础。新兴产业的创新能力必须高于现有的传统产业,这是其赖以生存的根本保证。新兴产业要能建立和发展,除了需要有较强的创新能力之外,还必须将这种创新能力与资本积累结合起来。只有将知识和资本连接起来,才能使新兴产业真正走上产业化发展道路。从前面的分析可以看出,资本积累突破"低水平均衡陷阱"是新兴产业发展的前提条件。1956 年,美国经济学家纳尔逊发表了《不发达国家的一种低水平均衡陷阱》一文,利用数学模型分别考察了不发达国家人均资本与人均收入增长、人口增长与人均收入增长,产出的增长与人均收入增长的关系,并综合研究了在人均收入和人口按不同速率增长情况下的人均资本的增长与资本形成问题,从而形成了"低水平均衡陷阱"理论。这一理论提出,发展中国家必须进行大规模的资本投资,使投资和产出的增长超过人口增长,才能冲出"陷阱",实现人均收入的大幅提高和经济增长。同样,在新兴产业的发展过程中也会遇到类似的问题,但形成机制有所不同。如果说造成发展中国家工业化初期的"低水平均衡陷阱"的原因在于人口增长速度快于资本积累速度,而新兴产业发展的"低水平均衡陷阱"的原因主要在于技术创新高不确定性所带来的信息不对称,这种信息不对称使得在技术创新领域中买卖合同和雇佣合同都是低效率的,而随着技术复杂性程度的提高技术创新者与资本所有者同为一体的概率是极低的。因而需要通过制度创新,使技术创新与资本积累能够有效地接合在一起。

第二,技术创新是产业结构变迁和经济增长的动力。当技术创新与资本积累结合后,在全局均衡点 $\theta = \alpha$ 处,传统产业与新兴产业之间存在着 $(1-\alpha)g_h$ 的工资差,劳动力在工资率差异的吸引下从传统产业向新兴产业转移,从而导致产业就业结构的变化并最终收敛于最优值 r_N^*。从对模型的分析中可以看出,$\partial r_N^* / \partial n < 0$、$\partial r_N^* / \partial g_h < 0$、$\partial r_N^* / \partial s > 0$。也就是降低人口增长率、减小传统产业和新兴产业之间的人力资本积累差异、提高新兴产业资本积累率可以进一步提高新兴产业的就业比重。其原因在于,三个变量的上述变动有利于单位有效资本 k 的提高,从而促进新兴产业的发展。而对于人力资本积累率差异的一个更为现实的解释是,传统产业和新兴产业人力资本的结构性差异程度会影响传统产业的劳动力转移到新兴产业,比如一个普通的纺织工人不经过培训便无法成为一名程序员。如果两个产业之间的知识结构存在巨大差异,那么劳动力的转移便是困难的,因而不利于新兴产业的发展。另外从(3.46)式和(3.47)式可以看出,无论是传统产业还是新兴产业,其增长都依赖于新兴产业的创新性。如果没有创新,整个经济的增长速度都会等于零。在全局均衡点 $\theta = \alpha$ 处,因为 $0 < \alpha < 1$,所以新兴产业的增长速度快于传统产业。尽管此时就业结构将保持不变,但产值结构会持续优化。所以新兴产业的创新性一方面会导致就业结构转变困难,另一方面却能加快产值结构的优化升级。但从长期来看,新兴产业的创新性应该会随时间递减,所以产值结构的优化是一

种短期经济转型升级,而就业结构的优化则是长期的更为本质的经济转型。经济的长期增长需要依赖于新兴产业的不断出现,从而实现以创新为基石的熊彼特意义上的增长。

第三,创新对传统产业的影响力能显著影响产业转型升级。前面的分析已经指出,当 $\theta > \alpha$ 时,新兴产业会被传统产业吸收;当 $\theta < \alpha$ 时,传统产业会被新兴产业替代。因而长期来看,$\theta = \alpha$ 处是模型的全局均衡点,此处就业结构是稳定的。虽然新兴产业对传统产业的影响是复杂的,正相关与负相关的情形都可能存在,因全局均衡点 $\theta = \alpha > 0$,所以长期来看新兴产业和传统产业的发展是正相关的,新兴产业的发展能够促进传统产业的发展。从 $\partial d_w / \partial \theta > 0$ 可以看出,新兴产业对传统产业需求创造的贡献越大,则两者之间工资差距会越大。前者的效应是将劳动力引向传统产业,而后者的效应是将劳动力引向新兴产业,正是这一机制使得 θ 收敛于 α,并且使得传统产业的工资和人均产量都以 αg_h 的速度增长,而新兴产业的工资和人均产量则以 g_h 的速度增长。对于传统产业来说,短时期内 θ 值可能处于非均衡状态,会出现工资和人均产量增长率不一致的情况。具体来说,当 $\theta > \alpha$ 时,$g_T^w < g_T^y$;而 $\theta < \alpha$ 时,$g_T^w > g_T^y$。也就是如果依赖于传统产业改造发展道路,工资增长会低于经济增长速度,而如果积极发展新兴产业,尽可能把劳动力从传统产业中转移出来,反而能加快工资的增长。

第三节　产业空间演化

自 19 世纪后,西方资本主义国家就出现了企业为追求低成本等而发生的空间集聚现象。直到现在,产业集聚现象仍然普遍存在于世界各国之中。产业集聚是指某一产业在地理上的集中,它侧重于某个产业的区域分布与工业整体的区域分布的对比,描述了某个产业空间分布状态。在发达国家中,美国的高科技公司集中在硅谷,德国的机床业集中在斯图加特,日本的摩托车业集中在松滨。在发展中国家中,印度有 350 个中小企业集群,中国东部沿海地区的产业集聚也十分普遍,如广东顺德的家电业、江苏戴南的不锈钢制品业、浙江柳市镇的低压电器业等。对于产业集聚现象,新古典经济学无法解释,因为在这一理论框架下,生产要素的配置在地理上会趋于均衡分布;同样,传统的比较优势理论也无法解释,因为这种理论认为产业会向资源禀赋丰富的地区集中。因此,如何解释好产业集聚现象,始终是经济学和地理学等学科所关注和努力的对象。

一、产业集聚的外部经济

英国经济学家马歇尔被认为是产业集聚理论研究的先驱。他将具有分工性质的企业在特定地区的集聚称为"产业区",并把这种因企业集中于特定地区而形成的优势称为"外部经济"。[1] 这种好处来自共享劳动力市场、共享中间产品市场和共享知识与技术。

第一,共享劳动力市场。经营内容相关的企业集中在一个地区会吸引有专业化技术的人员集聚起来,有利于形成一个专业化的劳动力市场。"雇主们往往到能找到他们所需要的有专门技能工人的地方去(办厂),同时,找工作的劳动者,自然也到有许多雇主需要像他们那样技能的地方去找职业"。[2] 当大量企业集中在一起后,产业区内能集聚起许多潜在的劳动力需求和潜在的劳动力供应。而且,产业区内的企业可能处于产品生命周期的不同阶段,因而对劳动力的需求量和技能要求也会有所区别。从企业角度看,大量潜在劳动力的存在让他们总能找到适合自己要求的工人;从工人角度看,集聚大大降低了他们的失业风险,大多数时候他们无非是从一家企业转到另一家企业而已。这种专业化劳动力市场的存在大大降低了劳动力匹配成本,这又会进一步加强既有的产业集聚。

第二,共享中间产品市场。企业总是处于由上游供应商、下游营销商和客户组成的价值链中,并且往往只从事价值链中某一环的生产。单个企业无法脱离价值链单独运营,企业经营成功需要价值链中各个链接点之间的协调。专业化的中间产品生产需要投入专业化的机器设备和劳动力,大量企业的集聚能够显著降低因资产专用性而形成的投资风险。当中间产品生产企业能够为多个下游企业供货时,就不会

---

① 张元智:《产业集聚与区域竞争优势探讨》,《国际贸易问题》2001年第9期。

② Marshall A. *Principles of Economics*. London:Macmillan,1920. 转引自李小建、李二玲:《产业集聚发生机制的比较研究》,《中州学刊》2002年第4期。

因为某个企业经营困难而受到连带性的毁灭性风险。同时下游企业也需要有多个供应商来供货,以便利用供应商之间的竞争来提高中间产品的质量,以及避免单个供应商垄断中间产品引起的敲竹杠风险。因而,集聚企业越多,供应商网络就越密集,越容易获得合理的产品和服务价格,资产专用性造成的投资风险也越低,使得集聚地企业能获得更低的生产成本。另一方面,产业集聚区不仅有利于实现规模化生产,也有利于专业化生产的深度发展。规模报酬递增是专业化分工网络经济的基本特征,规模经济只有在专业化分工基础上才有可能实现。企业专业化程度提高,专精属性越明显,同时也就意味着企业间交易频率更高、协作关系更密切。这一动态共同体的协调发展能大幅提升区域生产效率,使得产业集聚区发展具有更高的柔韧性和整体性竞争优势。

第三,共享知识和技术。"对于机械、流程和企业一般组织的发明和改进,人们很快进行研究;如果一个人有一个好的思想,会被别人采纳,这个思想又与他们自己的建议结合起来,因此它又成为新思想的源泉"。[①] 信息的流动是按距离衰减的,所以知识传播往往被限定在一定范围之内,在通信技术落后的马歇尔时代则更是如此。产业集聚使企业之间的交流与合作机会增加,从而使企业能够迅速获取有关产品生产方面的信息而产生知识和技术溢出。知识和技术溢出的获取途径主要有两个。一是通过对目标产品进行逆向研究,从而获取该产品的技术规格和处理流程等信息,以制作出功能相近的产品。模仿创新被认为是知识和技术扩散的正式方式。二是通过人与人之间的非正式交流而扩散。这种方式也被认为是知识和技术非正式的扩散方式。企业的集聚就是专业技术人员的集聚,并且企业的技术知识有很大一部分会固化于专业技术人员的人力资本之中。因而,专业技术人员在酒吧、茶室等公共场所聚会,或是参加学术交流活动,就可能使技术资料在不同企业的技术人员之间传播;由于企业之间共享劳动力市场,专业技术人员也有可能在不同企业之间流动,员工的流动必然会产生

---

① Marshall A. *Principles of Economics*. London : Macmillan, 1920. 转引自李小建、李二玲:《产业集聚发生机制的比较研究》,《中州学刊》2002 年第 4 期。

技术知识的流动。

在马歇尔分析的劳动力、中间产品和知识外部经济的基础上，众多学者发现产业集聚还能让企业获得环境外部性、能源外部性和融资外部性。

第一，产业集聚往往伴随着污染加剧，环境质量恶化，但也会降低环境治理成本。首先，由政府主导建设工业园区，有利于企业共享治污设施，实现污染物的规模化治理，节约治污成本；另一方面，企业集聚于工业园区也便于政府进行集中监管，企业必须按照一定的环保标准配置污染治理设备，并加强生产的净化处理和废弃物的循环利用。2013年，浙江省温州市启动了 12 个电镀园区建设，帮助企业集中处理污水和废弃物。此项措施不仅使水环境质量得到明显改善，全行业总废水量还削减了 38.33%，重金属总排放量削减了 50%，并且全市实现电镀加工产值同比增长约 8%。① 其次，产业集聚能诱发技术进步、技术扩散与竞争效应，从而减少污染排放。② 随着产业集聚规模效应和知识溢出效应的逐渐显现，集聚区内企业间的协作创新风险趋于降低，使企业有能力专注于依靠技术进步来减少污染排放，同时也为群内企业采用环保型生产技术提供了可能。集聚区企业间的竞争压力也将倒逼企业重视环保工作，提升社会信誉，增强其差异化竞争的优势。最后，从循环经济角度看，产业集聚可以实现集聚区内不同类型企业的资源循环利用，从而减少污染排放。例如，企业废弃的煤渣可以成为制砖厂的原料，糖厂所产生的蔗渣能成为造纸厂的原料，等等。可以说，产业集聚为循环经济的实现提供了条件。综合来看，环境治理的规模效应、先进环保技术的溢出和生产资料的循环利用等构成了产业集聚的环境治理优势。由此可知，产业集聚亦可能具有环境外部经济，是减少污染排放的一种有效机制。

第二，产业集聚也能促进静态的成本节约和动态的创新能力增

---

① 原毅军、谢荣辉：《产业集聚、技术创新与环境污染的内在联系》，《科学学研究》2015 年第 9 期。

② 闫逢柱等：《产业集聚发展与环境污染关系的考察》，《科学学研究》2011 年第 1 期。

强,从而提升企业的生产效率。[①] 首先,关联企业在空间上的集聚带来生产运营的专业化、集中化和规模化,提高基础设施、生产要素、市场网络与技术信息的共享性,能有效地降低企业的生产成本。一是价值链上下游企业集聚能减少中间投入品的运输成本和在途损耗;二是企业能共享集聚区的公共基础设施,可以降低这些单位的使用成本或分摊费用;三是企业能共享集聚区的环境治理设施,降低污染物治理成本,同时也能提高排放物的回收利用价值;四是产业集聚而形成的专业化劳动力市场,使企业能够获得稳定的熟练劳动力供给,降低其培训成本。其次,产业集聚通过增强企业的学习能力和创新能力可以提高能源效率。一是产业集聚为企业创新提供了多样化的环境,正是这样一种环境为创新提供了搜寻与试验过程,降低实验成本、促进新知识的产生和创新。二是产业集聚水平的提高可以通过知识和技术外溢促进全要素生产率的提高。如此,在新经济地理学的逻辑框架下,技术创新和产业集聚相互促进,不断推动着集聚区企业的技术进步和生产效率提高。

第三,产业集聚作为一种空间组织形式,有助于降低企业融资成本、缓解企业融资约束。[②] 一是产业集聚有助于降低信贷市场的信息不对称。产业集聚使得金融机构能从关联企业、行业组织等渠道获得更多的融资企业相关信息。企业网络和声誉机制不但扩大了集聚区内企业间的商业信用关联性,减少信贷市场的逆向选择与道德风险问题,同时也降低了金融机构搜集信息的成本和企业融资成本,进而缓解企业融资约束。二是产业集聚有助于降低债务履行的不确定性。产业集聚所形成的信息共享效应能降低单个企业决策失败的可能性,从而减少企业经营风险和业绩波动,进而提高债务履约率。另外,产业集聚使得企业抵押贷款所使用的机器设备等抵押品价值估算更为准确、变现更加容易,从而降低金融机构处置抵押品的价格风险。企业债务履行不确定性的降低增强了金融机构的信贷意愿,降低了企业的融资

---

① 李思慧:《产业集聚、人力资本与企业能源效率》,《财贸经济》2011年第9期。

② 茅锐:《产业集聚和企业的融资约束》,《管理世界》2015年第2期;张宇、谢乔昕:《产业集聚对企业融资约束影响效应研究》,《企业经济》2014年第8期。

约束。三是产业集聚有助于克服所有者与管理层之间的代理问题。所有者与管理层之间利益不一致所产生的委托代理问题会扭曲企业投资行为,损害企业价值,破坏企业融资环境。产业集聚所产生的职业经理人竞争效应能使企业管理层保持勤勉高效,有效缓解企业所有者与管理层之间的委托代理冲突,进而缓解企业融资约束。

二、产业集聚的动态演变

外部经济在一定程度上解释了产业集聚的原因,但并没有阐明这种外部经济的最初来源何在,没有描述集聚演进的过程。20 世纪 90 年代,以克鲁格曼为代表的新经济地理学理论为产业集聚的产生提供了很好的解释。[①] 克鲁格曼在 Dixit-Stiglitz 垄断竞争模型的基础上,以规模报酬递增、冰山成本、不完全竞争的市场结构为假设前提,构建了"中心—外围"模型,认为如果经济中的某种扰动导致区域市场规模扩大,就会产生市场扩大效应、价格指数效应和外部性问题,从而出现产业自我集聚的循环累积因果效应。模型构建了一个只包括农业和制造业的两部门经济体,并假定农业部门是完全竞争的,生产单一的同质产品;而制造业部门是不完全竞争的,大量生产差异化产品。

(一)消费者行为

假定消费者对农产品和工业制成品有相同的偏好,并且效用为柯布—道格拉斯函数

$$U = M^{\mu}A^{1-\mu} \tag{3.60}$$

其中,M 代表制成品消费量的综合指数;A 是农产品消费量;μ 是常数,表示制成品的支出份额。数量指数 M 是定义在制成品种类的连续空间上的子效用函数;$m(i)$ 表示每种可得制成品的消费量;n 表示制成品种类的范围,通常为可得制成品种类的数目。假定 M 符合不变替代弹性函数

$$M = \left[\int_{0}^{n} m(i)^{\rho}di\right]^{1/\rho}, 0 < \rho < 1 \tag{3.61}$$

---

① 李小建、李二玲:《产业集聚发生机制的比较研究》,《中州学刊》2002 年第4 期。

其中，ρ 表示消费者对制成品多样性的偏好程度。当 ρ 趋近于 1 时，差异化产品几乎是可以完全替代的；当 ρ 趋近于 0 时，产品的差异化程度越来越大。设 σ 是任意两种制成品之间的替代弹性，则 $\sigma \equiv 1/(1-\rho)$。给定收入 Y，农产品价格 p^A 和制成品价格 $p(i)$，则消费者的收入预算条件为

$$p^A A + \int_0^n p(i)m(i)di = Y \qquad (3.62)$$

消费者所要解决的第一个问题是：确定每个制成品的消费量 $m(i)$ 使制成品集合 M 的支出最小化，即解决以下最小化问题

$$\min \int_0^n p(i)m(i)di \qquad s.t. \left[\int_0^n m(i)^\rho di\right]^{1/\rho} = M \qquad (3.63)$$

这一最小化问题的一阶条件是边际替代率等于价格比率，即

$$\frac{m(i)^{\rho-1}}{m(j)^{\rho-1}} = \frac{p(i)}{p(j)} \qquad (3.64)$$

由上式可得 $m(i) = m(j)[p(j)/p(i)]^{1/(1-\rho)}$，代入最小化问题的约束条件可得

$$m(j) = \frac{p(j)^{1/(\rho-1)}}{\left[\int_0^n p(i)^{\rho/(\rho-1)}di\right]^{1/\rho}}M \qquad (3.65)$$

方程(3.65)是第 j 种制成品的补偿需求函数，那么第 j 种制成品的支出是 $p(j)m(j)$，利用此方程对 j 求定积分可得

$$\int_0^n p(i)m(i)di = \left[\int_0^n p(i)^{\rho/(\rho-1)}di\right]^{\rho-1/\rho}M \qquad (3.66)$$

把上式中等式右边 M 前的那一项定义为价格指数，那总支出就可以表示为价格指数与数量组合的乘积。设价格指数为 G，则

$$G \equiv \left[\int_0^n p(i)^{\rho/(\rho-1)}di\right]^{\rho-1/\rho} = \left[\int_0^n p(i)^{1-\sigma}di\right]^{1/(1-\sigma)} \qquad (3.67)$$

其中，$\sigma = 1/(1-\rho)$。把(3.67)式代入(3.65)式可得

$$m(j) = \left(\frac{p(j)}{G}\right)^{1/(1-\rho)}M = \left(\frac{p(j)}{G}\right)^{-\sigma}M \qquad (3.68)$$

消费者所要解决的第二个问题是：如何在农产品和制成品之间分配总收入，即解决以下最大化问题

$$\max U = M^\mu A^{1-\mu} \qquad s.t. \quad GM + p^A A = Y \qquad (3.69)$$

解得 $M=\mu Y/G, A=(1-\mu)Y/p^A$。将 $M=\mu Y/G$ 代入(3.68)式得

$$m(j) = \mu Y \frac{p(j)^{-\sigma}}{G^{-(\sigma-1)}} \quad j \in [0, n] \tag{3.70}$$

由上式可知,如果 G 为常数,则每种制成品的需求价格弹性也是常数且等于 σ。将 $M = \mu Y/G, A = (1-\mu)Y/p^A$ 代入 (3.60) 式效用函数可得间接效用函数

$$U = \mu^{\mu}(1-\mu)^{1-\mu}YG^{-\mu}(p^A)^{-(1-\mu)} \tag{3.71}$$

其中, $G^{-\mu}(p^A)^{-(1-\mu)}$ 经济体的生活费用指数。

迪克西特—斯蒂格利茨模型的特点是制成品种类 n 是一个内生变量。假定所有制成品的价格都是 p^M,则 (3.67) 式可简化为

$$G = \left[\int_0^n p(i)^{1-\sigma} di \right]^{1/(1-\sigma)} = p^M n^{1/(1-\sigma)} \tag{3.72}$$

因为 $0 < \rho < 1, \sigma = 1/(1-\rho)$,可得 $\sigma > 1$,所以 $1/(1-\sigma) < 0$。由 (3.72) 式可知,当制成品种类增加时,制成品价格指数趋于下降,并且其变动敏感度取决于不同种类制成品之间的替代弹性 σ。σ 越低(即各种产品间的差异性越大),则产品种类增加引起的价格指数下降幅度越大。

(二)运输成本

模型假设存在 R 个独立区位,并且所有特定地区生产的产品都是对称的,有相同的生产技术和相同的价格。用 n_r 表示地区 r 生产的产品种类数,用 p_r^M 表示各类制成品的出厂价。农产品和制成品可以在不同地区间运输,运输成本为 $1 - 1/T$,即 1 单位产品从地区 r 运输到地区 s,那么只有一部分 $(1/T)$ 能够到达,途中损耗即视为运输成本。设 T_{rs}^M 为制成品从地区 r 到地区 s 的运输成本,那么制成品在消费地 s 的交货价为

$$p_{rs}^M = p_r^M T_{rs}^M \tag{3.73}$$

由于运输成本的存在,各个地区的价格指数会有所不同,设地区 s 的价格指数为 G_s,根据 (3.67) 式可得

$$G_s = \left[\sum_{r=1}^R n_r (p_r^M T_{rs}^M)^{1-\sigma} \right]^{1/(1-\sigma)}, s = 1, \cdots, R \tag{3.74}$$

根据 (3.70) 式可以得到地区 s 对地区 r 生产的制成品的消费需求

$$m_{rs} = \mu Y_s (p_r^M T_{rs}^M)^{-\sigma} G_s^{\sigma-1} \tag{3.75}$$

其中, Y_s 是地区 s 的收入, m_{rs} 是该制成品在地区 s 的消费量。因

为存在运输成本,地区 r 装运的产品数量是该消费量的 T_{rs}^M 倍。加总各地区该产品消费量与运费的乘积,可得地区 r 此产品的总销售量

$$q_r^M = \mu \sum_{s=1}^R Y_s (p_r^M T_{rs}^M)^{-\sigma} G_s^{\sigma-1} T_{rs}^M \tag{3.76}$$

从(3.76)式可以看出,销售量取决于各地区的收入、价格指数、运输成本和出厂价格。需要注意的是,每种产品相对于出厂价 p_r^M 的总需求价格弹性为 σ,并且与消费者的空间分布无关。

(三)生产者行为

在模型的生产方面,假设农产品是完全竞争的,采用收益不变的技术进行生产;工业制成品存在规模经济,并且这种规模经济只存在于产品种类之间。假设所有地区所有工业制成品的生产技术都相同,固定投入为 F,边际投入为 c^M,并且只有劳动这一种要素投入,则给定地区生产数量为 q^M 的任一种制成品的劳动投入 l^M 可表示为

$$l^M = F + c^M q^M \tag{3.77}$$

为了简单化,假设每种产品只在一个地区由一个专业厂商生产,这样厂商数就与可获得的差异化制成品种类数相同。

考虑一家位于地区 r,生产某种特定产品的厂商。该厂商支付给制造业工人的工资率是给定的 w_r^M,产品的出厂价为 p_r^M,则厂商利润可表示为

$$\pi_r = p_r^M q^M - w_r^M (F + c^M q^M) \tag{3.78}$$

由于产品的差异性,因此不完全竞争条件下所有工业制成品厂商选择各自的产品价格,以最大化利润函数,可得

$$p_r^M = c^M w_r^M / (1 - 1/\sigma) \ \text{或} \ p_r^M = c^M w_r^M / \rho \tag{3.79}$$

如果定价原则是给定的,厂商可以自由进入或退出生产,那么地区 r 的厂商利润为

$$\pi_r = w_r^M \left[\frac{q_r^M c^M}{\sigma - 1} - F \right] \tag{3.80}$$

所以,零利润条件意味着任何自由厂商的均衡产出为

$$q^* \equiv F(\sigma - 1)/c^M \tag{3.81}$$

均衡条件下的劳动力投入为

$$l^* \equiv F + c^M q^* = F\sigma \tag{3.82}$$

模型中,所有自由厂商的 q^* 和 l^* 都是相同的常数。如果 L_r^M 表示地区 r 的制造业工人数,n_r 表示地区 r 的制造业厂商数(也即制成品的产品种类数),那么

$$n_r = L_r^M / l^* = L_r^M / F\sigma \qquad (3.83)$$

均衡条件下,制成品的需求等于供给,则可得

$$q^* = \mu \sum_{s=1}^{R} Y_s (p_r^M)^{-\sigma} (T_{rs}^M)^{1-\sigma} G_s^{\sigma-1} \qquad (3.84)$$

对上式进行变形可得自由厂商收支平衡情况下的产品定价

$$(p_r^M)^\sigma = \frac{\mu}{q^*} \sum_{s=1}^{R} Y_s (T_{rs}^M)^{1-\sigma} G_s^{\sigma-1} \qquad (3.85)$$

利用方程(3.79)的定价法则,方程(3.85)可以表示为

$$w_r^M = \left(\frac{\sigma-1}{\sigma c^M}\right) \left[\frac{\mu}{q^*} \sum_{s=1}^{R} Y_s (T_{rs}^M)^{1-\sigma} G_s^{\sigma-1}\right]^{1/\sigma} \qquad (3.86)$$

上式为工资方程,即给定所有地区的收入水平、价格指数和运输成本,就可以计算出各个地区制造业企业收支相抵时的工资额。各个地区的实际工资与名义工资成比例,由名义收入除以生活费用指数 $G_r^\mu (p_r^A)^{1-\mu}$ 得到,即地区 r 的制造业工人实际工资为

$$\omega_r^M = w_r^M G_r^{-\mu} (p_r^A)^{-(1-\mu)} \qquad (3.87)$$

为了简化模型,选择合适的计量单位,使边际劳动需求满足以下条件

$$c^M = \frac{\sigma-1}{\sigma} = \rho \qquad (3.88)$$

这一标准化使定价方程(3.79)简化为

$$p_r^M = w_r^M \qquad (3.89)$$

产量方程可简化为

$$q^* = l^* = F\sigma$$

再选择合适的计量单位,使固定投入需求 F 满足以下条件

$$F = \mu/\sigma \qquad (3.90)$$

将上式代入(3.83)式,可得

$$n_r = L_r^M / \mu \qquad (3.91)$$

并且

$$q^* = l^* = \mu \qquad (3.92)$$

将计量单位标准化后,价格指数和工资方式可以分别简化为

$$G_r = \left[\sum_{s=1}^{R} n_s (p_s^M T_{sr}^M)^{1-\sigma} \right]^{1/(1-\sigma)} = \left[\frac{1}{\mu} \sum_{s=1}^{R} L_s^M (w_s^M T_{sr}^M)^{1-\sigma} \right]^{1/(1-\sigma)}$$

$$(3.93)$$

$$w_r^M = \left(\frac{\sigma-1}{\sigma c^M} \right) \left[\frac{\mu}{q^*} \sum_{s=1}^{R} Y_s (T_{rs}^M)^{1-\sigma} G_s^{\sigma-1} \right]^{1/\sigma} = \left[\sum_{s=1}^{R} Y_s (T_{rs}^M)^{1-\sigma} G_s^{\sigma-1} \right]^{1/\sigma}$$

$$(3.94)$$

选择了合适的计量单位后,根据(3.91)式和(3.89)式,模型的研究重点就可以从厂商数目和产品价格转移到制造业工人数和工资率。

(四)中心—外围模型

为了简化,在消费者、生产者和运输成本等相关假定的基础上,中心—外围模型又假定全世界的农民数量为 L^A,且每个地区的农业劳动力份额是外生变量,记为 φ_r。全世界的工人数量为 L^M,制造业的劳动力是随时间变化的,用 λ_r 表示地区 r 在任何时点上的制造业劳动力份额。为了便于分析,选择合适的计量单位使 $L^M = \mu$,$L^A = 1-\mu$。从地区 r 到地区 s 的工业制成品运输成本仍然为 $1-1/T_{rs}$,即运输 1 单位产品只有 $1/T_{rs}$ 单位的产品能运达。假定农产品的输成本为零。由于农产品的运输是免费的且生产收益不变,所以各地区农民的工资率相同,并设此工资率为计量单位,即 $w_r^A = 1$。因制造业工人的名义工资和实际工资会有所不同,因而将 w_r 和 ω_r 分别定义为地区 r 制造业工人的名义工资和实际工资。模型用收入、价格指数、名义工资和实际工资四个方程组成的方程组来描述瞬间均衡状态。

由于假定农民的工资相同,且 $w_r^A = 1$,则地区 r 的收入为

$$Y_r = \mu \lambda_r w_r + (1-\mu) \varphi_r \tag{3.95}$$

由于地区 s 的制造业人数 $L_s^M = \mu \lambda_s$,因此价格指数(3.93)式可简化为

$$G_r = \left[\sum_{s=1}^{R} \lambda_s (w_s T_{rs})^{1-\sigma} \right]^{1/(1-\sigma)} \tag{3.96}$$

上式表明,如果各地区工资相同,那么与地区 r 有较低运输成本的地区份额越高,价格指数就越低。当仅有两个地区的情况下,保持其他条件不变,那么制造业从一个地区转移到另一个地区就会降低后者的价格指数,从而进一步增强了该地区对制造业工人的吸引力。这种改变经济地理结构的力量来源于产业的前向关联。

名义工资仍由方程(3.94)决定,重述如下

$$w_r = \Big[\sum_{s=1}^{R} Y_s (T_{rs})^{1-\sigma} G_s^{\sigma-1} \Big]^{1/\sigma} \qquad (3.97)$$

由上式可知,如果价格指数不变,那么产品销售地的收入水平越高或产销地间的运输成本越低,则厂商能够支付的名义工资越高。这一机制会促使生产者尽可能将企业建在具有高消费能力的地区附近。这种后向关联机制也是改变经济地理结构的重要力量。

由于农业是完全竞争的,且只有劳动一种投入要素,那么农业品价格等于农民的工资率。因而,由(3.87)式可得

$$\omega_r = w_r G_r^{-\mu} \qquad (3.98)$$

上式表明,价格指数上升会降低工人的实际工资。

至此,构成产业集聚模型的四个方程(收入方程、价格方程、工资方程和实际工资方程)都已明确。但要直接获得这个方程组的一般解是困难的。为了分析模型的作用机制,需要通过一个简单化的特例来展开,这个特例也被称为"中心—外围模型"。中心—外围模型仅包括两个地区,并且农业在两个地区平均分布,即两个地区的农业份额均为 1/2 过程中的变量也可以进一步简化,设 T 为两地间的运输成本,λ 为地区 1 的制造业份额。模型的瞬时均衡由以下 8 个方程决定

$$Y_1 = \mu \lambda w_1 + (1-\mu)/2$$

$$Y_2 = \mu(1-\lambda)w_2 + (1-\mu)/2$$

$$G_1 = [\lambda w_1^{1-\sigma} + (1-\lambda)(w_2 T)^{1-\sigma}]^{1/(1-\sigma)}$$

$$G_2 = [\lambda(w_1 T)^{1-\sigma} + (1-\lambda)w_2^{1-\sigma}]^{1/(1-\sigma)}$$

$$w_1 = [Y_1 G_s^{\sigma-1} + Y_2 G_2^{\sigma-1} T^{1-\sigma}]^{1/\sigma}$$

$$w_2 = [Y_1 G_s^{\sigma-1} T^{1-\sigma} + Y_2 G_2^{\sigma-1}]^{1/\sigma}$$

$$\omega_1 = w_1 G_1^{-\mu}$$

$$\omega_2 = w_2 G_2^{-\mu}$$

运用数值法求解模型,可以得到不同运输成本下各类均衡的变动图(图 3.3)。图 3.3 中实线表示稳定均衡,虚线表示不稳定均衡。模型存在两个临界点 $T(B)$ 和 $T(S)$。当运输成本足够高时 $[T > T(S)]$,模型存在唯一均衡解,此时制造业在两个地区平均分布;当运输成本

足够低时[$T<T(B)$],也存在唯一均衡,此时制造业集中于一个地区;当运输成本处于临界点之间[$T(B)<T<T(S)$]时,对称均衡和集中均衡都有可能,均衡取决于制造业分布的初始状态。中心—外围模型描述了集聚经济是如何从个体生产者水平上的规模经济、运输成本和要素变动这三者间的互动中产生。首先,集聚经济只有在较低的运输成本条件下才可能产生。这一成本并不仅仅是指工业制成品的运输成本,而是包括了农产品、制成品、劳动、资本等产品和要素在空间上的转移成本的理论抽象。其次,制造集聚的动力来源于产业间的前向关联和后向关联。具体来说,产业间的前后向关联能降低产业集聚地的物价指数,提高当地的实际工资水平。最后,两地间的实际工资差是产业集聚的实现机制。对于工人来说,正是更高的实际工资吸引他们改变就业地点,这是工业社会下劳动力地区间转移的主要因素。这一机制对厂商来说也会产生类似的作用。产业间的前后关联性降低了企业的生产成本,进而对产业转移产生吸引力。而且,这一实现机制还具有正的累积效率,高工资和低成本引发了制造业转移,更多企业的集聚又能进一步提高工资和降低成本,吸引更多的企业流入,最终所有的制造业企业都会集中到一个地区。

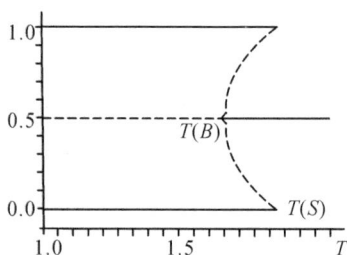

图 3.3　中心—外围模型的动态均衡

三、产业集群的竞争力

产业集群和产业集聚是两个既密切关联又相互区别的概念。产业集聚是对相关企业在地理上集中的描述,而产业集群将集聚于一定区域内的企业视为一个生物学意义上的群落。可以说,特定产业的空间集聚是产业集群形成和发展的基础。如果说产业集聚强调产业的外部性,那么产业集群更关注产业集聚后产业竞争力的获取机制。

1998 年,波特系统性地提出了新竞争经济学的产业集群理论。[1] 在他看来,产业集群是在某一特定领域内互相联系的、集中于某一地理位置上的公司和机构集合。产业集群包括专业化的供给商、销售渠道和客户,以及辅助性产品的制造商等,还包括提供专业化培训、教育、信息研究和技术支持的政府和其他机构。

(一)形成机理

美国葡萄酒业的发展表明,产业集群能形成较强的国际竞争力,甚至能赶超原先在该产业上有优势的国家。[2] 因而,产业集群形成的内在机理成为经济学家十分关注的问题。马歇尔的三要素也被认为是产业集群形成的原因。但克鲁格曼并不认同马歇尔三要素框架中的技术外溢要素,理由是技术外溢主要产生于高技术产业聚集的地区。在克鲁格曼看来,"历史事件"是产业集群形成不可忽视的一个原因。但不少学者认为,克鲁格曼的观点是未深入分析产业集群形成背后复杂的经济社会因素的结果。概括而言,当代主流理论认为主要有四个因素在集群的形成过程中产生了关键性作用。[3] 一是自然资源和运输成本。自然资源和运输成本基本上都属于与产业组织和竞争无关的自然因素,尽管这种自然性的因素在现代产业集群中只起相对次要的作用,但不可否认企业总是倾向于建立在生产成本较低的地区。二是外部经济,包括马歇尔的共享劳动力市场、共享中间产品市场和共享知识和技术,以及环境外部性、能源外部性和融资外部性等。三是外商直接投资。在外商直接投资的带动下,发展中国家的一些地区先后出现了不同产业的集群。四是企业家精神、制度与政府政策。一些产业集群的形成并不是因为自然、成本和规模经济等因素,而是与当地的人文环境和企业家精神有密切关联。另外,制度安排和政府采取的产业政策对产业集群的形成和发展也有重要的影响。

---

[1]　Porter M. "Clusters and The New Economics of Competition". *Harvard Business Review*, November-December 1998, pp. 77-90.

[2]　徐康宁:《开放经济中的产业集群与竞争力》,《中国工业经济》2001 年第 11 期。

[3]　徐康宁:《当代西方产业集群理论的兴起》,《经济学动态》2003 年第 3 期。

　　关于产业集群的形成机制，现有的理论主要是从后福特制组织范式和中间组织两个角度来展开分析的。[①] 20 世纪 70 年代始，由于市场竞争激烈程度的加剧和市场不确定性的加大，以大批量生产标准化产品为特征，生产方式和研究开发都在企业内部进行的福特制企业组织范式遇到了困难。制造业中出现了柔性专业化生产方式取代福特制生产方式的趋势，企业组织结构范式进入"后福特制"时代。在这种形势下，制造业出现了服务化转型，知识和技术等有别于传统资源的生产要素得以在市场中交易，企业间交流互动日益紧密，产业集群成为与企业组织管理扁平化和柔性化相适应的产物。不同于后福特制观点，威廉姆森等学者从市场与企业之间的中间组织角度来分析产业集群的形成机制。他用不确定性、交易频率和资产专用性三个变量来解释经济活动的组织结构。当三者处于较低水平时，市场是有效的调节手段；当三者处于较高水平时，企业会替代市场组织；而当三者处于某种中间水平时，介于市场和企业之间的网络组织会成为最有效的调节方式，这种组织比市场更有效，比企业更灵活。在网络组织结构下，每个企业根据自身专业能力从事分工活动中的某个阶段，在生产上企业之间需要进行合作与协调，因而企业间的相互依赖程度加强。在网络式生产中，自动调节、强制调节和社会调解相互交织在一起，进而构建起产业集群。

(二)集群创新

　　产业集群一般被认为是一个开放的创新系统。专业化企业间的交流与合作是集群发展最基本的支撑力，也是集群竞争力的基础。[②]知识溢出效应在创新型产业集群中发挥着发展驱动力的作用。在知识溢出作用下，外部企业的加盟和新企业的孵化是集群保持其生命力的基本方式。集群内企业数量的增加，不但增加了技术的多样性和促进了技术的升级，还能让新技术更方便地实现产业化。具体来说，人力资本、企业关联、企业合作、非正式交流、资本市场、公众舆论和地区政

① 安虎森、朱妍：《产业集群理论及其进展》，《南开经济研究》2003 年第 3 期。

② Best H. "Cluster Dynamics". *The New Competitive Advantage：The Renewal of American Industry*. Oxford University Press，2001.

策是推动产业集群变迁的 7 大动力。因而从本质上讲,产业集群不仅仅是一个供应链、价值链和生产网络,而且是一个创造、扩散和应用知识的创新系统。"缄默知识论"甚至认为隐性知识是集群创新的基石。[①] 随着交通和信息技术的发展,显性知识可以不受地理空间限制地快速传播和扩散,但隐性知识则只能通过面对面的交流才能获取。创新过程中会涉及大量的隐性知识,并且知识越复杂,知识的隐性程度会越高。因而,地理上的相互邻近有利于创新主体间进行频繁交流来获得必要的隐性知识。

产业集群要保持创新性需要满足一些条件。[②] 一是产品必须具有较长的价值链。20 世纪 90 年代温州的纽扣产业群逐渐趋于萎缩。其根本原因在于,纽扣作为一种简单的小商品,生产流程简单,价值链很短。因而,产业规模的扩大并没有带来集群内部的分工加深,而只是增加了企业间竞争的激烈程度。同样,计算机操作系统研发的高度垄断性,使得外部企业很难参与到这个产业中来,因而微软总部西雅图也没有形成软件业的产业集群。二是产业必须面向全球市场。浙江义乌的小商品价值链较短,无法支撑产业集群的竞争力。但义乌通过发展联托运市场和电子商务,增强同全球市场联系的紧密度,有效拓展了价值链长度,进而实现了市场引导型产业集群的发展。三是产业发展必须是知识导向的。知识是产业集群发展最核心的要素。没有知识的创造、传播和应用,产业集群就不可能获得持续性的竞争优势。例如,面对激烈的竞争,英国斯多克地区的瓷器集群把低技术含量的白坯生产转移到其他地区,产业集群通过专注于知识含量较高的后期生产来提升产业竞争力。

创新型产业集群比传统产业集群具有更强的创新能力。世界制造强国和发达国家都十分重视创新型产业集群的培育和发展。[③] 在美国,联邦政府和宾夕法尼亚州政府支持匹兹堡转型为绿色科技产业集聚区,卫生和人类服务部、国防部以及美国国家科学基金会支持北

---

① 丘海雄、徐建牛:《产业集群技术创新中的地方政府行为》,《管理世界》2004年第 10 期。

② 许庆瑞、毛凯军:《试论企业集群形成的条件》,《科研管理》2003 年第 1 期。

③ 李金华:《我国创新型产业集群的分布及其培育策略》,《改革》2020 年第 3 期。

卡罗来纳州的生物科技产业集聚区。在日本,政府支持建设东京大田机械和金属加工产业集聚区、爱知汽车产业集群、京滨工业区、中京工业区、阪神工业区、北九州工业区等。德国政府 1995 年就开始实施产业集群策动计划,先后建成了生物技术、电子通信、智能制造、有机电子等多个世界级先进制造产业集群。2011 年中国科技部启动实施"创新型产业集群建设工程",并于 2013、2014 和 2017 年发布了第一批、第二批和第三批创新型产业集群名单。到 2018 年底,全国共有创新型产业集群 109 个,其中试点单位 61 个、培育单位 48 个。实证研究表明,创新型产业集群显著提高了我国高新区的创新效率,并且中西部地区的创新型产业集群对高新区创新效率的影响更为显著。① 另外,我国的创新型产业集群培育依托于地区产业发展优势,具有明显的地域特色。创新型产业集群的创新能力主要来源于企业、高校和研究机构等行为主体的协同创新、政府创新政策的支持和产业集聚的外部性。

(三)集群虚拟化

当前,产业集群成为现代经济的重要单位结构。随着信息技术的发展,信息化、数字化对各行业的发展都产生了重要影响,产业集群因而也有了新的发展形式。例如,苹果公司的 App Store 和 Google 公司的 Play Store 将来自世界不同地方公司的 App 聚集在一起;淘宝、京东、亚马逊等公司通过其网络平台聚集了大量生产性、流通性和服务性企业。这些基于虚拟空间的产业集群模式颠覆了传统意义下的产业集群定义。虚拟产业集群是信息和沟通技术发展的结果,是由顾客、供应商、经销商、电子商务提供商等基于数字和知识分享而共同构成的电子商务共同体。② 在互联网经济下,虚拟化使产业集群的发展能够超越地理空间边界的束缚,产业集群所能容纳的企业数量得以极大扩展。这种产业在虚拟空间集聚的现象被称为"虚拟产业集群"。虚拟

---

① 张冀新、李燕红:《创新型产业集群是否提升了国家高新区创新效率?》,《技术经济》2019 年第 10 期。

② 郑方:《虚拟产业集群的契约属性及多重治理机制》,《中国经贸导刊》2017 年第 20 期。

产业集群产生于信息时代,其利用"虚拟"形式,将集群内的各组织机构、生产企业、供应商等重新组建和再连接。[①] 虚拟产业集群不仅具有传统的基于地理空间位置产业集群的各种优势,而且更有利于促进资源跨地区、跨行业的高效率整合。运用互联网技术联结供应链和管理客户关系更容易实现组织接近,因而虚拟产业集群用"组织接近"优势替代了传统的"地理接近"优势。[②]

与传统产业集群相比,虚拟产业集群具有独特的优势。[③] 一是能快速配置资源。由信息技术联结的虚拟产业集群能够迅速实现资源的跨地区、跨行业整合,减少了资源整合的成本,提高了整合效率。二是能快速形成集聚效应。虚拟产业集群构建成本低,能够在更大范围内整合各类资源,实现整体价值链的效益最大化。虚拟产业集群有其特有的运用模式。[④] 一是蜂巢式。在这种运行模式中存在着一个核心结点,由处于核心结点上的企业或组织来制定规则,以使网络能够顺利运行。二是生物链式。在市场和技术高度分散情况下,集群中的成员采用结盟的方式形成企业联盟或关联行业的企业集团。产业集群通过优势互补、资源共享实现企业的生存和发展,形成一种类似自然界生物链的结构。三是灵捷虚拟式。这种集群模式把整个组织的运作都建立在网络上,以完全信任为前提,以专业技术人员或小组为核心。灵捷虚拟式集群是虚拟集群中对网络技术依赖程度最高的,是组织网络化的极端形式。虚拟产业集群的运行需要一些条件保障,主要包括技术、服务、信用和政府四个方面。地理上分散的成员企业需要依赖网络来维系相互之间的联系,因而 IT 技术是虚拟产业集群赖以存在与运作的基础。在实际运作过程中,还要求软硬件做到标准化,实现信息系统的相互兼容,从而最大限度地利用信息网络。虚拟产业集群的运

---

① 吴哲坤、金兆怀:《关于我国虚拟产业集群发展的思考》,《东北师大学报(哲学社会科学版)》2015 年第 6 期。

② 陈剑锋、唐振鹏:《国外产业集群研究综述》,《外国经济与管理》2002 年第 8 期。

③ 吴秋明、李运强:《虚拟产业集群的管理创新》,《经济管理》2008 年第 3 期。

④ 杜丹阳、郑方:《虚拟产业集群理论在中国的演进》,《江西社会科学》2008 年第 5 期。

行还依赖于一个由物流及其实现机构等共同构成的多层次的物流体系来作为服务保障,需要培育跨组织文化来增强集群内企业的相互信任以及落实政府的产业政策。

虚拟产业集群的发展要结合不同产业特点选择发展模式。总体来讲,虚拟产业集群的模式可分为自组织和他组织两种模式。[①] 德国理论物理学家 Haken 认为,从组织的进化形式来看,可分为自组织和他组织两类。如果不存在外部指令,系统按照相互默契的某种规则,各尽其责而又协调地自动地形成有序结构,就是自组织;如果一个系统靠外部指令而形成组织,就是他组织。根据这一定义,如果虚拟产业集群是适应市场变化,自然进化的结果,那么这个虚拟产业集群就是自组织集群;如果虚拟产业集群是在外界的干预下形成的,比如以政府、社会研究机构或者行业协会等中介机构为发起者的虚拟产业集群,就是他组织集群。虚拟产业集群的构建分为四个模块化过程。首先是市场机遇识别。市场机遇的识别包括价值性分析、时间性分析、约束性分析和风险性分析。对市场机遇的全方位分析可提升产业集群构建的成功率。其次是合作伙伴选择。虚拟产业集群构建中对合作伙伴的选择识别主要分两个阶段:第一阶段是基于任务的分布式成员企业的集成过程;第二阶段是组合优化过程,根据实现市场机遇的约束条件进行资源优化重组,以形成最佳的企业组合。再次是结构设计。虚拟产业集群的设计要根据商务运作规则、项目目标,与合作伙伴共同协商来确定信息与数据传递、物资流动与零件供应、资金流动与支付的方式、路线等。最后是合同签订。一旦确认加盟企业和集群结构,需要与之签订相应的协议,包括规定双方应该遵守的章程与法律条款、承担的责任与义务以及享受的权利。

---

① 李斌、韦传勇:《虚拟产业集群的构建与发展:模式及路径选择》,《经济研究导刊》2012 年第 4 期。

第四章

区域创新发展

区域间创新能力的巨大差异激发了学者们对区域创新问题的研究兴趣。首先，区域创新能力取决于一个地区创新资源的丰裕程度；人才、资金、知识、技术等是区域创新发展的基石，创新资源优化配置是提高创新主体和区域创新系统创新效率的基础。其次，创新主体能否联结成高效的创新网络决定着创新资源转化为创新能力的效率。再次，创新治理的主要内容包括政府制定和运用创新政策工具来促进创新要素集聚、创新主体培育和创新网络建设，提升创新治理能力是促进区域创新发展的根本保障。

第一节　区域创新资源

创新资源是区域创新发展的基石。以创新人才为依托的知识、技术、信息、资本等创新资源构成了区域创新中心的核心支撑。技术竞争理论认为创新资源的数量和质量是地区创新能力的决定因素，地区创新资源优势可以转化为创新能力的优势。[①] 在创新全球化背景下，创新资源不再以劳动和资本为主要形式，而是建立在以知识、技术、资本、信息、商业模式的整合为特征。[②] 因此，从创新投入视角看，区域创新资源可分为人才与资金；从创新产出视角看，则可分为知识与技术。

一、人才与资金

科研人才是最重要的创新资源。从根本上讲，区域创新发展以创新人才为支撑。从总量上看，我国研究与试验发展人员数增长非常迅速，研究与试验发展人员全时当量从 1999 年的 82.17 万人年增加到 2018 年的 438.14 万人年，20 年增长了 4.3 倍，年均增长率为 8.73%。2013 年，我国研发人员总量首次超过美国，已连续 6 年稳居世界第一位。从图 4.1 可以看出，2004—2014 年是我国研发人员数增长最快的 10 年，2015 年后增速趋缓，2018 年又开始快速增长。这与我国科技人

---

① 陈菲琼、任森：《创新资源集聚的主导因素研究：以浙江为例》，《科研管理》2011 年第 1 期。

② 李福、赵放：《创新中心的形成：创新资源的集聚与利用模式》，《中国科技论坛》2018 年第 4 期。

才政策的数量和力度是高度吻合的。1978—2000年,我国仅出台16项人才政策。而2001—2015年,我国则出台了61项人才政策,内容涉及百千万人才工程、引进海外人才、高技能人才培养、鼓励创新创业等方面。① 分类型看,试验发展研发人员数增长最快,年均增长率为10.23%;基础研究和应用研究研发人员数年均增长率分别为7.19%和4.09%。基础研究和应用研究研发人员数增长率长期低于试验发展研发人员数,使得基础研究和应用研究研发人员数占比从1999年的38.6%,下降到2018年的19.3%。

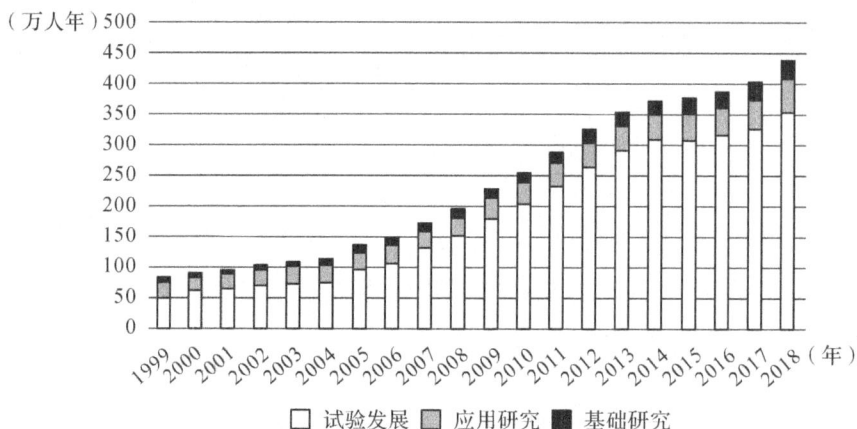

图4.1 研究与试验发展人员全时当量

图4.2表示每万从业人员中研发人员数的变化趋势。1999年每万从业人员中有研发人员12人,2018年增长加到56人,年均增长8.28%。20年来,我国从业人员数处于上升趋势,因而其增长率略低于研究人员数的增长率。从业人员中研发人员的持续增加,意味着我国创新发展能力在持续增强。

与此同时,我国研究与试验发展经费支出也呈快速增长趋势。图4.3显示,1999年,我国研究与试验发展经费支出为678.91亿元,2018年增加到19677.93亿元,年均增长率为18.33%,明显高于同期名义GDP增长率(12.17%)。但是,研发经费支出与研究人员一样,也存在

---

① 廖中举、黄超:《中国科技人才创新政策研究》,《上海经济研究》2017年第3期。

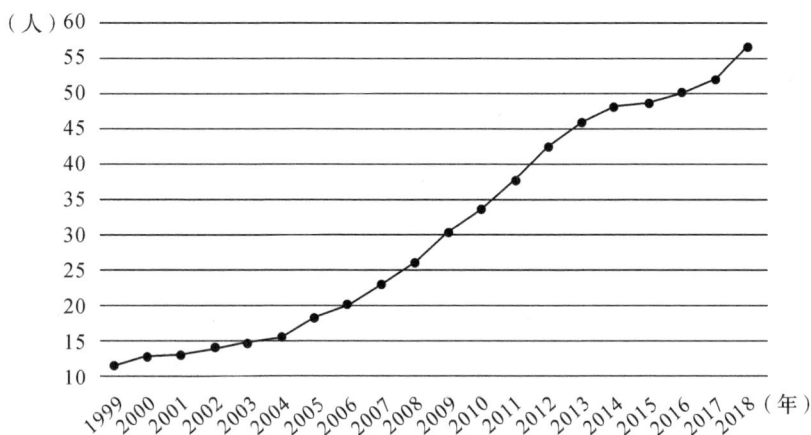

图 4.2　每万从业人员中研发人员数

着结构不合理的问题。一是基础研究支出比一直保持在 5％左右，2018 年为 5.5％，与发达国家 15％左右的占比存在巨大差距；二是应用研究研发经费支出占比持续下降，从 1999 年的 22.3％下降到 2018 年的 11.1％。在美国，应用研究主要由企业和研发机构进行，1/3—1/2 的应用研究经费来自企业，高等院校主要从事基础研究。2001 年，我国原隶属于中央政府机构的 242 个科研院所和所有隶属地方政府的科研院所全部转制后，很多科研院所出于自负盈亏的考虑，转做试验发展，导致应用研究项目大幅减少。与此同时，企业因研究能力相对较弱，又无力增加应用研究项目。这两个因素相互叠加，导致我国应用研究占比下降幅度较大。

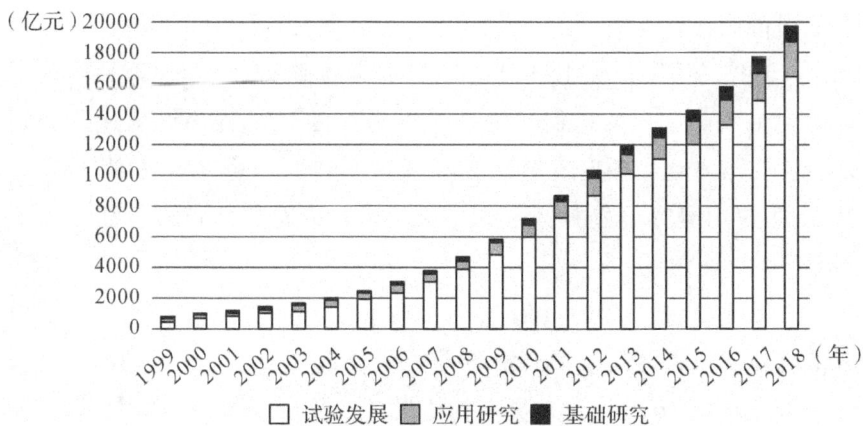

□ 试验发展　▨ 应用研究　■ 基础研究

图 4.3　研究与试验发展经费支出

图 4.4 为我国研发投入强度的变化趋势。研发投入强度是指研发经费支出与 GDP 之比。1999—2018 年,我国研发经费支出的年均增长率远高于名义 GDP 的年均增长率,因而研发投入强度增长迅速。从 1999 年的 0.75% 上升到 2018 年的 2.19%。尽管如此,我国研发投入强度仍低于世界平均水平。2017 年,世界平均研发投入强度为 2.3%,中国为 2.13%,与美国的 2.79% 和日本的 3.21%,更是差距明显。

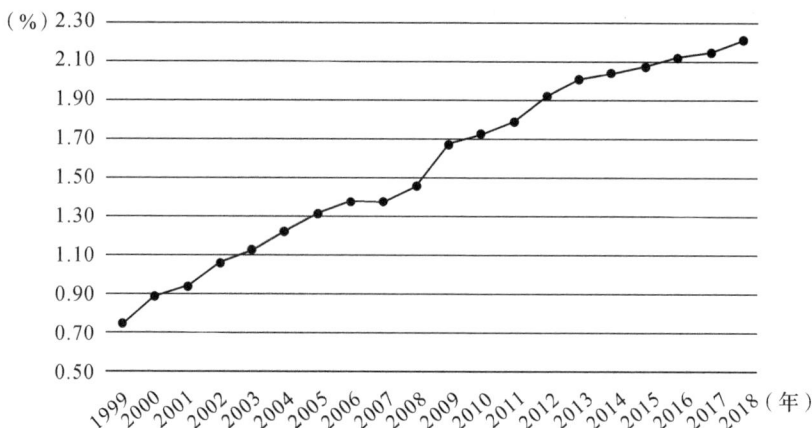

图 4.4 研发投入强度

图 4.5 直观地反映了 1999 年以来,我国基础研究占比、应用研究占比和政府研发经费占比的变动情况。从图中可以看出,1999 年以来,基础研究的研发经费占比一直在 4%—6% 的区间波动;2018 年,我国基础研究研发经费支出占比为 5.5%。目前,发达国家基础研究经费支出占比普遍在 10% 以上的水平,其中美国、日本分别高达 17% 和 14%。1999 年以来,应用研究研发经费占比基本处于下降趋势,最低值为 2016 年的 10.3%,而美国和日本都约为 20% 左右。应用研究研发经费支出占比与政府资金研究经费占比的变动趋势是高度一致的。这表明,应用研究研发投入相对不足,主要是政府对应用研究投入不够导致的。

表 4.1 给出了 2017 年我国 31 个省(区、市)的创新人才和创新资金情况。创新人才是最重要的创新资源。因而表 4.1 将全国 31 个省(区、市)按照每万人从业人员中的研发人员数降序排列,并将其大致分为三类。第一类为创新投入资源丰裕地区,包括北京、上海、江苏、天

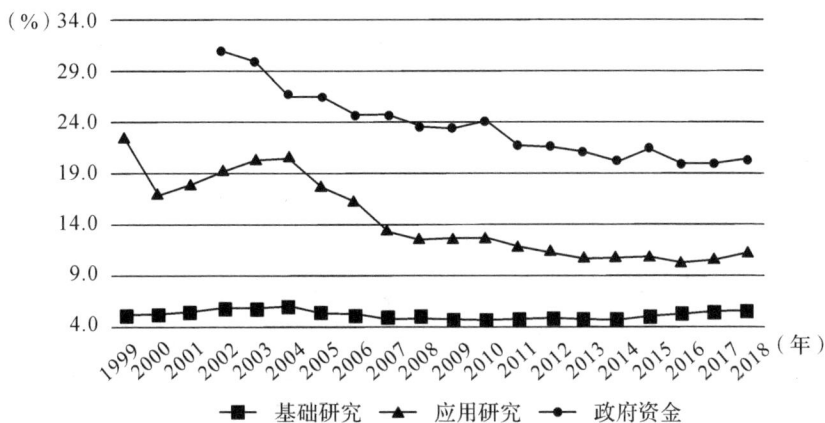

図 4.5　研发经费占比

津、浙江和广东。这六个省市的每万从业人员的研发人员数远高于全国平均水平,并且研发投入强度也比较高,尤其是北京和上海,研发投入强度分别高达 5.64％和 4％,远高于全国平均水平;江苏、天津、浙江、广东四省市的研发投入强度也比较高,接近或超过了 2017 年OECD 国家的平均水平(2.56％)。第二类为创新投入资源中等充裕地区,包括福建、陕西、山东、重庆、辽宁、湖北、湖南、安徽、吉林和四川。此类地区的每万人研发人员数大幅低于第一类地区,大多仅为第一类地区的 1/2 或 1/4。除吉林外,研发投入强度均高于中等收入国家的平均水平(1.52％)。剩余的其他省份无论是研发人员还是研发经费都比较稀缺,属第三类地区,即创新投入资源稀缺地区。表 4.1 还显示,尽管各地区投入资源多寡相差较大,但以研发人员数为分母的人均研发经费差异不大,尤其是第一类地区和第二类地区。在人均研发经费方面,第一类地区的江苏、浙江和广东都低于 43.65 万元的全国平均水平;尤其是浙江仅为 31.81 万元,远低于全国平均水平。第二类地区除福建、湖南、安徽、吉林外,其余均高于全国平均水平。但是,各地区的科技研究(即基础研究与技术研究之和)研发经费占比差异却比较大。例如,第一类地区的北京为 37.61％,而浙江仅为 6.42％;第二类地区的吉林为 30.35％,而山东仅为 8.03％;第三类地区差异更大,最高为西藏的 63.12％,最低为河南的 8.69％。科技研究占比与政府资金占比高度相关,这进一步表明科技研究的经费基本来源于政府资金。

表 4.1 2017 年各地区创新人才与经费资源

	研发投入强度(%)	科技研究占比(%)	政府资金占比(%)	人均研发经费(万元/人)	研发人员数(人/万人)
北京	5.64	37.61	52.06	58.54	216.42
上海	4.00	20.31	35.63	65.69	133.66
江苏	2.63	8.72	8.50	40.36	117.70
天津	2.47	22.37	22.75	44.50	115.20
浙江	2.45	6.42	7.23	31.81	104.87
广东	2.61	13.87	10.26	41.46	89.15
福建	1.68	10.70	11.27	38.70	50.01
陕西	2.10	23.64	50.46	46.94	47.39
山东	2.41	8.03	6.96	57.51	46.46
重庆	1.87	13.97	13.92	46.07	46.16
辽宁	1.80	22.57	26.21	48.38	38.89
湖北	1.92	16.80	19.64	50.05	38.78
湖南	1.64	13.18	12.40	43.46	34.27
安徽	2.05	14.69	16.52	40.22	32.08
吉林	0.84	30.35	37.54	28.11	30.59
四川	1.72	19.48	38.50	44.04	29.73
河北	1.26	10.72	15.04	39.94	26.91
宁夏	1.13	21.57	28.38	39.49	26.23
山西	0.99	23.21	14.73	31.08	24.92
河南	1.29	8.69	9.07	35.82	24.01
黑龙江	0.90	34.39	37.00	30.92	23.57
江西	1.23	8.89	11.63	41.33	23.40
内蒙古	0.82	10.75	13.58	40.06	23.18
青海	0.68	29.01	34.55	31.67	17.30
云南	0.95	22.61	26.78	33.87	15.56
甘肃	1.15	31.33	37.90	37.24	15.28
贵州	0.71	23.34	27.19	33.89	13.98

续 表

	研发投入 强度(%)	科技研究 占比(%)	政府资金 占比(%)	人均研发经费 (万元/人)	研发人员数 (人/万人)
海南	0.52	54.65	56.90	29.96	13.21
广西	0.70	25.78	27.04	38.58	12.97
新疆	0.52	24.83	26.98	37.44	11.63
西藏	0.22	63.12	78.04	22.93	4.71
全国	2.13	16.04	19.81	43.65	48.45

数据来源:《中国科技统计年鉴》《中国统计年鉴》。

二、知识与技术

专利一般被认为是研发投入的成果,同时也是重要的技术性资源。1999年,我国专利申请授权量仅10万件,2018年增加到244.7万件,年均增长率17.33%。从世界知识产权组织公布的数据看,我国2000年PTC专利申请量仅782件,2018年则高达53352件,与美国的56156件已十分接近。2000—2018年,PTC专利申请量年均增长率高达25%,而美国同期年均增长率仅为2%。专利数的快速增长是我国研发人员和研发经费增长的结果,并且专利申请授权量的年均增速(17.33%)大幅高于研发人员的年均增速(8.73%),这在一定程度上能够表明,我国的研发效率也在同步上升。

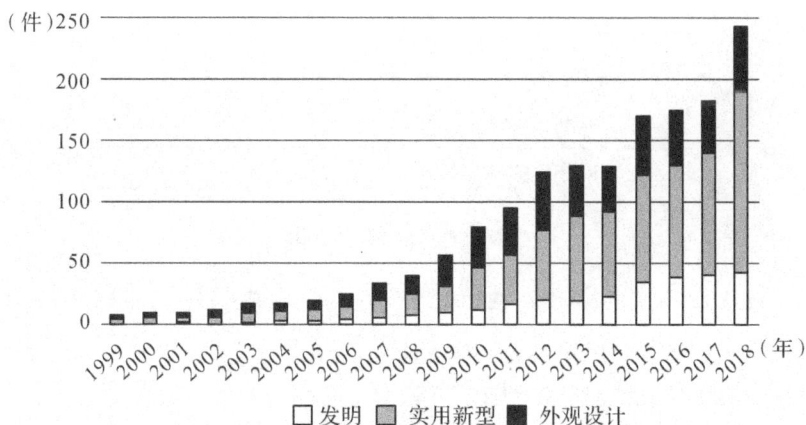

图4.6 专利授权量

从专利授权量的内部结构看,如图 4.7 所示,1999—2004 年间发明专利占比呈上升趋势,从 1999 年的 7.6% 上升到 2004 年的 25.9%。之后,基本在 20% 左右波动。据国家知识产权局公布的数据,2018 年,中国发明专利授权量为 43.2 万件。发明专利权人排名前 3 的分别是:第 1 名华为(3369 件),第 2 名中国石油化工股份有限公司(2849 件),第 3 名广东欧珀移动通信有限公司(2345 件)。2018 年,美国发明专利授权量为 30.9 万件。发明专利权人排名第 1 名为 IBM(9100 件)、第 7 名微软(2353 件)、第 11 名谷歌(2070 件)、第 12 名亚马逊(2035 件)。从数据对比可以看出,美国发明专利更集中于头部企业。从上述统计数据中可以归纳出中国的发明专利呈现出的四个显著特点。一是发明专利授权量增长非常迅速,2019 年在总量上超过美国应该是大概率事件;二是发明专利权人比较分散,头部企业发明专利授权量占比较低;三是大学的发明专利授权占比较大,且较难转化为直接的生产力;四是在美国获取发明专利的企业较少,只有华为和京东方两家进入美国专利授权量 50 强。

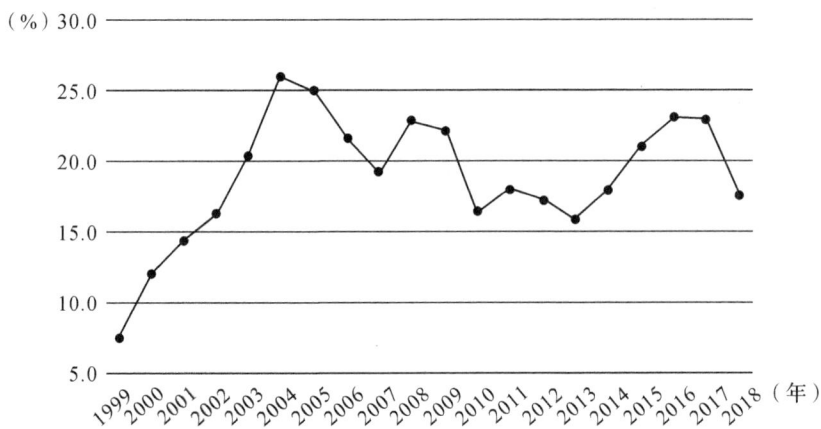

图 4.7　发明专利占比

技术市场作为生产要素市场,是科技创新成果转化应用的前沿阵地。图 4.8 表明,我国技术市场成交额增长非常迅速,从 1999 年的 523 亿元增长到 2018 年的 1.77 万亿,年均增长率高达 19.25%。从买卖方构成看,企业是技术交易最主要的卖家。2018 年,企业出售了交易金额 90.28% 的技术,而事业法人出售的技术仅占交易金额的 7.87％,其中科研机构占 4.68％,高校占 2.56％。尽管高校占有国内发明专利有效数的 12.59％、国内实用新型专利有效数的 4.92％,但交易金额仅占 2.56％。这进一步印证了高校科研成果转化的低效。企业也是技术交易最主要的买家,购买了交易金额 78.5％的技术;机关法人是第二大买家,占交易金额的 13.08％;事业法人是第三大买家,占交易金额的 6.38％。从交易内容看,纯技术转让仅占交易金额的 9.1％,技术咨询和技术服务占了总交易额的 57.63％,技术开发占比为 33.27％。

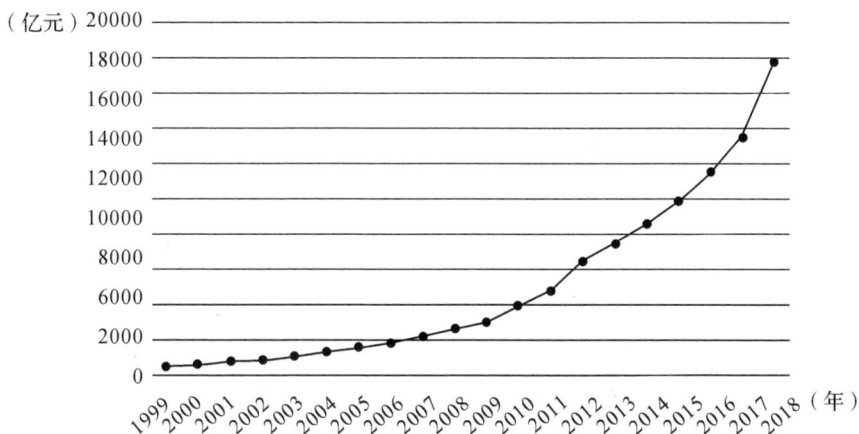

图 4.8　技术市场成交额

高技术产品出口情况可用来反映一个地区技术资源的数量和质量。由图 4.9 可知,1999—2018 年,我国高技术产品出口额增长同样非常迅速。从 1999 年的 247 亿美元,增长到 2018 年的 7430 亿美元,年均增长率高达 18.55％。总体上看,整个增长趋势可分为三个阶段,出现两次向下拐点。第一次拐点出现在 2008 年,正是美国发生次贷危机之时;第二次拐点是 2013 年,主要受世界经济疲软,国际大宗商价格连续下跌影响。2016 年以来,高技术产品出口额重回升势。从高技术出口占比来看,从 1999 年的 12.67％快速上升到 2006 年的 29.5％,之后一直在 30％左右波动。这与发达国家 47％左右的水平还有一定差距,并且出口的高技术产品 90％是合资企业生产的国外品牌。高技术产品贸易出口仍以外商独资企业和中外合资企业为主,2018 年所占比

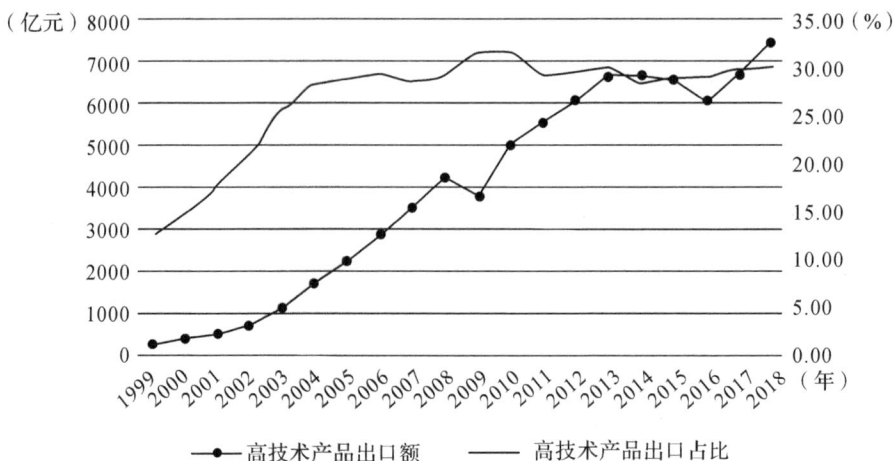

图 4.9　高技术产品出口情况

重为 65.3%。① 因而,我国企业的自主创新能力还有待提高。

　　表 4.2 给出了表示各地区专利和技术资源情况的各项数据。专利被认为是最主要的研发成果之一。每十万人专利授权数的多少大致可以反映一个地区专利和技术资源的丰裕程度。按这一指标对我国 31 个省(区、市)进行排序,也可以大致将他们分为三类。第一类为专利与技术资源丰裕区,包括北京、浙江、上海、广东、江苏和天津。这与投入资源第一类地区是一致的,只是排名略有不同。这表明,创新投入资源丰富的地区,作为创新产出的专利资源也同样丰富,投入与产出呈正比。北京无疑是所有省(区、市)中创新资源最丰富的地区。不但研发人员数和研发投入强度遥遥领先其他地区,发明专利占比和专利授权数也大幅高于其他地区,尤其是技术市场成交额占了总成交额的 1/3,呈现出一枝独秀的态势。广东在产业结构方面优势明显,高技术产业占比高达 48%,远高于第一类地区中的其他省份。浙江尽管每十万人专利授权数排名第二,但技术市场成交额占比、发明专利占比、高技术产品出口占比和高技术产业占比都是第一类地区中最低的。第二类为技术资源中等充裕区,包括福建、重庆、陕西、山东、安徽、四川、湖北、江西、辽宁。在这九个省市中,福建和重庆的每十万人专利授权数高于其他省份;陕西和湖北技术市场成交额明显高于其他省份;江

———————————

　　①　科技部:《2018 年我国高技术产品贸易状况统计分析》。

西发明专利占比最低,但高技术产业占比较高。剩余的 16 个省(区、市)属于技术资源贫瘠的第三类地区。

表 4.2　2017 年各地区专利和技术资源

	技术市场成交额占比(%)	发明专利占比(%)	高技术产品出口占比(%)	高技术产业占比(%)	专利授权数(项/十万人)
北京	33.42	43.10	19.33	17.53	858
浙江	2.42	13.44	6.50	13.33	563
上海	6.04	28.41	43.65	23.15	530
广东	6.98	13.75	34.85	48.06	525
江苏	5.80	18.27	38.19	28.25	478
天津	4.11	14.02	37.42	14.18	466
福建	0.56	12.76	14.14	16.17	243
重庆	0.38	17.65	66.56	26.05	203
陕西	6.86	25.39	77.68	11.65	167
山东	3.81	18.99	9.96	9.14	153
安徽	1.86	21.37	25.30	13.32	133
四川	3.02	17.76	66.97	17.07	131
湖北	7.70	23.46	37.82	11.03	128
江西	0.72	6.78	12.86	21.62	125
辽宁	2.87	29.09	12.39	7.21	116
宁夏	0.05	15.48	4.58	5.03	113
湖南	1.51	20.86	14.56	9.67	99
黑龙江	1.09	27.15	3.24	2.56	91
河北	0.66	13.94	6.99	4.43	84
河南	0.57	14.28	65.71	12.62	82
吉林	1.64	27.57	6.66	4.33	75
甘肃	1.21	13.85	17.95	2.87	62
贵州	0.60	14.93	44.13	8.09	62
新疆	0.04	11.74	2.27	1.46	62
山西	0.70	21.06	58.39	7.72	59

续　表

	技术市场成交额占比(%)	发明专利占比(%)	高技术产品出口占比(%)	高技术产业占比(%)	专利授权数(项/十万人)
广西	0.29	29.82	16.62	7.07	54
青海	0.50	15.19	0.44	3.68	48
云南	0.63	15.87	14.31	3.97	48
内蒙古	0.15	13.52	11.49	2.33	44
海南	0.03	17.49	1.81	5.14	37
西藏	0.00	10.00	0.82	0.72	16
全国	96.25	19.00	29.64	17.16	207

注:高技术产业占比=高技术企业营业收入/GDP;数据来源:《中国科技统计年鉴》《中国统计年鉴》。

结合表4.1和表4.2来看,可以发现我国的创新资源形成了比较明显的集聚现象。创新投入资源和技术资源主要集中在北京、上海、广东、江苏、浙江和天津六个省市,并且各有特点。北京市各类创新资源均很丰富,尤其是技术市场成交额占比极高,占到了全国总成交额的1/3,优势非常明显;广东的特点是高技术产业非常发达;上海、江苏和天津的高技术产品出口能力都很强。从专利的数量角度看,浙江的创新效率非常高,但创新资源的质量不高,科技研究研发经费占比竟然全国倒数第一,人均研发经费、高技术产品出口占比大幅低于全国平均水平,高技术产业占比也不高。以这六个省市为中心,我国形成了以北京为中心的京津冀创新集聚区,以上海为中心的长三角创新集聚区和以广东为中心的珠三角创新集聚区。其中,长三角创新集聚区最为均衡,区域内的上海、江苏、浙江均处于创新资源丰富的第一类区域,安徽也处于第二类区域;京津冀创新集聚区中,尽管北京和天津创新资源丰富,但没有辐射到河北。珠三角创新集聚区的创新资源集中于广东,对周边省份影响不大。

三、创新资源配置

创新资源配置是指不同创新资源在创新活动的不同时空上,在企业、政府、高校与科研机构,以及中介机构等不同行为主体间的分配、组合与使用过程。[①] 创新资源优化配置是提高创新主体和区域创新系统创新效率的基础。国家科技资源配置模式主要有三种类型。[②] 一是美国的自由市场模式。在美国模式下,科技资源配置由市场决定,政府主要依靠法律法规和财税优惠政策对科技创新进行引导,极少直接干预企业研发。二是日本的社团市场模式。在日本模式下,政府积极参与科技资源配置和科技管理,直接投资公用事业为私人投资创造条件,并通过各种优惠措施引导民间企业科技资源配置。三是德国的社会市场模式。德国模式既重视市场竞争机制的作用,也强调国家对科技资源配置的干预和引导,政府干预科技资源配置的主要方法是法律和科技计划,干预强度介于美国和日本之间。由此可见,当前科技发达国家普遍采用市场和政府"双重调节"机制,只是政府对创新资源配置的干预程度有所差别。对于科技创新后发国家来说,如果任由市场自发调节科技资源,市场机制的正反馈效应会拉大后发国家与发达国家间技术创新能力的差距。这也是德国、日本对创新资源配置的干预程度要大于美国的原因。对于发展中国家来说,在经济全球化进程中,更需要在技术创新领域发挥政府宏观调控作用,矫正技术创新"市场失灵",弥补企业技术创新能力不足,以便缩小与科技发达国家间的技术差距。

在创新资源配置过程中,市场机制是最基本的资源配置方式。市场机制是指通过价格机制、竞争机制和激励机制等多种机制的相互影响和协同运作,实现创新资源在不同市场主体间的流动。市场机制下强调自由、公平、竞争和发展,市场主体在追求利益最大化的原则下进行竞争和自愿交易。但这种方式有一个"先天"缺陷,即市场主体在资源体系中处于一定程度的盲目和分散状态,致使资源配置过程中产生信息不对称现象,降低了资源配置效率。正因如此,世界各国普遍对创新资源配置进行政府调节。政府调节创新资源配置的方式主要有:(1)兴办公共研发部门。政府投资建立公共研究机构,拨款和组织实施竞争前的技术创新活动。研究领域主要是基础科学、应用基础研究等

---

① 曹学:《区域创新资源的平台配置机制研究》,《科技进步与对策》2011年第3期。

② 李龙一:《科技资源配置的模式研究》,《科技导报》2003年第12期。

直接经济收益不大,但公益性和外部性很强的科学技术。(2)税收优惠。通过实施研发投入抵扣所得税,实行技术开发准备金,风险投资和成果转化税收抵免等政策,鼓励企业增加研发投入和加快科技成果产业化应用。(3)设立科技计划。国家科技计划是国家财政稳定持续支持科技创新活动的基本形式,在我国主要包括国家自然科学基金、国家科技重大专项、国家重点研发计划、技术创新引导专项以及基地和人才专项。(4)政府采购。政府可以通过采购价格、采购数量和采购标准等来引导科技资源配置。政府采购具有为新产品和新工艺开拓市场的功能,有利于创新成果的扩散和转移。(5)提供金融支持。融资担保、贷款贴息和风险投资是政府对科技企业提供金融支持的主要方式。政府为支持中小企业研发活动,不仅通过政策优惠引导银行等金融机构为中小企业提供融资,还为其贷款提供信贷担保;同时,政府也往往通过配套实施低息贷款来增加企业研发资金来源。一些国家还通过政策性金融机构为企业提供风险资本。[①]

20 世纪 90 年代以后,共性技术政策日益得到发达国家的重视,创新平台成为一种优化创新资源配置的重要模式。1998 年,美国竞争力委员会在研究报告《走向全球:美国创新新形势》中首次提出创新平台的概念。创新平台是知识、信息、技术、人才、政策及其相互联系等一系列创新要素的集合,目的在于支撑某一产业或某一区域形成创新性集成系统,破解单个企业尤其是中小企业自身创新能力弱的困境。[②] 因此,创新平台实质上是创新主体间基于契约关系而形成的创新网络,是一种介于市场和一体化组织间的网络型组织。创新平台作为一种促进合作创新的机制安排,为产业及产业链上的各方利益主体提供合作机会,有利于创新主体间实现优势互补和合作共赢。创新平台作为一种创新网络,其治理方式既不同于公司治理也不同于公共管理,大致可分为内部治理模式和外部治理模式。[③] 内部治理模式是指平台成员(平台参与主体)负责产业创新平台的运行和管理,例如美国的

---

① 赵晓华:《技术创新资源配置的双重调节论》,《技术经济与管理研究》2014 年第 9 期。

② 吴国林:《区域技术创新平台研究》,《科技进步与对策》2005 年第 1 期。

③ 陈波:《产业创新平台治理模式研究》,《兰州学刊》2012 年第 9 期。

"Wintel"联盟。外部治理模式是指平台由成员之外的第三方非营利机构进行管理,例如欧洲医药创新计划。按照功能的不同,创新平台包括研究开发平台、创新服务平台、成果转化平台等。2017年成立的之江实验室是典型的研究开发平台。之江实验室由浙江省政府、浙江大学、阿里巴巴集团共同举办,具有独立法人资格的混合所有制事业单位。理事会作为最高决策机构和最高监督机构,主要职责是对实验室章程、机构设置及分支机构建设、中长期业务发展规划和年度活动计划、重要管理制度、实验室主任与副主任聘任、财务预算和决算、理事会组建等重大事项进行审议和决策。2017年浙江省启动产业创新服务综合体建设工作。产业创新服务综合体以产业创新公共服务平台为主体,集创意设计、研究开发、检验检测、标准信息、成果推广、创业孵化、国际合作、展览展示、教育培训等功能于一体,目的在于为块状经济、现代产业集群提供各种类型的创新服务,属于综合性创新平台。

产业不同,技术在外部性特征、市场失灵程度、企业的技术实力和技术应用前景等方面的具体情况都有显著差异。这种差异导致各国政府在技术研发上的干预和资助程度都不一样。如果技术的基础性强、外部性特征明显,市场应用较远,行业内企业技术开发能力较低,那么一般政府介入的程度就会比较深,资助力度也会比较大。[1] 如日本政府为了开发能够跨行业应用和增强本国企业生产自动化能力的共性技术,组织实施了下一代制造计划(NGM)并承担了全部开发费用。对于离市场应用较近、企业开发能力较强,政府一般会引导企业成为开发主体,尽可能减少直接投资。如美国的数字电视大联盟(GA)、微电子与计算机技术公司(MCC)等研究计划都以企业为主体。对于由中小企业组成的产业集群,政府往往通过支持高校和科研机构组建产业创新平台来提升产业集群的创新能力。例如,浙江产业集聚程度高、块状经济明显,2004年浙江组建了五大公共科技服务平台。[2] 从平台

①　薛捷、张振刚:《国外产业共性技术创新平台建设的经验分析及其对我国的启示》,《科学学与科学技术管理》2006年第6期。

②　李啸、朱星华:《浙江科技创新平台建设的经验与启示》,《中国科技论坛》2008年第3期。

类型看,研发平台一般由政府主导较多,创新服务平台和成果转化平台由中介机构和企业主导较多。从产业发展过程看,产业培育期政府主导较多,产业成熟期中介机构和企业主导较多。例如,日本在产业创新平台初创期设立了科技特派员制度。每个创新平台都有政府委任的科技特派员进驻,随时解决平台发展过程中遇到的困难。从平台的建设和运行组织模式看,创新平台可分为虚拟平台和实体平台。虚拟平台是两个以上的独立实体为共同利益和目标而结成的动态联盟,是一种开放的组织结构。浙江"新药创制科技服务平台"即采用虚拟组织运行模式建设和管理。该平台联合了以浙江工业大学、浙江中医药大学、浙江医药研究院为主的 40 多家单位作为理事会成员,面向企业需求提供药学、药效学、毒理学的链式服务和新药开发、药效评价、安全性评价等方面的一站式综合技术服务。浙江省现代纺织技术及装备创新服务平台则属于实体平台,其运营主体是非营利机构——浙江省纺织工业研究院。一般来说,相对于虚拟平台,政府对实体平台的引导作用更加有力。

第二节　区域创新网络

随着知识经济的发展,创新空间格局从等级化转向网络化。由此,经济地理学研究日益强调网络在知识流动和创新中所起的关键作用。城市间的创新联系正在成为重塑区域关系的重要动力。本节利用改进后的引力模型计算 2007—2017 年长三角 27 个中心城市的创新联系度,并采用社会网络分析法研究创新网络结构。结论表明:随着长三角一体化发展的持续推进,长三角城市群的创新网络结构日益紧密,呈现出"多中心化"的空间结构特征。上海一直处于创新网络的核心位置,并且与周边城市的创新合作日益增强,苏州、杭州、南京、合肥等城市不断发展,已成长为区域性创新中心。从创新网络内部结构看,上海与江苏城市子群的创新联系最为密切,安徽与其他一市两省城市间的创新联系则相对较弱。因此,长三角创新网络构建需要进一步完善创新合作的机制、探索"创新飞地"建设、打破创新要素流通壁垒及完善交通网络等基础公共服务等。

一、引言

纵观全球经济发展脉络,城市群是经济发展的核心增长极。[①] 随着我国经济的不断发展,空间层面的经济集聚现象也日益明显。长三角、珠三角、京津冀等城市群已经成为我国新一轮经济发展的重要载体和参与全球竞争的战略高地。其中,长三角地区拥有人口 2.2 亿,人均 GDP15000 美元,预计 5 年后经济发展基本达到初等发达国家水平。长三角地区基础设施完善,交通干线密集,主要城市间高速铁路有效连接,已初步形成江海联动协作的航运体系和区域性机场群体系,光纤宽带、移动通信网络等信息基础设施水平在全国领先。2018 年 11 月,习近平总书记在首届中国国际进口博览会上宣布,长三角区域一体化发展上升为国家战略。在创新驱动发展战略背景下,长三角区域一体化进程不仅是经济一体化更是创新一体化。2019 年《长江三角洲区域一体化发展规划纲要》提出,长三角一体化发展要坚持创新共建基本原则,构建区域创新共同体,加强产业分工协作和推动产业与创新深度融合。

长三角地区经济总量巨大、科技创新优势明显,具备建设世界级科创高地的竞争力。一是区域内科教资源十分丰富。2018 年研发经费投入强度高达 2.82%,拥有上海张江、安徽合肥 2 个综合性国家科学中心和全国约 1/4 的"双一流"高校、国家重点实验室、国家工程研究中心。二是区域创新能力强。有效发明专利数占全国 1/3 左右,集成电路和软件信息服务产业规模分别约占全国 1/2 和 1/3,在电子信息、生物医药、高端装备、新能源、新材料等领域形成了一批国际竞争力较强的创新共同体和产业集群。三是区域内公共科技服务一体化程度高。截至目前,"长三角大仪网"已集聚区域内的 2.7 万余台(套)大型科学仪器设施,大数据交易平台、科技成果转化平台、"创新券"通用通兑机制、知识产权保护协作机制初步建立。

自 1982 年上海经济区提出以来,长三角一体化经历了近 40 年的

---

① Garman G, Petersen J, Gilliard D. "Economic Integration in the Americas: 1975—1992". *Journal of Applied Business Research*, 2011, 14(3), pp. 1-12.

发展与变迁,一体化水平越来越高并且仍旧处于上升趋势。[①] 随着信息技术的进步和知识经济的发展,城市群创新发展的空间格局呈现出"网络化"态势,城市节点间表现出复杂的创新联系。在网络范式兴起的背景下,研究者开始关注与网络结构相关的知识流动和创新产出,城市群创新系统内部结构、城市群创新网络和大都市区创新环境等成为区域创新发展研究的重要内容。[②] 基于引力模型的创新联系研究表明,我国东部地区城市创新联系呈现出长三角城市群、京津冀城市群和珠三角城市群三足鼎立的"金三角"格局,并且长三角城市群内部和外部创新联系均较强。[③] 从长三角城市群内部看,位于沪宁杭周边的城市初步形成了有利于本地知识流动和溢出的创新网络形态;北京凭借其强大的知识生产能力,成为长三角城市群跨界创新合作的重要外部知识源。[④] 长三角地区协同创新能力持续增强,创新网络空间由"三足鼎立"格局向"多中心、多层次、趋平衡"格局转变,各城市出现创新差异化发展。[⑤]

现有文献因研究目的有所差异,在城市创新能力评价方面采用了不同的处理方式。有的文献直接采用专利数作为评价城市创新能力的指标,[⑥]也有文献通过构建指标体系综合性地评价城市创新能力。[⑦] 尽管专利数指标能突出城市的创新产出能力,但专利毕竟不是创新投

---

① 陈建军、黄洁:《长三角一体化发展示范区:国际经验、发展模式与实现路径》,《学术月刊》2019 年第 10 期。

② 吕拉昌等:《城市群创新网络的空间演化与组织——以京津冀城市群为例》,《地域研究与开发》2019 年第 1 期。

③ 吕拉昌等:《中国主要城市间的创新联系研究》,《地理科学》2015 年第 1 期。

④ 周灿等:《区域创新网络模式研究——以长三角城市群为例》,《地理科学进展》2017 年第 7 期。

⑤ 王海花等:《长三角城市群协同创新网络演化及形成机制研究——依存型多层网络视角》,《科技进步与对策》2020 年第 1 期。

⑥ 周灿等:《中国城市创新网络结构与创新能力研究》,《地理研究》2017 年第 7 期;徐宜青等:《长三角城市群协同创新网络格局发展演变及优化策略》,《经济地理》2018 年第 11 期;殷德生等:《创新网络、知识溢出与高质量一体化发展——来自长江三角洲城市群的证据》,《上海经济研究》2019 年第 11 期。

⑦ 唐建荣等:《长三角城市群创新网络结构及其驱动因素研究》,《上海经济研究》2018 年第 11 期;王越、王承云:《长三角城市创新联系网络及辐射能力》,《经济地理》2018 年第 9 期。

入唯一的产出形式,指标的单一性会带来评价的片面性和不稳定性;选取多维度指标构建综合性评价体系虽然能够更加客观地反映城市创新能力,但一定程度上削弱了城市实际创新要素投入对于城市间创新联系的影响。鉴于创新要素对城市间创新联系度的重要影响,本文选取城市研发人员和经费投入作为衡量指标来进行考察,并根据《长江三角洲区域一体化发展规划纲要》将长三角核心城市扩大至 27 个,利用改进后的引力模型测算城市群创新联系,采用社会网络分析法研究城市群创新网络结构,以此来研究长三角地区的创新一体化发展趋势。

二、长三角城市群创新联系度测算

城市创新关联空间是指城市创新关联的关系总和及其空间结构,城市创新联系度能够对其进行定量分析。引力模型是空间相互作用的经典模型,被广泛应用于国际贸易、城市经济等研究领域中的联系度分析。因而,本文采用引力模型来测算两个城市之间的创新吸引能力,以此来刻画城市之间的创新联系度。

(一)创新联系度测算方法

城市群创新网络建立在城市之间创新联系度基础之上。两个城市的创新联系可以理解为城市之间的创新吸引力,一般用引力模型来测算,数学表达式如下

$$I_{ij} = \frac{R_i \times R_j}{D_{ij}^2} \qquad (4.1)$$

其中,I_{ij} 表示城市 i 对城市 j 的创新吸引力;R_i 和 R_j 分别表示两个城市 i 和 j 的创新能力,具体用地区研发投入和研发人员乘积的平方根来表示;D_{ij} 表示两个城市 i 和 j 的地理距离。这个公式刻画了两个城市之间的创新联系,但无法反映两个城市间相互吸引力上的差异性,即没有刻画创新联系的双向性。一般而言,创新能力强的城市对于创新能力弱的城市具有更强的吸引力。为了刻画创新联系的双向性,本文借鉴颜姜慧和高丽娜的研究,[①]在上述公式中引入城市创新吸引

① 颜姜慧、高丽娜:《基于引力模型的长江中游城市群经济联系强度分析》,《九江学院学报(社会科学版)》2013 年第 2 期。

力差异化系数 γ,修正后的公式如下

$$I_{ij} = \gamma_{ij} \times \frac{R_i \times R_j}{D_{ij}^2} \tag{4.2}$$

其中,γ_{ij} 表示城市 i 对 I_{ij} 的影响,具体采用城市 i 的研发投入占两个城市研发投入总和的比重来表示。

(二)城市群界定及测算结果

根据《长江三角洲区域一体化发展规划纲要》,本文所研究的长三角城市群包括 27 个中心城市,具体包括上海、南京、无锡、常州、苏州、南通、盐城、扬州、镇江、泰州、杭州、宁波、温州、嘉兴、湖州、绍兴、金华、舟山、台州、合肥、芜湖、马鞍山、铜陵、安庆、滁州、池州、宣城。研究的时间周期为 2007 至 2017 年,具体选择 2007 年和 2017 年作为时间节点。27 个城市研发投入采用科学事业费支出来反映,研发人员采用科研综合技术服务业从业人员数来反映,各城市的数据来源于各城市科技统计年鉴,各城市之间的相互距离由百度地图查询而得。

利用(4.2)式,对 2007 年和 2017 年长三角 27 个中心城市之间的创新联系度进行测算。测算结果表明:长三角 27 个城市的创新联系度不断提高,创新网络空间结构日益紧密。[①] 一方面,长三角 27 个城市不仅创新投入总量大幅增加,而且人均水平增长明显,有效促进了创新联系度的增强。2007 年至 2017 年,以科学事业费支出衡量的科技研发投入从 32.36 亿元增加至 1073.15 亿元,增加了 32.16 倍;以科研综合技术服务业从业人员数衡量的科技人员投入从 32.84 万人增加至 67.28 万人,增加了 1.05 倍。另一方面,这段时期长三角高铁网络逐渐紧密,城市间的物理距离得以不断缩小,加快了科技人员等创新要素的流通,增强了城市间的创新联系。

从 2017 年 27 个城市的创新联系度来看,上海与其他各个城市之间的联系度仍是最高的。作为长三角地区的龙头城市,上海不断集聚创新要素,积极打造全球科创中心,增强了与其他城市的创新联系。2017 年,上海科学事业费支出 341.71 亿元,科研综合技术服务业从业

---

① 限于篇幅,2007 年至 2017 年长三角城市群创新联系度测算结果未在文中说明,可向作者索取。

人员数 23.19 万人,分别占到了 27 个城市总支出的 31.84% 和总人员数的 34.46%;创新要素的高度集聚,吸引着其他城市与上海之间开展创新合作。与此同时,南京、苏州、杭州、合肥等城市的创新联系度也在增加,不断成为区域创新中心城市。从整个创新联系度来看,已经显示出多中心的网络空间新格局。

三、长三角城市群创新网络演进分析

社会网络分析方法的优势在于能够通过微观视角来研究不同个体之间的互动关系,并分析不同个体联系的发展变化,是新经济社会学中研究不同个体相互关系的重要方法。[①] 本节亦选用社会网络分析法对长三角城市群创新网络进行研究。

(一)城市群网络密度分析

将长三角城市群创新联系度的测算结果导入 Ucinet 软件,利用 NetDraw 软件对创新网络进行绘图处理,导出 2007 年和 2017 年长三角 27 个城市之间创新网络结构的可视化图形(如图 4.10 和图 4.11)。图中每一个节点代表一个城市,节点之间的有向线段代表了城市之间的创新联系及具体方向。从图中可以看出 2007 年至 2017 年,各个节点之间的有向线段更加密集,表明长三角城市群创新联系不断紧密。对比图 4.10 和图 4.11,可以发现上海与其他城市之间的有向线段一直很密集,说明上海一直处于中心位置;同时,杭州、南京、苏州、合肥等城市与其他城市之间的有向线段的数量不断增加,呈现紧密化趋势,说明这些城市与其他城市之间的创新联系正在不断加强。整体而言,长三角城市群创新空间不断呈现多中心的趋势。

为了更好地确定长三角城市群创新网络紧密程度的变化,我们进一步测算城市群创新网络的密度,结果见表 4.3。当前,学界对于多值

---

① Scharpf W. "Economic Integration, Democracy and the Welfare State". *Journal of European Public Policy*, 1997, 4(1), pp. 18-36. Hao C, Lin L, Shanting Z. "The Spatial Network Structure of the Tourism Destinations in Urban Agglomerations Based on Tourist Flow: A Case Study of the Pearl River Delta". *Acta Geographia Sinica*, 2011, 66(2), pp. 257-266.

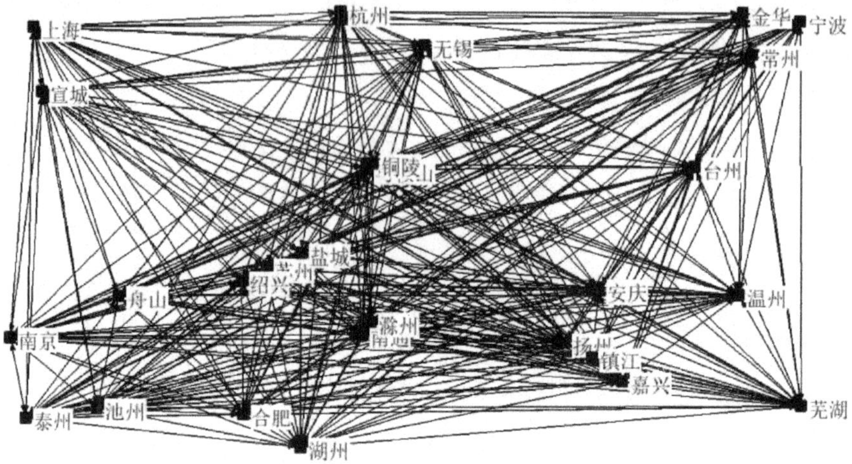

图 4.10　2007 年长三角城市群创新网络结构图

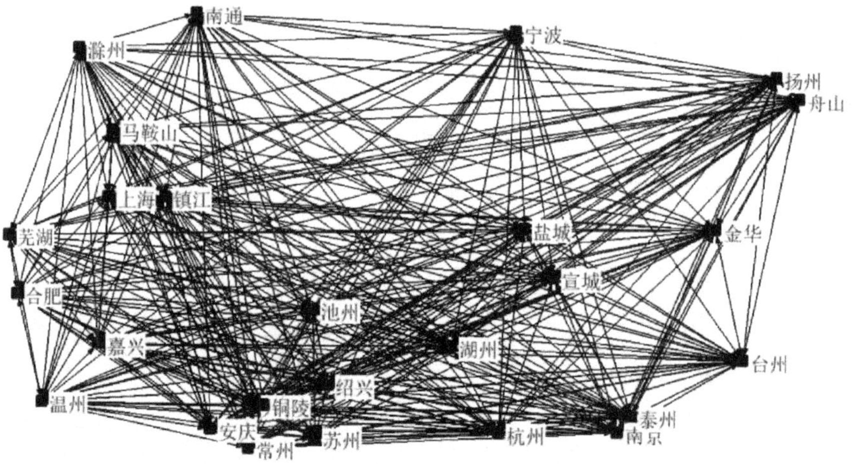

图 4.11　2017 年长三角城市群创新网络结构图

数据处理的标准尚未统一,所以我们选择多种方式对数值进行 0—1 转换。第一种方式以平均值为依据进行 0—1 转换,测算每个城市与其他城市创新联系度的平均值,若城市创新联系度高于平均值则记为 1,反之则记为 0。第二种方式则将分界值定为 1、5 和 10,若城市创新联系度高于分界值则记为 1,反之则记为 0。长三角城市群创新联系的网络密度计算结果如表 4.3 所示。总体而言,2007 年至 2017 年长三角城市群创新网络密度都呈现上升趋势,说明长三角 27 个城市的创新联系越来越强。但比较四种测算方法可以发现,平均值方法测算的网络密度增幅远低于其他三种方式测算的增长幅度,这是各城市的创新要素投入快速增长造成的结果。

表 4.3　2007 年和 2017 年长三角城市群经济网络密度

年份	2007	2017
采用平均值方法	0.1111	0.1481
分界值为 1	0.0302	0.5693
分界值为 5	0.0096	0.2990
分界值为 10	0.0041	0.2140

(二)中心性分析

中心性刻画的是某个城市在网络中的中心地位,具体用点度中心度和点度中心势来衡量。点度中心度分为点入中心度和点出中心度,点入中心度(点入度)表示某个城市承载其他城市辐射的能力,点出中心度(点出度)表示某个城市对其他城市的辐射能力。我测算了长三角城市群节点城市的点入度和点出度,结果如表 4.4 所示。2017 年所有城市的点出度和点入度相较 2007 年都大幅上升,表明城市群创新联系不断加强。在点出度方面,上海一直处于最高的位置,表明上海作为科技创新的中心,对周边城市有极强的辐射带动作用。苏州对周边城市的辐射作用提升明显,点出度从 2007 年的第五位上升到 2017 年的第二位,成为长三角城市群中重要的创新中心。这得益于苏州战略性新兴产业发展迅速,使其创新能力的增长速度快于其他城市。在点入度方面,2007 年排名前五的城市为杭州、嘉兴、苏州、无锡、宁波,2017 年排名前五的城市为苏州、无锡、杭州、嘉兴、上海。可以发现,这些城市都属于上海都市圈的范畴,离上海位置较近且交通便利。从 2007 年到 2017 年,上海点入度大幅度提高。这表明城市群中的其他城市在创新能力提升的同时,采取了与上海错位发展的策略,一定程度上反向吸引上海与其进行创新合作,从而使长三角城市群的创新网络不断从以上海为绝对中心的单级结构,向“一龙头、多中心”的钻石型结构演变。这种演变趋势的推动力来自上海与城市群中其他城市创新合作的不断增强。① 但总体而言,不论是点出度还是点入度,排名靠前的城市都是上海或者浙江、江苏两省的城市,长三角地区的创新发展仍然存在一定的不平衡性。

在此基础上,本文分别测算了 2007 年和 2017 年各城市点出度与点入度总值和差值(见表 4.4)。点出度与点入度之和表示一个城市创新辐射和承载的能力,反映的是一个城市的综合创新实力。不论是 2007 年还是 2017 年,上海毋庸置疑高居榜首。2007 年紧随其后的是杭州、嘉兴、南京、苏州;2017 年紧随其后的是苏州、杭州、无锡、南京。这说明江苏城市的创新发展速度超过浙江,这主要是因为江苏的经济发展更多地利用了科技含量更高的外资,通过培育战略性新兴产业加快了经济的转型升级,从而夯实了创新发展的基础。浙江城市以民营企业为主,转型升级更多的是依靠内源动力。譬如嘉兴的发展更多的是依靠区域优势承载上海的资源来实现,但随着传统产业优势不断削弱和上海辐射能力不断弱化,嘉兴的传统优势难以为继,转型升级迫在眉睫。

点出度与点入度之差值反映了城市创新的净辐射能力,2007 年符号为正的城市为上海、南京,2017 年符号为正的城市为上海、南京、杭州、合肥、芜湖,说明经过十年发展,区域性创新中心城市已经形成。杭州自 2007 年开始大力发展信息产业,其后又以数字经济为"一号工程",当前正在着力打造"数字经济第一城";产业结构优化和创新要素集聚使其成为区域创新辐射中心。合肥和芜湖也十分注重创新驱动发展,尤其是合肥拥有国家实验室,基础研究领域不断加速布局,基础研究实力日益雄厚,在自身创新能力不断提升的同时,也带动了周边区域的创新发展。与此同时,在点出度、点入度等排名靠前的城市中,苏州的点出度与点入度处于较为均衡的状态,说明苏州既能辐射创新也能合作创新,形成了较为均衡的创新发展环境。

---

　　① 叶堂林、李国梁:《京津冀创新扩散机制及扩散成效研究——基于京津冀、长三角两大城市群对比》,《经济社会体制比较》2019 年第 6 期;殷德生、吴虹仪、金桩:《创新网络、知识溢出与高质量一体化发展——来自长江三角洲城市群的证据》,《上海经济研究》2019 年第 11 期。

表 4.4　2007 年和 2017 年点入度和点出度

地区	2007 年				2017 年			
	点出度	点入度	点出度与点入度之和	净点出度	点出度	点入度	点出度与点入度之和	净点出度
上海	86.951	3.606	90.557	83.345	5454.033	889.164	6343.197	4564.869
南京	13.671	7.560	21.231	6.111	1110.014	774.941	1884.955	335.073
无锡	4.502	13.932	18.434	−9.430	709.076	1515.934	2225.010	−806.858
常州	0.971	4.612	5.583	−3.641	276.731	583.103	859.834	−306.372
苏州	3.601	15.664	19.265	−12.063	2024.177	2121.436	4145.613	−97.259
南通	0.632	6.616	7.248	−5.984	206.906	868.627	1075.533	−661.721
盐城	0.111	0.899	1.010	−0.788	79.827	131.786	211.613	−51.959
扬州	1.122	3.541	4.663	−2.419	233.708	491.700	725.408	−257.992
镇江	1.090	4.119	5.209	−3.029	253.319	494.748	748.067	−241.429
泰州	0.394	1.952	2.346	−1.558	95.891	277.078	372.969	−181.187
杭州	10.707	19.378	30.085	−8.671	1648.901	1490.158	3139.059	158.743
宁波	3.323	9.632	12.955	−6.309	333.862	543.105	876.967	−209.243
温州	0.881	1.719	2.600	−0.838	19.413	64.708	84.121	−45.295
嘉兴	4.085	17.892	21.977	−13.807	169.013	897.846	1066.859	−728.833
湖州	1.102	5.168	6.270	−4.066	52.308	345.209	397.517	−292.901
绍兴	3.804	8.110	11.914	−4.306	240.034	765.087	1005.121	−525.053
金华	0.679	1.972	2.651	−1.293	33.24	103.702	136.942	−70.462
舟山	0.194	2.118	2.312	−1.924	11.921	143.068	154.989	−131.147
台州	0.806	2.245	3.051	−1.439	20.839	89.716	110.555	−68.877
合肥	0.520	1.944	2.464	−1.424	454.097	240.629	694.726	213.468
芜湖	0.557	1.756	2.313	−1.199	321.554	265.119	586.673	56.435
马鞍山	0.170	2.161	2.331	−1.991	73.051	322.105	395.156	−249.054
铜陵	0.113	0.528	0.641	−0.415	17.375	72.401	89.776	−55.026
安庆	0.122	0.498	0.620	−0.376	15.117	52.787	67.904	−37.670
滁州	0.223	2.092	2.315	−1.869	41.656	238.859	280.515	−197.203
池州	0.009	0.160	0.169	−0.151	3.112	34.288	37.400	−31.176
宣城	0.040	0.506	0.546	−0.466	21.602	103.472	125.074	−81.870

在此基础上,我们又进一步测算了网络中心势来衡量长三角城市群创新网络的整体水平,结果如表 4.5 所示。如果中心势趋近于 1,则说明网络中心性越强。从点出度中心势来看,2007 年至 2017 年呈现了下降趋势,说明城市群创新网络的点出度中心性水平有所下降,这是因为城市群内部出现了多个创新中心城市,形成了多中心的格局,这与前面 2017 年净点出度城市增加的分析结果相一致。从点入度中心势来看,2007 年至 2017 年都有所上升,但上升幅度不大,说明创新网络中各城市的创新承载能力有所提升。

表 4.5 2007 年和 2017 年网络中心势

年份	2007	2017
点出度中心势	22.065%	13.051%
点入度中心势	3.827%	4.244%

(三)凝聚子群分析

为探讨创新网络内部结构,我们采用 Concor 法对长三角城市群创新网络结构进行聚类分析。从表 4.6 可知,2007 年长三角 27 个中心城市可以分解成 7 个子群,但到了 2017 年子群扩展至 8 个,子群内部城市也有了较大调整。随着各省(区、市)经济不断发展,创新能力不断增强,区域性创新中心城市不断兴起,形成了小范围的抱团子群,实现小区域内部的协同发展。2007 年上海单独成为一个子群,而第 2 个和第 3 个子群是以上海为中心所辐射形成的;但 2017 年所划分的 8 个子群中,基本上是以上海、苏州、杭州、宁波、南京、合肥等城市为中心所形成的,由此印证了前文所分析的,经过十年发展,一部分城市创新能力不断提升,成了区域性的创新中心。

表 4.6 2007 年和 2017 年长三角城市群凝聚子群情况

年份		城市						
2007	1	上海	2	湖州、无锡、常州、苏州、南通、盐城、嘉兴、宁波、泰州、安庆、舟山、温州、台州	3	金华、杭州、绍兴、	4	芜湖、南京、合肥
	5	镇江、马鞍山、扬州、滁州	6	铜陵、宣城	7	池州		

年份				城市						
2017	1	上海、无锡	2	苏州、常州、南通、盐城、泰州	3	湖州、杭州、金华、绍兴	4	宁波、舟山、嘉兴、温州、台州
	5	南京、芜湖、合肥	6	镇江、扬州、马鞍山、滁州	7	铜陵、安庆、池州	8	宣城

表 4.7 给出了 2017 年各个城市子群之间创新的联系程度。随着长三角一体化不断推进,城市与城市之间的创新合作更加紧密,城市子群之间的联系度不断提升。分析表 4.7 可以发现,上海与江苏各个城市之间的联系度显著高于上海与浙江、安徽各个城市之间的联系。譬如,子群 1 与江苏城市子群 2 的联系度为 283.1,甚至高于子群 1 内部的联系度(265.38);而子群 1 与浙江子群 3 的联系度均只有前者的 1/2。对杭州、南京、合肥等区域中心城市而言,其所在城市子群的内部创新联系度均显著高于子群与其他子群之间的创新联系度,说明这些城市在区域中的创新辐射能力在增强,已经成为区域性的创新中心。但不能忽视的是,安徽各个城市子群与上海、浙江、江苏各个城市子群之间联系程度依旧不高,直接反映了长三角城市群当中存在发展不平衡的情况。一方面,这是由经济发展基础不同所造成的,相对而言,上海、江苏、浙江的发展要好于安徽,创新能力当然也会强于安徽;另一方面,这也是由交通等基础设施所决定的,与安徽相比,其他两省一市之间交通更为便捷。

表 4.7 2017 年长三角城市群凝聚子群联系度情况

2017 年	1	2	3	4	5	6	7	8
1	265.382	283.103	147.957	98.033	65.518	24.850	4.116	10.367
2	132.463	22.419	16.323	8.517	10.607	9.499	0.756	2.143
3	36.612	13.191	70.296	17.982	10.072	3.771	1.398	4.148
4	11.042	3.240	9.686	6.172	1.533	0.808	0.276	0.574
5	21.120	16.847	11.303	3.448	69.585	64.699	8.777	15.333
6	2.175	5.018	0.962	0.400	12.633	24.786	0.548	1.244

2017 年	1	2	3	4	5	6	7	8
7	0.167	0.146	0.211	0.084	0.884	0.351	2.477	0.528
8	0.631	0.505	0.806	0.226	2.417	1.027	0.700	0.000

四、结论与启示

本节采用改进后的引力模型测算 2007 年至 2017 年长三角 27 个中心城市的创新联系度,并利用社会网络分析法研究了长三角城市群的创新网络结构。结果表明如下。(1)长三角城市群的创新网络结构不断紧密,2007 年至 2017 年各城市创新投入不断增强,不论是研发资本投入还是研发人员投入都呈现较快增长趋势,城市群中 27 个城市间的创新联系度大幅度增强,创新网络的紧密度越来越大,符合长三角一体化发展的趋势。(2)在长三角城市群创新网络中,上海一直处于领先位置,其他城市不断发展,形成了多中心的创新网络格局。点出度和点入度的变化以及凝聚子群的分析,都表明苏州、杭州、南京、合肥等日益成为区域性的创新中心城市。这些城市早期发展依靠承载上海的创新资源辐射,但在转型升级中重视创新资源集聚,大力发展数字经济等新兴产业,提升了城市创新能力,并能够带动周边城市形成创新集聚发展。(3)上海及浙江、江苏的城市创新联系更加紧密,而与安徽各城市的创新联系相对较弱。这主要由经济发展基础、交通网络等基础设施不平衡所共同决定的,长三角推进一体化需要解决区域不平衡的问题。

基于上述研究结论,我们提出如下对策启示。一是搭建长三角创新协作平台,完善创新合作机制。长三角创新网络日益紧密对于一体化建设具有重要作用,要充分重视长三角城市在创新领域的合作,通过搭建协作平台来提升创新合作的层次与水平。借鉴部分发达国家创新协作的经验,建设好 G60 科创走廊等创新载体,通过制度形成来建立协同研发攻关机制。二是探索"创新飞地"建设,推进区域协同发展。聚焦各个地方的优势产业与核心技术,探索三省一市之间的"飞地"建设机制,通过科技园区等载体合作,推动传统"产业飞地"向"创新飞地"转变,充分释放长三角高质量一体化的红利。三是打破创新要素流通壁垒,提供更好的服务体系。整合长三角要素资源,尤其是科技创新等高端要素资源,加速三省一市高校、科研院所、企业等创新载体的交流与合作,促进科技合作,加快科技成果转化。四是完善交通网络等基础公共服务,加强创新一体化保障。长三角城市群创新合作不仅需要政策保障,也需要交通、信息等公共服务保障,打造基础公共服务网络是确保长三角高水平创新协作的必要条件,也是破解区域不平衡发展的关键举措,包括构建现代综合交通体系,打通三省一市的关键节点城市等。

第三节　区域创新治理

市场机制难以保证创新活动持续处于社会需求的最优水平,因而各国政府普遍运用各项创新政策工具来推动本国的创新活动。创新发生在一定的制度和文化背景下,需要政府加强创新治理。创新治理主要是指政府运用创新政策工具来促进创新要素集聚、创新主体培育和创新网络建设,从而提升区域创新能力。对于发展中国家来说,为实现在经济发展上对发达国家的追赶,加强创新治理显得尤为重要。改革开放以来,中国政府为适应经济社会发展变化,持续不断地推进创新治理变革。

一、创新治理理论

1939 年,英国科学家贝尔纳(Bernal)提出科学政策应成为刺激经济增长的重要手段。他认为研究与开发投入能有效促进经济增长和增加社会福利。贝尔纳的研究标志着创新治理理论的形成。1945 年,美国科学家范内瓦·布什(Vannevar Bush)在给罗斯福总统的报告书《科学:无止境的前沿》中明确提出了科学政策的任务,即"促使科学对国家安全、卫生和经济增长做出贡献"。他还提出科学促进经济发展的三阶段理论,即基础研究(科学)—应用研究(技术)—产品开发(创新)三阶段创新线性理论。这一理论强调,基础研究是企业创新的源泉和国家发展的动力。创新线性论的前提条件是科技成果能够无障碍地实现产业化运用。事实上,科学到创新的过程是曲折和复杂的,科技成果转化本身就是创新治理的重点和难点。尽管如此,基础研究在创新治理中的重要性仍然是毋庸置疑的。范内瓦·布什有关科学自主性、制度化的同行评议和加强大学的基础研究等建议对美国科学政策影响重大。冷战时期，美苏军备竞争使范内瓦·布什的科技政策得到强化。原子弹、人造卫星等军事产品的研制成功显示了这一理论的正确性，促使美国进一步加大了对基础研究和军事科技的投资力度。20 世纪 70 年代开始，创新线性论受到了一些挑战。一是大量的科学发现难以转化为创新成果，二是基础性科学研究不强的日本运用产业政策使经济实力大为增强。因而，在欧洲一体化进程中，欧洲经济政策的重点也转向对高科技产业的支持，战略型产业政策成为创新治理的主要内容。

在经济理论研究方面，美国经济学家罗伯特·索洛运用生产函数法定量分析了技术进步对经济增长的作用。首先，技术创新具有不确定性。1962 年经济学家阿罗（Arrow）依据新古典经济学提出科学技术市场失灵论。阿罗认为，科技产出的本质是一种有价值的信息。信息发明的不确定性会导致小企业没有发明能力，大企业需要分散发明风险。同时，不确定性导致信息不对称，这会造成技术需求者因难以判断技术价值无法接受高价和有完全信息的技术拥有方不愿贱卖的困境。其次，技术创新具有一定的非排他性，技术创新成果极易被竞争对手模仿，是一种介于公共产品和私人产品之间的产品。如果无法对创新成果进行有效保护，创新者会面临无法收回创新成本的风险，进而导致整个社会创新动力不足和创新效率低下。再次，技术创新存在外部性。技术创新成果是一种知识形态的产品，而知识扩散能带来巨大的社会收益。当这种外部性无法有效转化为创新者的收益时，也会导致社会创新不足。因而，技术信息市场的形成是困难的，发明活动经常处于投资不足状态，技术发明无法达到最优的社会结果。与市场失灵论不同，纳尔逊和温特（Nelson and Winter）开创了技术创新研究的演化范式。如果说市场失灵论以"经济人"理性选择为前提、以均衡分析为手段、以资源最优配置为目标，那么技术创新演化范式以"生物群"思想为前提、以数值模拟为手段、以区域系统创新为目标。在演化论范式下，技术创新被理解为广义达尔文式的社会经济演化过程,由事前"变异"和事后"选择"推动。① 因而,"变异—选择—复制"这一达尔文过程中的任何一环出现问题,都会导致整个技术创新过程的失败,例如创新主体间的利益冲突、组织制度僵化、知识沟通障碍等等。因此,演化范式下创新治理的主要目的是避免技术创新的系统失效。

　　新古典均衡范式主要围绕纠正市场价格和提供公共产品来进行创新治理。达尔文演化范式下,政府在创新治理中的作用进一步加大。政府部门不仅是技术创新市场失灵的矫正者,更是技术创新系统的参与者。尽管政府作为技术创新系统重要参与者的功能边界仍不明晰,但一个广泛的共识是,政府如果能提供一个有效的教育环境和较强的公共科技基础设施会有利于产业间的知识传播和交流。20 世纪 80 年代,弗里曼(Freeman)对日本创新治理模式进行了经验总结,正式提出国家创新系统理论。弗里曼认为,日本创新发展的成功得益于社会各机构在私人和公共部门活动和交流中引进、改进和传播新技术。这一时期的创新治理从部门角度扩展到创新活动的各个环节。创新治理不仅关注创新如何产生、如何扩散,还要运用创新监视系统来评价创新成效。2000 年,欧盟里斯本会议的召开标志着创新治理理论进一步走向成熟。欧盟委员会认为缺乏创新是欧盟劳动生产率增长不佳的主要原因。这次会议提出,欧盟应提升创新水平以应对知识经济和全球化的挑战,争取在未来 10 年成为世界上最具竞争力、最具活力的经济体。为了达到这一目标,从 2001 年开始,欧盟创新指数报告运用创新指标体系对欧盟成员国的创新绩效进行定量比较,并分析各成员的创新优势和劣势。欧盟的创新一体化政策为创新治理研究提供了宝贵经验。欧盟委员会要求成员国建立国家创新战略,从而使创新目标与创新项目直接挂钩,经济资源得以有效分配到创新网络中的企业和公共机构。文献计量分析结果表明,1982—2016 年间 WOS 数据库中有关创新治理的研究主要包括产业发展、国家创新、政策评估、企业创新和创新网络 6 个主题,近三年的研究新趋势则主要集中于知识网络

---

　　①　杨勇华:《均衡与演化范式下的技术创新政策比较》,《学术月刊》2014 年第 7 期。

和政策评估。①

　　理论分析表明,实施创新治理本质上是为了避免市场失灵和系统失效。基于此,创新治理需要解决两个问题,一是政府干预的功能边界在哪里,二是政府应该投入多少钱来支持创新。对这两个问题的思考需要深入分析基础研究与应用研究之间的关系。作为基础理论研究的科学能够跨国传播,因而被认为是公共产品。按照这一观点,发展中国家可以在科学研究方面搭便车来实现技术进步和经济增长。但事实上,对科学的经济利用需要有很强的消化吸收能力,并不完全是公共产品。"二战"后日本在很长一段时间内科学投入不多,但利用应用型创新实现了经济快速发展,因而往往被认为是科学的搭便车者。然而,日本之所以有很强的技术吸收能力,与其在"二战"前就有很强的工业实力是密切相关的。而且,随着日本经济实力的增强,日本对科学基础研究的投入也在不断增加。2001 年以来,日本坚持推动《人力资源开发计划》,致力于支持青年科技人员尤其是女性科研人才成长;2007 年日本为吸引世界顶尖科技创新人才,开启"世界顶级研究基地形成促进计划";2008 年和 2013 年,日本内阁制定了两期《教育振兴基本计划》,提出通过四个基本政策方向培养青少年协作和科技创新能力。② 尽管近年来日本经济增长低迷,但研发投入强度一直保持在 GDP 总量的 3% 以上,基础研究占比一直保持在 12% 左右。对基础研究的持续投入让日本在诺贝尔科学奖的获得方面收获颇丰。2001—2018 年,日本共有 8 人获奖,获奖数量超过德国、英国和法国,仅次于美国居于世界第二位。日本不但打破了百年来欧美国家在诺贝尔科学奖上的垄断,还让诺贝尔科学奖进入到"欧美日"三足鼎立的竞争时代。③

　　唐纳德·斯托克斯(Donald Stockes)有关科学的二维象限模型有

---

　　① 黄鲁成等:《国外创新政策研究现状与趋势分析》,《科学学研究》2018 年第 7 期。

　　② 霍宇同:《新世纪日本创新政策演进趋势及其对中国的启示》,《科学管理研究》2014 年第 4 期。

　　③ 苏楠:《政府如何资助原创前沿科技成果:以日本诺贝尔科学奖得主为例》,《科技管理研究》2019 年第 18 期。

助于理解基础研究和应用研究之间的关系。[①] 他从追求知识和技术应用两个维度对科学技术进行分类,提出科技研究的二维象限图(图4.12)。针对范内瓦·布什的研发线性模型存在的问题,斯托克斯的二维象限模型阐释了科学与技术、基础研究与应用研究之间关系演变的新见解。[②] 在这个二维象限模型中,横坐标表示应用度高低,纵坐标表示好奇心驱动的程度。第Ⅰ象限表示单纯由求知欲引导的基础研究,也被称为玻尔模式。玻尔发现了原子结构,但他研究的出发点并不是为了获取某种经济利益。因此,以玻尔为代表的原子物理学家对原子的探索典型地代表了求知型研究。此类例子在科学史上数不胜数。例如1820年,丹麦哥本哈根大学教授奥斯特发现了电流磁效应后,引发了科学家对磁能否产生电的思考。1831年,美国科学家法拉第终于证明了电磁感应的存在。第Ⅱ象限表示为解决应用问题而产生的基础研究,也被称为巴斯德模式。这一模式源于法国微生物学家巴斯德在生物学领域进行的众多前沿性基础理论研究,巴斯德的研究动力主要源于解决实际问题的需要。例如,巴斯德在寻找防止伤口感染和葡萄酒变质的方法时,发现了细菌。巴斯德模式的科学研究,既寻求对科学问题的基本理解,也对社会有直接的应用价值。巴斯德模式在所谓的"战争研究"中表现得特别明显。在这一研究进程中,军事武器的研制与基础研究的突破形成相互融合之势。第Ⅲ象限表示单纯由实用目标引导的研究,被称为爱迪生模式。爱迪生领导的研究组织致力于具有商业利益的各种发明,但并不注重探究发明项目背后的科学原理。爱迪生本人只有小学文化程度,并不是一个科学家,但他的发明仍然对人类社会做出了重大贡献。第Ⅳ象限既不由求知欲望引导也不考虑实用目标的研究,特指那些系统地探索特殊现象的研究,也被一些学者称为皮特森象限。这些研究主要包括强化研究者的研究技能、对已有经验进行分析与整合等,以便让研究者能够尽快胜任新领域中的研究工作。

---

① Stokes D E. *Pasteur's Quadrant*: *Basic Science and Technological Innovation*. Washington D C: Brookings institution Press, 1997.

② 刘则渊、陈悦:《新巴斯德象限:高科技政策的新范式》,《管理学报》2007年第3期。

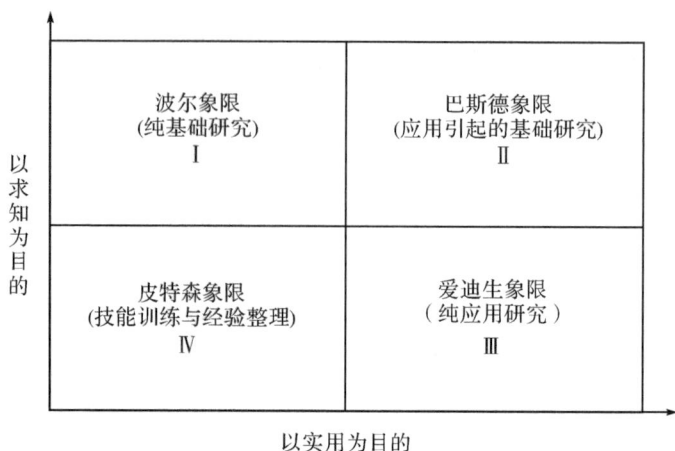

图 4.12　斯托克斯的二维象限模型

与范内瓦·布什基础研究决定应用研究的观点不同,唐纳德·斯托克斯认为纯基础研究(玻尔模式)与纯应用研究(爱迪生模式)沿着各自的轨道发展,因而带有应用目的的基础研究(巴斯德模式)才是连接两个轨道的枢纽;巴斯德象限的科学研究可以成为未来政府与科学共同体之间契约关系的一个基本出发点。在美国,政府一般不直接资助纯应用研究。纯应用研究有明确的应用目标和市场价值判断,因此应该由私营企业根据市场经济法则来投资。政府资助重点是具有公共产品性质的纯基础研究。但根据二维象限模型,政府完全有理由支持巴斯德象限的研究活动,因为这些有明确应用目标的研究也能促进基础研究。过去几十年,美国国防部高级研究计划局(DARPA)促成"互联网、高速飞行器、无人车、空天飞机、苹果手机的 Siri"等研究成果,深刻影响了美国乃至全世界未来的发展。DARPA 取得如此辉煌的成就,得益于其对科研项目的选择遵循"巴斯德象限"理论。DARPA 的基本任务是专事于"科技引领未来",开拓新的国防科研领域,为解决中、远期国家安全问题提供高技术储备,研究分析具有潜在军事价值、风险大的新技术和高技术在军事上应用的可能性。这种理念既确保了创新源于需求,又不囿于需求,使其始终能够敏锐把握真正具有颠覆性作用的前沿创新科技。除此之外,DARPA 的成功也与其独特的组织制度有关。DARPA 目前约有 100 名项目官员,他们都是从学术界或产业界"借调"过来的,任期 3 到 5 年。项目官员不进入公务员系列,因而 DARPA 内不存在一般政府机构所存在的等级森严的决策体制,拥有非常大的自主权去识别和资助本人所负责领域内的相关技术项目。

借助斯托克斯的二维象限模型,创新治理中分析政府干预的边界和力度有了理论框架和参照依据。玻尔象限中的纯基础研究不但是应用研究的源泉而且具有公共产品属性。在这个领域中,政府是研究的主要资助者,创新主体主要是大学。对爱迪生象限中的纯应用研究,政府一般不直接资助研究,研究项目以市场化运作为主,创新主体主要是企业。政府作用主要体现在知识产权保护方面,少量政府资金会以产业基金的方式对特定项目进行间接资助。在应用研究领域,有学者从相对技术水平和技术不确定性两个维度把产业划分为四种类型,认为技术不确定性越低的行业,非市场化创新治理手段越可能成功;对于不同类型的行业,市场化和非市场化创新治理手段需要协调使用。① 斯托克斯特别强调巴斯德象限中由重大应用研究引导的基础性研究应成为政府创新治理新的重点,此类研究的创新主体被认为是新型研发机构。② 新型研发机构具有投入机制政府主导、组织结构柔性、市场化收益导向、人才引育并重和多功能叠加等特点。③ 现有研究对皮特森象限的分析较少,一般将技能训练与经验整理归类到这一象限。据此,皮特森象限可以表示为整个社会的教育培训系统,他为其他象限的研究培养研究人才。经济合作与发展组织 2016 年的教育报告显示,OECD 国家 25—64 岁人口中受过高等教育的人口占比平均为 36.7%,美国更是高达到 45.7%。创新动力归根到底来源于雄厚的人力资本资源。在政府创新治理力度方面,由于各个国家在经济、社会、文化以及资源禀赋等方面存在差异,因而创新治理模式和力度差异也比较大。创新治理力度一般用对标法进行分析。欧盟为评价本区域创

① 李钢、马丽梅:《创新政策体系触及的边界:由市场与政府关系观察》,《改革》2015 年第 3 期。

② 陈红喜:《基于新巴斯德象限的新型研发机构科技成果转移转化模式研究》,《科技进步与对策》2018 年第 11 期。

③ 章熙春等:《国内外新型研发机构的比较与研究》,《科技管理研究》2017 年第 19 期。

新治理成效编制了欧盟创新指数，并以美国和日本为对标对象。目前，研究投入强度成为我国与其他国家进行创新投入力度比较的重要指标。2018年我国研究与试验发展（R&D）经费投入强度为2.19%，但基础研究占研究与试验发展经费的比例为5.69%，远低于发达国家的15%左右的平均水平。[①]

二、创新政策体系

创新政策作为一种制度安排和规则设计，在创新系统中具有重要地位。随着基础研究与应用研究间的结合日益紧密，企业、大学、研究机构、中介机构等创新主体间的创新互动亦日益频繁，创新治理不但要应对传统的创新市场失灵，也要防止创新系统失效。设计创新政策工具、构建创新政策体系是当前发达国家进行创新治理的重要内容。创新政策的目的，一是通过使用特定的政策工具对整个创新链进行刺激以促进创新；二是为创新提供方向，包含前瞻性的预见、创新实验、培育新制度和整合多种专长和技能。随着创新治理理论的发展，创新政策体系经历了三代，分别为线性观、交互观和系统观创新政策体系，也有学者分别称其为创新政策1.0、2.0和3.0版。

（一）线性观创新政策体系

线性观创新政策体系以范内瓦·布什的线性创新论为理论基础，由科学政策、技术政策和创新政策三类政策构成（见表4.8）。[②] 从政策着力点来看，科学政策主要关注科学知识的创造，进而为创新提供更丰富的知识源泉；技术政策主要关注技术知识的进步，促进产业技术进步和技术革新；创新政策主要关注技术成果商业化等知识创造价值问题。

[①] 李静海：《抓住机遇推进基础研究高质量发展》，《中国科学院院刊》2019年第5期。

[②] 转引自陈劲等：《科学、技术与创新政策》，科学出版社，2013年，第3页。

表 4.8　线性观的创新政策体系

	科学政策	技术政策	创新政策
政策目标	提高创造新知识、吸收新知识的能力	通过适当的、有计划的研究和开发活动来提高现有技术能力、更新技术体系,最终增强工业竞争能力	提高企业的技术创新能力,缩短技术创新过程中从发现到商业化应用的时滞,加快科学技术成果转化
研究内容	国民安全与纯科学、科学经济发展政策,科学服务政策,科学教育政策,科学发展政策	技术产业政策,技术贸易政策,技术进步与技术成果评价,技术信息和中介服务	创新的需求政策,创新的供给政策,创新的环境政策
政策工具	科学预测、科学规划、同行评议、项目评估、选择、验收,文献计量学,科学活动评价与分析	技术预测,技术预见,技术评价,技术发展蓝图	公共企业、科技、教育、信息、财政、税收、法制、政治、购买力、公共设施、商务、海外机构
政策评价	科学发展方向、趋势,科研人员、研发经费,科研机构,科研计划,论文、著作、引言、获奖成果、学术影响力	技术引进(经费、转让情况,项目投入,国别、地区)、技术贸易(技术转让成交额、收入额、出口额,技术转让利益、时间),技术扩散(数量测度、经济测度和社会测度)	创新的财政拨款(收益平衡、贸易平衡、发明率、创新率、营销率),创新的基础设施(就业、合约、合作方式、人才流动、传递渠道),竞争和规则的条件(创新数目,专利、许可证平衡,创新倾向,公共投资产品的规模与本质)

　　科学研究的目的是创造新知识、构建新理论,为技术发明和应用提供理论基础,范围涉及自然科学和社会科学。科学政策要解决的主要问题是合理分配资源给不同的科学研究,以最大化社会福利。[①] 20世纪前,科学研究表现出强烈的自主性,研究方向和过程主要取决于科学家的兴趣爱好。从 20 世纪初开始,科学越来越具有社会性。目前,科学政策已经成为各国发展科学的基本国策。技术政策关注促进技术发明、构建技术体系和技术应用,主要包括确定技术发展目标、技术发展方向和技术促进措施。根据不同的政策目的,技术政策可分为

---

　　① Fagerberg J,Mowery D C,Nelson R R. *The Oxford Handbook of Innovation*. Oxford University Press,2005.

市场失灵型、任务导向型和技术合作型。[①] 从演变趋势来看,技术政策从以军事研究为主向民用研究为主转变,从侧重技术研究向应用研究转变。[②] 需要特别注意的是,线性观下的创新政策概念是一个相对狭义的概念。其关注点的政策对象是爱迪生模式的技术创新,即纯技术应用领域中的创新。创新政策主要关注科技成果由科学技术生产部门向产业部门的转移,即科学技术的商业化应用。创新政策的主要目标是缩短发明与技术创新的时滞并最大限度地加快科学技术的商业化和产业化进程。而交互观和系统观下的创新政策概念是广义视角下的概念。交互观的创新政策包括了线性观下的科学政策、技术政策和创新政策。系统观的创新政策比线性观和交互观的创新政策多了有关创新网络建设的创新关联政策。

(二)交互观创新政策体系

众多学者对创新政策工具进行了深入研究。Rothwell 和 Zegveld 认为创新政策工具是一套复合的政策体系。在研究制造业的技术创新过程中,他将技术创新政策归结为供给政策、环境政策和需求政策三类(见表 4.9)。[③] 根据作用方式不同,创新政策可分为:对创新产生推动作用的供给类创新政策(公营事业、科学与技术开发、教育与培训、信息服务);对创新起激励作用的环境类创新政策(财务金融、税收优惠、法规及管制、政策性策略);对创新产生拉动作用的需求类创新政策(政府采购、公共服务、贸易管制、海外机构)。不同类型的创新政策所要达到的政策目标是不同的:供给类创新政策工具通过促进科学发现和技术开发、提高人力资本、提供市场信息等多种方式推动创新,环境类创新政策可以通过金融政策、财税资源、法律法规和产业政策为企业发展创造良好的创新环境,需求类创新政策通过政府采购、公共服务和管制政策创造市场需求拉动创新。

---

① Bozeman B. "Technology Transfer and Public Policy:A Review Of Research and Theory". *Research Policy*,2000,29(4-5),pp. 627-655.

② 陈劲等:《科学、技术与创新政策》,科学出版社,2013 年,第 238 页。

③ Rothwell R,Zegveld W. *Industrial Innovation and Public Policy:Preparing for the 1980s and the 1990s*,London:Frances Printer,1981.

表 4.9　交互观创新政策类型

分类	政策工具	定义	范例
供给政策	公营事业	政府所实施的与公营事业成立、营运及管理相关的各项措施	公营事业的创新,发展新兴产业,公营事业首倡引进新技术,参与民营企业创新
	科学与技术开发	政府直接或间接鼓励各项科学与技术发展的措施	建设研究实验室、支持研究单位、学术性团体、专业协会、研究特许
	教育与培训	政府针对教育体制及培训体系的各项政策	一般教育、大学、技职教育、见习计划、继续教育和再培训
	信息服务	政府以直接或间接方式鼓励技术及市场信息的行为	信息网络与中心建构、数据库、联络服务
需求政策	政府采购	中央及地方政府的各项采购规定	中央或地方政府的采购、公营事业之采购、R&D 合约研究、原型采购
	公共服务	有关解决社会问题的各项服务性措施	健康服务、公共建筑物、建设、运输、电信
	贸易管制	政府各项进口管制措施	贸易协议、关税、货币调节
	海外机构	政府直接或间接协助企业在海外设立各种分支机构	海外贸易组织
环境政策	财务金融	政府直接或间接给予企业的各项财务支持	特许、贷款、补助金、财物分配安排、设备提供、货款担保、出口信用贷款
	税收优惠	政府给予企业各项税赋上的减免	公司、个人、间接和薪资税、租税规范
	法规及管制	政府为规范市场秩序的各项措施	专利权、环境和健康规定、独占
	政策性策略	政府基于协助产业发展所制订的各项策略性措施	规划、区域政策、奖励创新、鼓励企业合并或联盟、公共咨询及辅导

　　供给类创新政策能增加科技创新有效供给。这类政策主要由政府直接提供资金来培育创新人才、建设创新基础设施、加快技术及成果转化等创新供给,主要是为了解决科技创新过程中存在的研发动力不足、资源投入不足、成果转化困难等问题。(1)人才是科技创新的根基,而教育是培养创新型人才的主要途径。因此投资教育是加快科技

创新的根本途径，发达国家普遍重视教育发展，具有高等教育学历的人口比重很高。基础教育、高等教育和职业教育构成的教育体系具有明显的外部性，决定着科技人才队伍成长，但是教育具有资金投入巨大、见效缓慢的特征，需要政府资金支持。（2）基础研究是技术创新的源泉，重大科技基础设施是发现自然规律、实现技术变革的物质基础，前沿战略性技术研究是占领产业链、价值链高端地位的有效手段。财政资金直接投入基础研究、前沿战略性技术研究、科技基础设施建设等公共科技领域是政府促进科技创新最为关键的政策措施。（3）科技成果转化是创新链、产业链、价值链有机结合的关键。推动科技成果转化，一是政府要赋予高校、科研机构科技成果资产处置权，鼓励高校科研机构等公营事业单位向企业或其他组织转移科技成果；二是政府要积极搭建技术市场交易平台，运用数字化手段加快技术市场的发展。

需求类创新政策能拉动需求刺激技术创新。需求类创新由于是通过实现创新的商业价值来促进创新，因而能加速可持续创新并带动经济发展。[1] 政府要在尊重市场需求的基础上，通过实施政府采购、标准化和消费者补贴等举措，有效扩大创新产品及高科技产业的市场需求。[2] （1）公共技术采购在欧美国家被广泛应用。新技术、新产品的推出总是面临较大的风险，高新技术产品的风险则更大。政府采购直接为科技创新产品创造了应用市场，有效解决了新产品的市场不确定性问题。（2）标准化能够促进创新，其作用主要表现在 4 个方面。[3] 一是标准化能够减少研发成果及新技术的市场化时间，二是标准化能够加快创新产品的扩散，三是标准化能够平衡竞争环境，四是兼容性标准是网络产业等创新与发展的基础。（3）消费者补贴政策有助于促进绿色创新。长期性市场补贴政策需要从刺激消费转向鼓励技术进步，诸

---

① Cohen B, J E Amorós. "Municipal Demand-Side Policy Tools and the Strategic Management of Technology Life Cycles". *Technovation*，2014，34(12)，pp. 797-806.

② 桂黄宝：《需求方创新政策研究进展与未来展望》，《科技进步与对策》2016 年第 4 期。

③ Blind K. "Standardization：a Catalyst：for Innovation". *Inaugural Addresses Research in Management Series*，2009，pp. 1-42.

如节能补贴等政策门槛的提高可以激活市场竞争和催生技术进步。

　　环境类创新政策能优化科技创新环境。改善创新环境有利于激发科技创新的社会潜能,是科技创新的基础与保障。财务金融、税收优惠、法规和科技公共服务是最常见的环境类创新政策。科技创新活动风险大,单纯依靠市场金融自发调节支持很难达到预期效果,政府为弥补科技创新资金支持力度不足,需要制定合理的金融政策对科技创新施加影响。政策性金融主要是运用国家信用,采用市场化运作模式,以风险投资、低息贷款、担保和保险等方式为科技创新提供资金支持。财政补贴和税收优惠是两种常用的科技激励工具。[①] 从激励方式来看,财政补贴属于事前支持,税收优惠则属于事后支持;从激励对象来看,财政补贴主要针对重大技术创新和重要研发项目,税收优惠则适用于各类企业;从公平程度来看,财政补贴的资助对象由政府部门确定,容易出现寻租行为,税收优惠覆盖面更广,更具普遍性,更能体现市场公平。科学技术的发展包括科技人才培养、科技研发和成果应用等环节。对于这些环节,政府都有相应的税收优惠政策,例如企业职工教育经费税前扣除、研发费用加计扣除、创业投资优惠、技术转让税收优惠等等。在法规方面,主要是进一步完善知识产权保护制度,加大知识产权的保护力度。长远看,不保护知识产权,整个社会就没有持久的创新动力。此外,"波特假说"表明,合理的环境规制可以有效促进企业技术创新。[②] 政府加强科技公共服务提供能力是政府部门参与创新体系建设的重要方式。为了促进区域科技资源共享、产学科协作创新和科技成果转化,经济发达国家普遍重视科技公共服务平台建设。

(三)系统观创新政策体系

　　20 世纪 80 年代末,国家创新体系开始成为科技创新研究领域最重要的分析框架。弗里曼将创新系统定义为由公共和私人部门机构

---

　　① 储德银等:《财政补贴、税收优惠与战略性新兴产业创新投入》,《财贸研究》2016 年第 5 期。

　　② 原毅军、陈喆:《环境规制、绿色技术创新与中国制造业转型升级》,《科学学研究》2019 年第 10 期。

形成的创新网络,①具有多要素、多主体、多环节、多层次的立体性特征。创新系统中各主体之间创新活动和互动能促进新科技的产生、吸收、改进和扩散。在这个系统中,创新要素构成创新活动的基础,创新主体间的关联互动构成创新网络,创新成果的商业化运用最终促进了产业的发展。同时,创新活动的发生还需要良好的创新治理体系和创新生态条件。经合组织(OECD)出版的《创新系统的治理》一书认为,系统论和演化经济学是分析创新和发展创新政策的有效工具。② 国家创新体系理论被认为是理解科技创新政策的核心框架。据此,《中国科技创新政策体系报告》将科技创新政策体系划分为要素政策、主体政策、关联政策、产业政策、区域政策和环境政策六大类(见表 4.10)。③ 从表 4.10 中可以看出,随着我国创新发展战略的深入实施,我国科技创新体系的内容已经十分丰富,已经覆盖了科技人才、资金、基础设施等创新要素,科研院所、高等院校、企业、中介机构等各类创新主体,以及基础研究、技术开发、技术引进、科技成果转化等创新链的各个环节。我国政策工具种类多样,包括财政投入、财政补贴、公共采购、税收优惠、完善法律法规、设立创新平台等等,并且还能组合运用多种政策对创新进行激励。

表 4.10 系统观创新政策类型

分类	政策内容	政策目标	实施方式
创新要素政策	科技人才政策	建设一支规模宏大、结构合理、素质优良、激励充分的创新人才队伍	青年人才托举工程、长江学者奖励计划、科研人员收入激励改革
	科技投入政策	通过财政科技投入,积极鼓励和引导社会科技投入	国家自然科学基金、国家科技重大专项、国家重点研发计划、技术创新引导专项(基金)、基地与人才专项

---

① Freeman, Christopher. *Technology Policy and Economic Performance*：*Lessons From Japan*, London：Pinter,1987.

② 经济合作与发展组织：《创新系统的治理》,同济大学出版社 2011 年版。

③ 《中国科技创新政策体系报告》,科学出版社 2018 年版。

续　表

分类	政策内容	政策目标	实施方式
	科技基础设施	推进科技基础设施建设,开展分类管理和优化布局,加大对外开放共享,提高科技资源使用效率	国家实验室、国家技术创新中心、国家工程研究中心、国家临床医学研究中心、国家科技资源共享服务平台
创新主体政策	企业创新政策	促进企业成为技术创新决策、研发投入、科研组织和成果转化的主体	所得税优惠、企业研发费用税前加计扣除、企业技术中心、中小企业发展支持、创新成果转化支持、科技奖励
	高校院所创新	增强原始创新能力和服务经济社会发展能力	企业化转制、新型研发机构支持、"211工程"、"985工程"
	创新创业服务	为孵化高科技企业提供技术、信息服务	科技企业孵化器、大学科技园、生产力促进中心、众创空间
创新关联政策	产学研协同	促进大学、科研院所和企业进行技术创新合作	国家科技计划优先支持、产业技术创新战略联盟、2011协同创新中心,修订《促进科技成果转化法》及其配套政策
	科技金融结合	形成各类金融工具协同支持创新发展	知识产权质押融资、科技保险、创业投资引导基金
	军民融合	促进军用技术在民用领域转化应用	新型工业化示范基地、"民参军"政策、国防科技工业投资政策
产业创新政策	产业技术开发	突破重点产业领域的核心技术并实现商业化运用	产业关键共性技术发展指南、战略性新兴产业发展规划
	产业投资政策	设立引导基金,带动社会资本支持战略性新兴产业	各省(区、市)设立专项资金和投资指导目录、鼓励外商投资
	产业技术引进	节省研发费用和时间,缩短与发达国家的技术差距	各省(区、市)有关鼓励引进技术消化吸收的规定
	产业技术应用	为新技术新产品新商业模式的应用创造市场需求	购买新能源汽车财政补助,强制购电

续　表

分类	政策内容	政策目标	实施方式
区域创新政策	重大区域发展区	发挥区域比较优势、提升区域发展水平	京津冀协同发展、长三角一体化发展、粤港澳大湾区发展
	自主创新示范区	推进自主创新和高技术产业发展	建立北京中关村、武汉东湖、上海张江、深圳等示范区
	高新技术开发区	推进科技成果转化和高新技术产业发展	建立北京中关村、上海张江、天津滨海等国家级高新技术开发区
创新环境政策	知识产权政策	实现知识产权的激励创造、有效运用、依法保护、科学管理	完善知识产权保护法律体系，设立知识产权法院
	技术标准政策	运用标准化手段，提升各类创新主体的知识产权综合能力	标准化法、标准化法实施条例、标准管理办法
	开放创新政策	加强科技开放合作	政府间合作协议，参加国际科技合作组织，创新政府对话机制

三、创新治理模式

2008 年国际金融危机后，国际上兴起创新治理研究热潮。公共目标、多元主体和契约关系被认为是创新治理区别于传统创新管理的三个主要特征。[①] 这一热潮的兴起，与创新领域中出现的一些新特点密切相关。一是产品创新出现了研发、生产、应用一体化，用户已经从创新的局外人变成内部人。二是技术创新出现了基础研究、应用研究和开发研究的一体化，越来越多的基础研究没有经过技术的线性转移直接实现了商业化。三是多元创新主体间的动态交互形成了创新生态网络。从近年来国际创新治理实践看，世界各国均基于创新系统理论来优化自身的创新政策体系，创新政策工具设计上具有一定的趋同性，但毕竟各国的经济发展水平不同，距离技术前沿面的位置不同，在创新治理上必然具有一定的差异性，形成具有自身特点的治理模式。

---

① 郭铁成：《近年来国外创新治理实践及启示》，《中国科技论坛》2017 年第 8 期。

(一)市场主导型

美国超强的科技创新能力源于其高效运行的创新政策体系。特别是"二战"后,美国政府在重大技术创新方面发挥了关键性作用。目前,美国政府对技术创新的干预渗透到了创新周期的各个环节,创新政策以解决技术创新的市场失灵问题为出发点,运用市场化手段引导私人部门开发新技术和实现新技术、新产品的商业化运作。[①] 因此,美国的创新治理是一种市场主导型模式。

(1)创新治理法治化。美国的创新治理不仅注重法治,而且形成了系统性的法律体系。[②] 在创新要素方面,2007 年《美国竞争法案》加大了基础研究投入和科技人才培养方面的力度,2017 年《创新与竞争力法案》再次强化了政府对基础研究的投入,2011 年《发明法案》和 2014 年《创新法案》加强了专利保护和专利有效利用。在创新主体方面,2010 年《美国竞争再授权法案》要求美国国家标准与技术研究院通过技术创新项目帮助美国企业、高校和其他机构进行高风险、高回报的创新研究。在创新网络方面,1993 年制定的《全国合作研究与生产法》鼓励企业间的科学研究和成果转化合作。在产业创新方面,在 2008 年金融危机背景下,美国制定了《复苏与再投资法案》,其立法目的是要以科技创新引领健康、绿色能源等关键产业的发展并促进就业。在创新环境方面,《技术转移商业化法案》在《拜杜法案》的基础上进一步促进科技成果转化。

(2)市场引导的政策体系。有学者将美国的技术创新政策分为对研发活动的直接资助、对研发活动的间接资助和对知识与技术的学习和扩散的支持,共 15 项政策。[③] 从表 4.11 可以看出,在政府直接资助研发活动的政策中有三项是采用市场化的签订研发合同的方式来实

---

① 杨长湧:《美国支持国内技术创新政策研究》,《经济研究参考》2012 年第 20 期。

② 周海源:《国家创新体系立法的美国实践及其启示》,《中国软科学》2019 年第 3 期。

③ Alic J A, Mowery D C, Rubin E S. "US Technology and Innovation Policies: Lessons for Climate Change". *Prepared for the Pew Center on Global Climate Change*, Nov. 2003.

施的。美国政府也运用政府采购政策,通过增加市场需求的方法支持技术创新,促进了计算机和信息技术、新能源技术等关键技术的发展。1933 年颁布的《购买美国产品法》对美国国货在政府采购中的优先地位做出了明确规定。尽管美国声称遵守 WTO《政府采购协议》的国民待遇原则,但通过国防采购、中小企业产品和服务采购等例外情形,规避了该协议的约束。

表 4.11　美国技术创新的政策体系

对研发活动的直接资助	对研发活动的间接资助	对知识与技术的学习和扩散的支持
(1)与私人企业签订研发合同(全额资助或分担部分研发成本) (2)与大学签订研发合同或对大学进行赠予 (3)由政府所属的实验室进行研发活动 (4)与包含企业、大学、政府实验室在内的研发联盟签订研发合同	(5)专利保护 (6)研发支出的税收抵免 (7)对那些给市场带来新技术的企业进行税收抵免或生产补助 (8)对购买新技术的支出进行税收抵免或税收返还 (9)政府采购 (10)技术创新工程	(11)加强教育和培训(针对技术人员、工程师、科学家、企业决策者和消费者) (12)对技术知识进行汇编和扩散(包括对研发结果进行筛选、解释并合理化,以及对数据库进行支持) (13)技术标准设定 (14)技术和产业延伸服务 (15)宣传、证明和消费者信息(包括奖励、媒体运动等)

(3)风险投资政策。美国有发达的金融市场体系,因而在支持新企业的创建和发展方面风险投资比财税政策有着更为重要的作用。[1] 风险投资者除风险投资机构和高净值客户外,还包括养老基金和政府财政部门。美国的风险投资建立在市场机制基础上,风险投资者可以灵活地选择创新项目。风险投资不仅提供企业创新所需的资金,而且也为企业提供了创新所需的知识、专业技能和社会网络资源。美国的风险投资对创新企业的资助主要经历六个步骤:企业种子、新公司、早期发展、扩大、后期和退出。(见表 4.12)[2]由于美国有一套完整的场外交

---

　　[1]　Kathryn Ibata-arens. "Comparing National Innovation Systems in Japan and the United States: Push, Pull, Drag and Jump Factors in the Development of New Technology". *Asia Pacific Business Review*, 2008, 14, pp. 315-338.

　　[2]　董楠楠、钟昌标:《美国和日本支持国内企业创新政策的比较与启示》,《经济社会体制比较》2015 年第 3 期。

易制度,且《拜杜法案》和一系列的商业化促进政策使高技术产业收益远高于传统产业,并具有良好的空间和退出机制,因而风险资本更趋向集中于高技术产业。

表 4.12 美国风险投资促进企业创新的作用

创新企业形成过程	风险投资者的做法	帮助企业解决的问题
企业种子	寻找并发现新技术、新知识或新的商业模式	企业需要资金支持,使技术变成产品雏形,用以证明新产品的理念具有市场前景
新公司	将新企业所需要的专业人士和物资资源整合在一起	新企业需要大量的专家咨询、市场风险的评估和基础设施的投入
早期发展	通过自己的社会网络向市场推广新企业的新产品或替代产品	将新产品推向市场所需的资金投入和技术支持
扩大	提升新产品或者扩大销售	企业有收入但没有利润,需要资金支持用来解决市场对产品反馈和产品改进
后期	风险投资者开始选择适当时机退出	企业开始有收入和利润,慢慢并入正轨
退出	风险投资者通过企业收购或负责人回购而兑换现金	风险投资者或者后介入的律师、审计师等专业服务人员完全退出

(二)集群主导型

德国和日本作为创新型国家,其创新治理模式的特点是产业集群成为科技计划和创新体系建设的直接支持对象,有学者称其创新政策为"面向集群"的创新政策。① 尽管美国也有硅谷、128 号公路等创新型产业集群,但这些集群的形成和发展主要是在市场机制下自发形成的。20 世纪 90 年代中期开始,德国政府就开始出台多种集群计划。德国集群计划大体可划分为生物区域、创新区域、综合类和经济技术部 4 大类。从其演变历程来看,先后经历了促进单个产业发展、促进区域协调发展、促进多产业多区域发展和促进创新集群发展与合作。

德国的集群计划具有以下特点。(1)功能互补。生物区域计划的

① 陈志、丁明磊:《面向集群的创新政策:德国集群计划的经验》,《科技进步对策》2014 年第 5 期。

功能在于促进生物产业这一特定产业的发展;创新区域计划仅限德国东部地区申报,目的在于平衡东西部地区间的发展;综合类计划的重点是促进产学研合作;顶尖集群竞争计划关注产业集群的应用研究,要求企业在项目初期提供至少50%的研发资金,并且3/4的项目资金投向产业技术研究;经济技术部计划是一个功能更为宽泛的集群计划,其目的是推动竞争力网络构建。(2)"自上而下"政策意图和"自下而上"内部选择相结合。联邦政府只在选择集群时进行评审,并在随后加以支持。但集群的管理和发展基本上由区域内各主体自行组织。(3)注重集群治理。竞争力网络计划要求每个集群必须有正式的组织机构和管理团队,并且每年都会组织全体集群大会及区域性的专题会议。(4)重视中小企业创新培育。以生物区域计划为例,该计划有超过60%的资金用于支持私人企业,而且大部分都是新创企业。各集群计划都特别关注应用研究和商业化,大多数计划都有专属的附属计划来帮助中小企业实现技术商业化。

同样是20世纪90年代,日本为扭转基础技术依赖,制定了《科学技术基本法》,提出"科技创新立国"战略。进入21世纪,日本创新政策的体系化逐步增强,日本政府在产学官创新治理模式的基础上,主动参与创新机制运行。① 为建设区域创新体系,以文部科学省和经济产业省为主的日本政府机构出台了一系列科技计划和政策,②并且使以行业协会为代表的利益集团与各行政机构设置的审议会,成为连接宏观科技政策与微观组织行为的关键桥梁。2013年6月制定的《日本再兴战略》再次强调应强化"综合科学技术会议"的指挥部作用,破除省厅间的纵向分割,在战略性领域实施政策资源的集中投入。③ 安倍内阁推出了被称为"强化领导职能三支箭"的措施,具体包括:建立"科学技术重要政策行动计划"制度,设立横向联合型的"战略创新性创造项

---

① 霍宇同:《新世纪日本创新政策演进趋势及其对中国的启示》,《科学管理研究》2014年第4期。

② 孙艳艳等:《日本区域创新政策的案例分析研究——以日本首都圈为例》,《科学学与科学技术管理》2016年第6期。

③ 平力群:《日本科技创新政策形成机制的制度安排》,《日本学刊》2016年第5期。

目",设立支持高风险高影响的"创新性研究开发推进项目"。2014年,日本政府把"综合科学技术会议"改组为"综合科学技术创新会议",其领导职能进一步强化,主要包括:推进科技振兴与创新政策的一体化,引导各省厅跨越部门边界实施政策,加快实现科技成果转化。

21世纪日本创新政策主要有以下特点。[①] (1)创新政策体系化。日本的创新政策从最初的"产学官"合作,到强化中央咨询决策机构作为创新治理指挥部的职能。2008年开始将所有部门除防卫与警备外的科研经费纳入"e-Rad研发管理系统",有效治理了重复研究及经费过度集中等问题。[②] (2)优化国家创新评估指导方针。2012年,日本两次修订《国家研究开发评估大纲指针》,修订和新增的内容包括:加强评估部门运营的独立性,明确政府各部门和研究机构法人新的评估目标,加强竞争性研究资金制度的建设与评估,促进研发项目的有机联系网络建设,加强和扩大后续评估,加强评估结果对研发计划的反馈力度。(3)强化普遍性创新基础要素。21世纪以来日本创新政策开始向基础研究、教育、人力资源等要素倾斜,主要包括:夯实基础教育与改革高等教育并重,培养本国高素质人才与吸引国际创新人才并举,保持对基础研究的高投入。(4)注重经济效益与社会效益协调。近年来,日本创新政策注重社会综合效益导向。创新政策的目标既包括创新的经济效益,又蕴含着创新的社会效益。日本的第三期"科技基本计划"明确提出"创建环境和谐的可持续发展社会"等战略目标。

(三)产业主导型

中国改革开放40余年的经济发展过程是一个创新政策和产业发展协同演化的过程。[③] 技术后发国家科技政策的着力点和着力方式普遍伴随着产业追赶进程而不断调整,构成了以产业追赶为主导的创新

---

① 霍宇同:《新世纪日本创新政策演进趋势及其对中国的启示》,《科学管理研究》2014年第4期。

② 胡智慧等:《2012年世界主要国家和组织科技与创新战略新进展》,《科技促进发展》2013年第13期。

③ 梁正、李代天:《中国科技政策与产业协同演化40年》,《科学学研究》2018年第12期。

治理模式。改革开放以来,中国科技创新政策演变主要经历了四个阶段。①

第一阶段(1978—1992 年):科学技术是生产力。1978 年,邓小平同志在全国科学技术大会上明确提出"科学技术是生产力",标志着新时期中国科技政策和产业发展的开端。这一阶段创新政策的重点有四个方面。一是改革科技体制。1985 年,中共中央发布《关于科学技术体制改革的决定》,全面启动了科技体制改革。改革的主要内容是调整科技系统组织结构、科技人员管理制度和科技工作运行机制。二是设立国家科技计划。1982 年出台的"国家重点科技攻关计划"是中国第一个国家科技计划,之后又先后设立了星火计划、863 计划和火炬计划等。1986 年 2 月,国务院批准成立国家自然科学基金委员会支持基础研究,初步形成科技研究和基础研究双轮驱动的格局。三是制定实施产业技术政策。1986 年,国务院发布了能源、交通、通信等十二个领域的技术政策要点。国务院相关部门还制定了本系统的技术政策,如《铁路主要技术政策》《公路、水运交通主要技术政策》等。四是加强实验室、技术市场等载体建设。1984 年,国家发展计划委员会启动了国家重点实验室计划;1985 年,国务院做出《关于技术转让的暂行规定》,技术市场在中国的作用和地位得到肯定。

第二阶段(1993—2004 年):科教兴国战略。1995 年 5 月,江泽民同志在全国科技大会上的讲话中提出了实施科教兴国战略,确立了科技和教育是兴国的手段和基础的方针。在前期基础上,这个阶段创新政策的重点从科学、技术领域逐步扩展到创新领域。一是科技体制改革啃"硬骨头"。1999 年,10 个国家局的 242 个科研机构进行了管理体制改革。按照实现产业化的总体要求,各科研机构从实际出发自主选择改革方式,包括转制成科技型企业、技术服务中介机构、整体或部分并入企业等。二是完善科技创新管理体制。1996—2004 年,财政部会同其他相关部门制定了《科技三项费用管理办法》《科技周转金管理办法》等政策。这些政策的颁布使科技创新资金得到有效管理,有力促进了资金使用效率。三是颁布有利于科技创新的金融和财税政策。随着

---

① 《中国科技创新政策体系报告》,科学出版社 2018 年版,第 5—13 页。

我国市场经济体系的逐步建立,以税收和金融作为促进科技发展手段的比重越来越高,主要的税收政策有《关于促进科技成果转化有关税收政策的通知》《技术改造国产设备投资抵免企业所得税暂行办法》等。四是产业技术政策深入发展。2000年,国家部委密集颁布了与科技紧密相关的产业政策,例如,《当前国家重点鼓励发展的产业、产品和技术目录》《关于深化改革建立面向行业的技术开发基地的意见》《国务院关于印发进一步鼓励软件产业和集成电路产业发展若干政策的通知》《关于用高新技术和先进适用技术改造提升传统产业的实施意见》等。

第三阶段(2005—2014):建设创新型国家。2006年,胡锦涛同志在全国科技大会上提出,要用15年的时间使我国进入创新型国家行列。这个时期,我国创新政策体系快速形成,进入更加注重协调、衔接的创新体系时代。一是科技创新政策体系初步形成。围绕《国家中长期科学和技术发展规划纲要(2006—2020)》,国家层面先后出台了78条配套政策及实施细则,涉及教育、人才、科普、科技投入、税收激励、政府采购、金融支持、知识产权保护、加强统筹协调、科技创新基地与平台、引进消化吸收再创新等十一个方面。我国初步形成科技政策与经济政策融合、引导企业成为创新主体的多层次科技创新体系。二是强化企业创新主体地位。2013年国务院办公厅发布了《关于强化企业技术创新主体地位全面提升企业创新能力的意见》,要求进一步完善引导企业加大技术创新投入的机制等十二项任务。三是加快推进协同创新。2012年,中共中央、国务院发布《关于深化科技体制改革加快国家创新体系建设的意见》,提出"以提高自主创新能力为核心,以促进科技与经济社会发展紧密结合为重点,进一步深化科技体制改革,着力解决制约科技创新的突出问题,充分发挥科技在转变经济发展方式和调整经济结构中的支撑引领作用,加快建设中国特色国家创新体系"。创新主体协同创新、政府市场共同作用、中央地方统筹协调、国内国际合作共赢、科技经济紧密结合等成为加快国家创新体系建设的主要内容。四是优化宏观科技资源配置。2006年,科技部发布《关于国家科技计划管理改革的若干意见》,对国家科技计划体系进行调整,形成了由重大专项和基本计划组成的新体系。2014年,国务院印发《关于深化中央财政科技计划(专项、基金等)管理改革方案》,再次对科技计划进行改革。

第四阶段(2015年至今):创新驱动发展战略。2015年,中共中央、国务院发布《关于深化体制机制改革加快实施创新驱动发展战略的若干意见》。该文件提出,"面对全球新一轮科技革命与产业变革的重大机遇和挑战,面对经济发展新常态下的趋势变化和特点,面对实现'两个一百年'奋斗目标的历史任务和要求,必须深化体制机制改革,加快实施创新驱动发展战略"。2016年,中共中央、国务院发布《国家创新驱动发展战略纲要》,明确了到2050年中国创新驱动发展的目标、方向和重点任务。这一时期的创新政策在持续重视企业创新能力和产业发展水平的基础上,加大了营造良好创新环境的力度。一是大力推进大众创业万众创新。2015年,国务院发布《关于大力推进大众创业万众创新若干政策措施的意见》。推进大众创业万众创新的意义在于:培育经济社会发展新动能、扩大就业、实现富民和激发全社会创新潜能和活力。随后,一批高水平的双创示范基地、支撑平台陆续建立,并形成了一批可复制可推广的双创模式和典型经验。二是持续推进区域创新系统建设升级。国务院先后出台《关于促进开发区改革和创新发展的若干意见》《关于推进国家级经济技术开发区创新提升打造改革开放新高地的意见》《关于支持国家级新区深化改革创新加快推动高质量发展的指导意见》《关于县域创新驱动发展的若干意见》等文件,主要任务为深化开发区建设体制和运营体制改革,加快区域创新发展。三是推动新一代信息技术发展。国务院先后发布了《促进大数据发展行动纲要》《关于促进云计算创新发展培育信息产业新业态的意见》和《新一代人工智能发展规划》。为了推动新一代信息技术与实体经济融合发展,国务院还发布了《"十三五"国家战略性新兴产业发展规划》和《中国制造2025》。四是进一步优化创新环境。为了推进科技领域的"放管服"改革、调动科研人员积极性,国务院发布了《关于优化科研管理提升科研绩效若干措施的通知》,要求优化科研项目和经费管理、完善评价激励制度、开展科研管理改革试点等等。为推动科技成果扩散、流动、共享、应用,国务院又发布了《国家技术转移体系建设方案》,推动了国防科技工业军民融合发展,规范了发展区域性股权市场。

第五章

创新发展评价

现有研究大多从创新投入、创新产出和创新环境等多个层面对创新发展进行综合性评价。世界知识产权组织（WIPO）发布的全球创新指数（GII）是国际上最有影响力的国家创新发展评价。近年来,中国的GII排名提升迅速,2019年排全球第14位,并且中国是中等收入经济体中全球创新指数唯一进入前20名的国家。在国内,由中国科技发展战略研究小组和中国科学院大学中国创新创业管理研究中心联合发布的《中国区域创新能力评价报告》较有影响力。据该报告,至2019年,总体上看我国已经基本形成了京津冀、长三角、珠三角三大创新集聚区和成都、重庆、武汉、西安等区域性创新集聚区。北京、上海等特大型城市和广东、江苏、浙江、山东等东部沿海地区依然是创新能力领先地区,重庆、陕西、四川、贵州等西部地区追赶势头迅猛,创新步伐不断加快。本章从技术创新、制度质量和全要素生产率三个角度对中国创新发展进行评价。

第一节　技术创新评价

本节从创新价值链视角入手,采用DEA三阶段模型对中国区域技术创新效率进行测度和评价。测算结果表明,我国技术创新水平表现出明显的区域差异,综合技术效率从东部地区、中部地区、西部地区到东北地区逐次递减,且东中西部地区均为规模技术效率低于纯技术效率,而东北地区则是纯技术效率低于规模技术效率;剔除环境因素之后,四个地区综合技术效率依旧如第一阶段呈现出递减的规律,但各个区域的纯技术效率、规模效率表现出不同的变动水平,经济环境中各种变量的投入变化会带来差异化的效率变动。

一、引言

党的十八大以来,以习近平同志为核心的党中央对科技创新高度重视,把科技创新放在国家发展全局的核心位置。十九大报告再次明确指出,创新驱动是引领发展的第一动力,表明中国未来的经济发展中要以技术创新为主导,以效率变革为主要目标。统计数据显示,中国R&D经费支出占GDP的比重从1995年的0.6%上升到2018年的

2.18%,说明我国对技术创新的投入正在不断增加。但是,因地理环境、经济基础等种种复杂因素,我国各个地区之间的创新投入产出存在着明显的差异。经济欠发达地区如果要在创新能力上追赶经济发达地区,关键在于提升技术创新效率。[1] 为此,我们需要了解当前我国各个区域的技术创新效率现状,进而才能有针对性地对不同区域的创新发展做出指引。

在关于技术创新的研究中,张晓林等学者认为创新价值链应该由基础性研发、应用性研发和技术性研发三个方面组成链式结构,在市场获得经济效益则是结构末端的具体表现。[2] 庞瑞芝等人从投入产出的角度出发,把技术创新过程分为两个阶段,即"创新资源转化"和"创新知识转化"。[3] 谢琨等人认为,绿色技术创新绩效综合评价指标体系的构建应该分为创新过程视角、投入产出视角和全面发展理论视角。[4] 肖仁桥等认为,绿色技术创新过程应该包含科技研发和新成果转化两个阶段。[5] Guan 和 Chen 则将技术创新过程视为"技术研发"和"技术商业化"作用的过程。[6] 尽管这些学者对技术创新进程阶段有不同的划分方式,但是研究思路仍是基本一致的。在研究中这些学者都考虑了创新价值链上不同阶段创新投入资源和创新产出资源的差异性,同时也都将技术创新产业化作为创新价值链最终得到实现的标志。[7] 创新价值链实质上是一个知识流动的过程,不管将创新分为两阶段还

[1] 彭伟明、周慧:《中国区域工业创新效率评价研究——基于 Malmquist 指数模型》,《皖西学院学报》2020 年第 1 期。

[2] 张晓林、吴育华:《创新价值链及其有效运作的机制分析》,《大连理工大学学报(社会科学版)》2005 年第 3 期。

[3] 庞瑞芝、李鹏、李嫣怡:《网络视角下中国各地区创新过程效率研究:基于我国八大经济区的比较》,《当代经济科学》2010 年第 6 期。

[4] 谢琨等:《我国钢铁企业绿色技术创新绩效评价研究》,《价格理论与实践》2019 年第 9 期。

[5] 肖仁桥、王宗军、钱丽:《环境约束下中国省际工业企业技术创新效率研究》,《管理评论》2014 年第 6 期。

[6] Guan J, Chen K. "Modeling the Relative Efficiency of National Innovation Systems". *Research Policy*, 2012, 41(1), pp.102-115.

[7] 朱杭、莫燕、周晓林:《技术中介提升创新价值链效益的机理分析》,《科技进步与对策》2006 年第 9 期。

是三阶段,知识流动都是连续不可分的。同时,在创新的每一个阶段都有其自身的创新主体和创新目标,因此创新价值链应该能够将这些过程贯穿起来,最终使各个阶段的创新要素主体共同转化为最终的经济效益。① 也正因如此,创新过程中任何一个环节出现问题,都会直接降低创新绩效,因此每一阶段要素主体的选择应该尽可能地保证整个系统的完整性,使得创新价值链各个环节的价值都能够体现出来。②

在具体研究中,张立杰等人基于价值链视角,以 2009—2017 年丝绸之路经济带沿线省(区、市)高技术产业为研究对象,利用 DEA-Malmquist 指数模型分析各地区高技术产业技术研发效率、技术转化效率。③ 张鸿等运用 DEA 模型测算了陕西省高技术产业不同行业技术研发效率与成果转化效率,发现产业绩效、市场化程度对技术研发效率有显著影响。④ 何平从技术创新投入能力、技术创新产出能力和技术创新投入产出综合能力入手,构建了基于数据包络分析(DEA)法的高技术产业创新能力评价模型。⑤ 高晓光等基于 SFA 方法对中国区域高技术产业创新效率的时间演变和地区特征进行了研究分析。⑥虽然,当前在学术界关于技术创新价值链以及技术效率的研究已经得到了不断的发展,但是从创新价值链视角入手,采用 DEA 三阶段模型对全国各个地区的技术创新效率进行测算的文献较为缺乏,具有一定的研究价值。基于此,本节选择 DEA 三阶段模型对省域技术创新效率的变迁进行测度,明确区域间技术创新效率差异。

---

① 洪银兴:《科技创新阶段及其创新价值链分析》,《经济学家》2017 第 4 期。

② 余泳泽:《我国高技术产业技术创新效率及其影响因素研究——基于价值链视角下的两阶段分析》,《经济科学》2009 年第 4 期。

③ 张立杰、梁锦凯:《我国丝绸之路经济带沿线省(区、市)高技术产业创新效率研究——基于 DEA-Malmquist-Tobit 方法》,《科技进步与对策》2019 年第 13 期。

④ 张鸿、汪玉磊:《陕西省高技术产业技术创新效率及影响因素分析》,《陕西师范大学学报(哲学社会科学版)》2016 年第 5 期。

⑤ 何平:《我国高技术产业技术创新能力评价研究》,哈尔滨工程大学博士学位论文,2018 年。

⑥ 高晓光:《我国高技术产业创新效率的时间演变与地区分布特征》,《产经评论》2015 年第 5 期。

二、评价体系与方法

通过对创新价值链的梳理,我们把企业技术创新过程分为技术研发和成果转化两个阶段。在第一个阶段,企业进行科技研发并且获取相关的知识性产出,由于企业创新的两个阶段是相互衔接、不可分割的,第一阶段获取的知识性产出是第二阶段进行创新成果转化时的投入要素,因而第一阶段的知识性产出便成为中间产物,这些中间产物想要帮助企业实现最终的盈利还需要其他资源的共同投入和中间产物共同作用才能最终转化为企业的经济产出,实现企业的技术提升。在技术研发阶段,企业进行各项自主创新活动,实现企业内部新知识的扩充和专业技术水平的提升,并以专利等实质性科技成果展现研发产出。在成果转化阶段,企业开始将研发成果进行产品化开发,并将其投入市场中,为企业带来经济效益。企业技术创新过程如图 5.1 所示,并据此构建技术创新评价指标体系。

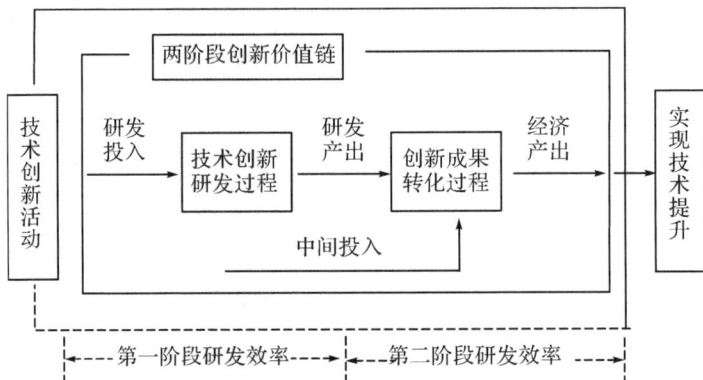

图 5.1 企业技术创新过程图

(一)指标与数据

由于研究视角差异,对技术创新效率的测算,国内外学者所采用的投入产出测度指标不尽相同。在指标选择方面,我们充分考虑了我国高技术产业的发展特征以及数据的可获得性。

1.指标的选择

第一阶段研发投入指标。在技术创新活动中一个最基本的元素便是 R&D 资源投入,其中包含了 R&D 人力投入和 R&D 资金投入,两者都会对效率产生直接影响。我们选择 R&D 人员全时当量作为科技活动的人员投入指标,选择 R&D 经费内部支出作为科技活动的财力投入指标。

第一阶段,中间产出指标。中间产出是进行技术研发时所得到的创新成果,一般会通过专利申请数、专利获得数、新产品开发项目数等知识性产出来衡量。[①] 新产品开发项目数是可以衡量研发活力的直接相关数据,专利数虽然通常来讲不能够给企业带来直接的经济利益,但是却是衡量企业研发阶段产出的一个直观指标,因此本指标体系选择发明专利数来表示研发阶段的中间产物。

第二阶段,非研发投入指标。在技术创新活动的创新成果转化阶段需要将企业的创新成果转化为企业的实际效益。在这一转化过程中,创新成果需要非研发投入相结合才能产出实际收益。在产品生产开发过程中,与生产经营相关的设备以及工具等也都是必不可少的物质条件,这些固定资产对创新成果转化发挥着重要作用。由于本节的技术创新评价以省域数据为基础,因此选择地区固定资产投资额作为非研发投入指标。

第三阶段,成果转化产出指标。成果转化产出是技术创新进程的最后阶段,这一阶段的产出也是企业的最终产出,在这一阶段中企业的各项投入开始要转化为实际的经济效益。孙晓慧认为,主营业务收入是衡量专利授权数以及新产品投入市场的业务指标,[②]也有学者采用新产品销售收入作为衡量技术成果转化为经济效益的指标。[③] 因此,我们同时选择主营业务收入和新产品销售收入作为成果转化产出指标。

---

① 贺康、王运陈、张立光、万丽梅:《税收优惠、创新产出与创新效率——基于研发费用加计扣除政策的实证检验》,《华东经济管理》2020 年第 1 期。罗良文、梁圣蓉:《中国区域工业企业绿色技术创新效率及因素分解》,《中国人口·资源与环境》2016 年第 9 期。韩孺眉、刘艳春:《我国工业企业绿色技术创新效率评价研究》,《技术经济与管理研究》2017 年第 5 期。

② 孙晓慧:《科技创新、科技金融与科技产出的协同发展研究》,浙江大学硕士学位论文,2019 年。

③ 李作志、苏敬勤、刘小燕:《中国高技术产业技术创新效率研究》,《科研管理》2019 年第 12 期。

第四阶段,环境变量指标。国内学者在技术创新效率指标的选择上并未形成一个统一的标准,但是大部分学者在研究中都选用了R&D活动人员数、R&D经费支出金额、年末固定资产、科技机构个数、企业个数等作为投入指标,将专利申请数、人均国内专利申请受理数、新产品销售利润、新产品销售收入等作为产出指标。本节在构建评价指标体系时选择科研活动人员、科技活动经费支出、固定资产投资额作为投入指标,选择专利发明数、新产品销售收入、主营业务收入作为产出指标。因为技术创新生产体系研究主要对象是高技术产品的生产销售活动,因此为了研究需求且满足"分离假设",我们从宏观经济环境、市场开放程度、政策支持、产业结构、基础设施等五个方面选取环境变量。

2. 样本及数据说明

考虑到数据的可获得性和完整性,我们选取了 2004—2016 年我国31 个省(区、市)的技术创新数据。根据前文的分析,最终得到省域技术创新评价指标体系包括 4 个一级指标和 6 个二级指标(见表 5.1),该评价体系数据覆盖面较宽,评价较为全面。选择出的 SFA 回归环境变量指标如表 5.2 所示。

表 5.1　技术创新效率评价指标体系

阶段	指标分类	指标名称	释义与构成
科技研发阶段	投入指标	技术创新人员投入	科技研发人员全时当量
		技术创新资金投入	科技研发经费内部支出
	中间产出	发明专利数	专利申请数
	非研发投入	物资	固定资产投资
成果转化阶段	期望产出	经济效益	新产品销售收入
			主营业务收入

注:该部分数据来自 2014—2017 年《中国高技术产业统计年鉴》。

表 5.2　SFA 回归环境变量指标体系

指标名称	释义与构成
宏观经济环境	人均 GDP
市场开放程度	外商直接投资额

续　表

指标名称	释义与构成
政策支持	财政总支出额
产业结构	工业企业数目
基础设施	货物周转量 互联网接入数

注：该部分数据来自 2017 年《中国统计年鉴》。

(二)研究方法

　　数据包络分析(DEA)是将一些投入数据和产出数据包含于一些决策单元中,从而构建一个技术效率的评价体系。DEA 方法通过计算每一个决策单元和最佳投入产出,得出对比项的效率指数,进而提出改进效率的方案。在当前的创新效率研究中,该方法的直观性与精确性相对较高。自第一个 DEA 模型,即 CCR(规模报酬不变)模型建立以来,BCC(规模报酬可变)模型和 Malmquist 指数分解也被发明出来。DEA 方法的基本思想是线性规划思想,该方法可用于评价具有多重投入产出要素组成的决策单元,DEA 方法不需要事先构建投入产出关系函数式,因此避免了参数法的误差,在测度技术创新效率研究中广受学者们的青睐。为了剔除环境因素及其他随机因素(除了规模、技术和管理因素以外的其他一切因素)对生产效率的影响,Fried 等提出了一种新的效率评价模型——三阶段 DEA 模型。[①] 该方法的最大特点是通过利用传统的 DEA 模型松弛变量所包含的信息,对投入(或产出)进行调整,把所有的 DMU(决策单元)都调整到假定的同等外部环境,再使用传统的 DEA 模型,重新计算各 DMU 的技术效率值,以剔除外部环境因素的影响,从而更加真实地反映各决策单元的效率情况。

　　本节采用 BBC 模型和 CCR 模型相结合的研究方法,对中国各个地区技术创新效率进行评价,且基于 BBC 模型构建了 DEA 三阶段模型。在模型的第一阶段,采用 BBC 模型测算剔除环境因素之前的各决策单元效率值;在第二阶段,将第一阶段计算的松弛变量作为决策单

---

　　①　刘满凤、李圣宏:《基于三阶段 DEA 模型的我国高新技术开发区创新效率研究》,《管理评论》2016 年第 1 期。

元机会成本,考虑环境因素及随机误差的影响,利用 SFA 模型对第一阶段的松弛变量进行修正,并对投入量做调整;在第三阶段,将调整后的投入量再次代入 DEA 模型中,测算出剔除了环境因素及随机误差的最终效率值。

三、评价结果与分析

(一)CCR 创新能力评价结果

在本部分的 DEA 分析中,我们运用 Deap2.1 软件,使用 CCR 模型对我国 31 个省(区、市)2004—2016 年的技术创新效率(TE)和增长率进行了测算,结果如表 5.3 所示。

表 5.3 省域 CCR 技术创新效率模型测算结果

地区	2004 年	2006 年	2008 年	2010 年	2012 年	2014 年	2016 年	均值
北京	0.575	1	1	1	1	1	0.989	0.950
天津	1	1	0.867	1	1	1	1	0.986
河北	0.429	0.276	0.481	0.587	0.486	0.402	0.438	0.438
山西	0.331	0.312	1	0.95	0.823	0.813	0.724	0.714
内蒙古	1	1	1	0.646	0.915	0.634	0.897
辽宁	0.569	0.316	0.385	0.693	0.602	0.625	0.838	0.567
吉林	0.656	0.185	0.549	0.89	0.773	0.891	0.898	0.690
黑龙江	0.305	0.261	0.294	0.242	0.369	0.564	0.565	0.366
上海	1	0.842	1	1	1	1	1	0.988
江苏	0.932	0.511	0.677	0.974	0.929	0.97	1	0.829
浙江	0.586	0.582	0.656	0.848	0.772	0.899	0.876	0.762
安徽	0.364	0.178	0.238	0.815	0.673	1	0.608
福建	1	0.681	0.671	0.716	0.939	0.688	0.702	0.771
江西	0.301	0.202	0.28	0.447	0.598	0.737	0.895	0.490
山东	0.564	0.36	0.573	0.754	0.644	0.694	0.859	0.648
河南	0.445	0.264	0.633	1	0.971	1	1	0.720
湖北	0.241	0.305	0.354	0.536	0.372	0.411	0.724	0.421
湖南	0.374	0.27	0.462	0.859	0.679	0.746	0.82	0.591

续 表

地区	2004 年	2006 年	2008 年	2010 年	2012 年	2014 年	2016 年	均值
广东	1	1	1	1	1	1	1	1.000
广西	0.501	0.258	0.542	0.859	0.859	1	1	0.685
海南	1	1	1	0.744	0.943	0.879	0.802	0.884
重庆	0.346	0.242	0.539	0.725	1	1	1	0.710
四川	0.336	0.202	0.352	0.713	1	1	1	0.652
贵州	0.354	0.402	0.679	0.709	0.574	0.846	0.756	0.607
云南	1	0.555	0.672	0.742	0.605	0.583	0.855	0.751
西藏	—	—	—	0.656	1		0.41	0.506
陕西	0.267	0.239	0.264	0.349	0.33	0.313	0.415	0.324
甘肃	0.418	0.236	0.247	0.486	0.46	0.625	0.565	0.431
青海	0.696	1	1	1	0.935	1	1	0.891
宁夏	0.139	0.29	0.405	0.622	0.76	0.505	0.658	0.584
新疆	1	1	1	0.592	0.266	0.979	0.825	0.838
均值	0.57	0.481	0.605	0.743	0.935	1	1	0.891

从表 5.3 来看,整体上我国技术创新效率在不断提升,均值只在 2006 年和 2010 年有小幅度下滑,不同省份的技术创新效率变动表现出明显的异质性。首先,从效率均值来看,各个省份之间效率均值差距较大。效率均值在 0.8 以上的省(区、市)一共有 9 个,分别为北京、天津、内蒙古、上海、江苏、广东、海南、青海、宁夏,多集中在东部发达地区。其中,广东技术创新效率均值为 1,处于效率前沿面水平,而北京、天津、上海等地也曾多年连续达到效率前沿面水平;技术创新效率水平在0.6~0.8 之间的有山西、吉林、浙江、安徽、福建、山东、河南、广西、重庆、四川、贵州、云南等 12 个省(区、市),多为中东部地区,这些地区也曾有过部分年份达到效率前沿面水平;其余 10 个省(区、市)技术创新效率则在 0.6 以下,处于较低水平的位置,其中,由于数据的缺失无法计算西藏2004~2008 年间的技术创新效率。其次,从增长趋势来看,在过去的 13 年里,北京、天津、上海等地呈现出先增长后居高平稳的态势,但多数地区的创新效率呈现出波动变化的现象,如甘肃、浙江等地呈现出先增后降的趋势。

(二)BBC 创新能力评价结果

在本部分的 DEA 分析中,我们采用 BBC 模型,用 Deap2.1 软件对我国 31 个省(区、市)2016 年的技术创新效率(TE)、纯技术效率(PTE)、规模技术效率(SE)进行了测算,结果如表 5.4 所示。全国技术创新效率、纯技术效率以及规模技术效率均值在 2016 年分别为 0.814、0.847、0.946。

表 5.4 省域 BBC 技术创新效率模型测算结果

地区	TE	PTE	SE	SEE	地区	TE	PTE	SE	SEE
北京	0.989	0.991	0.998	irs	湖北	0.724	0.782	0.925	drs
天津	1	1	1	—	湖南	0.82	0.821	0.999	irs
河北	0.438	0.448	0.978	drs	广东	1	1	1	—
山西	0.724	0.73	0.991	irs	广西	1	1	1	—
内蒙古	0.634	0.634	1	—	海南	0.802	0.837	0.958	irs
辽宁	0.838	0.839	0.998	irs	重庆	1	1	1	—
吉林	0.898	0.898	1	—	四川	1	1	1	—
黑龙江	0.565	0.574	0.985	irs	贵州	0.756	0.759	0.996	irs
上海	1	1	1	—	云南	0.855	0.863	0.991	irs
江苏	1	1	1	—	西藏	0.41	1	0.41	irs
浙江	0.876	0.877	1	—	陕西	0.415	0.416	0.997	irs
安徽	1	1	1	—	甘肃	0.565	0.579	0.976	irs
福建	0.702	0.709	0.991	drs	青海	1	1	1	—
江西	0.895	1	0.895	drs	宁夏	0.658	0.697	0.944	irs
山东	0.859	0.922	0.931	drs	新疆	0.825	0.872	0.946	irs
河南	1	1	1	—	均值	0.814	0.847	0.946	

从 BBC 模型的结果来看,我国的技术创新效率平均水平表现为规模效率大于纯技术效率。这说明规模效率在我国技术创新效率的提高中起着主导作用,技术因素处于次要地位。在不考虑环境因素和随机因素干扰的情况下,31 个省(区、市)中处于综合效率前沿面上的有 10 个,分别是天津、上海、江苏、安徽、河南、广东、广西、重庆、四川和青

海,这些省(区、市)的技术效率、纯技术效率以及规模效率值均为1,说明这些省(区、市)的资源配置以及技术管理相对有效。从省域横向比较可以发现,技术效率和纯技术效率都处于较低水平的地区为河北、黑龙江、西藏、山西和甘肃,他们的技术效率和纯技术效率水平均处于0.6以下;内蒙古、吉林、浙江的规模效率处于规模效率前沿面上,但是纯技术效率并未达到效率前沿面,导致综合技术效率有所下降。处于规模收益递增状态的省(区、市)有:北京、山西、辽宁、黑龙江、湖南、海南、贵州、云南、西藏、陕西、甘肃、宁夏、新疆等,多为中西部省份;河北、福建、江西、山东、湖北等5个省份则处于规模收益递减状态;其余10个省(区、市)处于规模收益不变状态。因此,不同省域之间的技术创新效率在综合效率、纯技术效率以及规模效率等方面都存在着一定的差异性。对大多数地区来说,如要提升技术创新效率,仅仅扩大要素投入规模仍是不够的,还需要重视高新区创新资源的合理配置。

剔除环境及干扰之后,用 DEA 第三阶段模型得到调整后的技术创新效率。从表5.5给出的结果可知,在剔除了环境因素之后,我国综合技术创新效率均值由 0.814 下降到了 0.62,纯技术创新效率由0.847上升到了 0.965,规模技术创新效率由 0.946 下降到了 0.642。这说明传统的 DEA 方法没能够真实地反映地区技术创新效率,使得规模技术效率普遍偏高,而纯技术创新效率普遍偏低。调整后,综合技术创新效率受到规模技术创新效率下降的影响出现了下滑。调整后纯技术创新效率处于效率前沿面上的地区有天津、吉林、江苏、安徽、江西、河南、广东、广西、重庆、四川、云南、西藏、青海、宁夏、新疆等,较之调整前数量有所增加,主要是部分欠发达地区的纯技术效率有所提升;调整后规模技术效率处于效率前沿面的地区有江苏、广东、重庆、四川、山东、河南等,基本集中在经济中高等发达地区,但较之调整前数量有所下降;调整后综合技术效率处于效率前沿面的仅有江苏、广东、重庆、四川、河南等5地。调整后,多数地区的技术创新效率表现为规模收益递增,只有江苏、广东、重庆、四川、山东、河南等地表现为规模收益不变。这个结果表明,在剔除环境因素影响之后,我国当前多数地区的创新发展仍处于创新要素投入驱动阶段。

表 5.5　省域第三阶段 BBC 技术创新效率模型测算结果

地区	TE	PTE	SE	SEE	地区	TE	PTE	SE	SEE
北京	0.76	0.916	0.83	irs	湖北	0.78	0.855	0.913	irs
天津	0.753	1	0.753	irs	湖南	0.61	0.922	0.662	irs
河北	0.388	0.82	0.473	irs	广东	1	1	1	—
山西	0.294	0.993	0.296	irs	广西	0.714	1	0.714	irs
内蒙古	0.158	0.96	0.165	irs	海南	0.129	0.965	0.134	irs
辽宁	0.551	0.97	0.568	irs	重庆	1	1	1	—
吉林	0.952	1	0.952	irs	四川	1	1	1	—
黑龙江	0.308	0.966	0.319	irs	贵州	0.345	0.97	0.356	irs
上海	0.739	0.915	0.807	irs	云南	0.18	1	0.18	irs
江苏	1	1	1	—	西藏	0.005	1	0.005	irs
浙江	0.833	0.945	0.881	irs	陕西	0.374	0.837	0.447	irs
安徽	0.911	1	0.911	irs	甘肃	0.1	0.96	0.105	irs
福建	0.705	0.833	0.846	irs	青海	0.123		0.123	irs
江西	0.94		0.94	irs	宁夏	0.142		0.142	irs
山东	0.995	0.995	1	—	新疆	0.062	1	0.062	irs
河南	1	1	1	—	均值	0.62	0.965	0.642	

（三）区域分布情况

为了分析我国不同地区的技术创新效率差异情况,本部分采用 DEA 方法构建 CCR 模型和 BBC 模型,分别测算了东部地区、中部地区、西部地区和东北地区的技术创新效率,具体情况如图 5.2 所示。

由图 5.2 可知,我国技术创新效率表现出明显的区域差异,技术效率数值呈现出从东部向中部、西部、东北逐渐降低的趋势。从 2004 年到 2016 年,东部地区效率值一直处于最高水平且高于全国平均值。2009 年之前,中部、西部和东北地区之间的差距很小,基本处于同一水平,而 2009 年之后中部和西部地区出现了高于东北地区的增长趋势,从而呈现出高于东北地区的效率值。从 2004 年到 2016 年,四个地区的技术创新效率虽然出现了不同程度的波动,但总体上保持了不断增长的趋势,地区间的差距呈现逐渐缩小的态势。2004 年东部地区的技

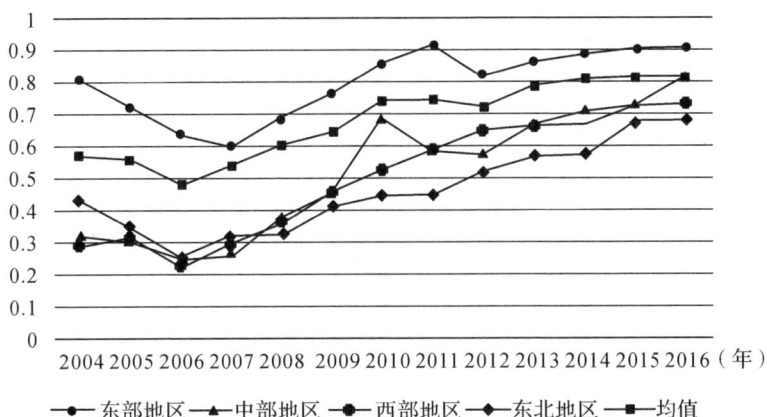

图 5.2　2004—2016 年区域创新效率走势图

术创新效率远高于其他三个地区,之后差距逐渐缩小,2016 年中部地区的技术创新与东部地区差距缩小到 0.1,其他两个地区与东部地区也只有 0.2 的差距。2009 年之后,东部地区的技术创新效率一直高于 0.8;中部地区 2012 年开始发力,2016 年技术创新效率已经超过 0.8。结合增长趋势来看,近几年,尽管东部地区仍表现出明显的创新效率优势,但是其增长速度十分缓慢,基本处于停滞状态。中部地区和西部地区的技术创新效率均值差距较小,中部地区稍领先于西部地区,且增长率较高,特别是 2015 年到 2016 年增长速度迅猛,表现出强劲的发展势头;西部地区在 2013 年和中部地区基本持平,但增长速度比较缓慢,并且表现出停滞的迹象,因而与东部地区和中部地区的差距有扩大的趋势。东北地区技术创新效率在四大区域中最低,并且增速始终比较缓慢。

　　表 5.6 给出了第一阶段 BBC 模型的测算结果。从中可以看出,东部、中部、西部及东北四大区域不仅综合技术效率表现出逐级递减的趋势,而且纯技术效率和规模效率也表现出差异性。其中,东部、中部与西部地区的差异主要表现为纯技术效率不同,四个地区只有东部地区的纯技术效率达到了效率前沿,中部和西部略低,但也都在 0.95 以上,因而三个地区的规模效率之间的较大差异导致了综合效率的较大差异。与其他三个地区不同的是,东北地区的纯技术效率非常低,仅有 0.69,远低于其他三个地区,造成东北地区的综合技术效率处于四个区域中最落后的位置;但东北地区规模技术效率达到了 0.994,是规模技

术效率最高的地区。值得注意的是,就规模收益状况来看,四个地区均处于规模效率递减状态。

表 5.6 分区域第一阶段 BBC 技术创新效率模型测算结果

地区	TE	PTE	SE	SEE
东部地区	0.908	1	0.908	drs
中部地区	0.817	0.981	0.833	drs
西部地区	0.737	0.963	0.766	drs
东北地区	0.686	0.69	0.994	drs

从表 5.7 的结果来看,剔除环境因素之后,各区域的综合技术效率均得到了提升,但纯技术效率和规模技术效率发生了不同的变化。其中,东部和中部地区的综合技术效率、纯技术效率和规模技术效率都达到了效率前沿面,且由规模递减转变为规模不变;同时西部地区的规模效率也由 0.766 提升到 0.995,纯技术效率则提升到了效率前沿面,规模效益递减也转变成了规模效益递增;东北地区剔除环境因素之后,纯技术效率得到了提升,但规模技术效率出现了下降,纯技术效率的大幅度提升最终带动了综合技术效率的提升。

表 5.7 分区域第三阶段 BBC 技术创新效率模型测算结果

地区	TE	PTE	SE	SEE
东部地区	1	1	1	—
中部地区	1	1	1	—
西部地区	0.995	1	0.995	irs
东北地区	0.853	0.969	0.88	irs

(四)DEA 第二阶段 SFA 分析结果

在 DEA 分析的第二阶段,将第一阶段测算出的三种投入变量(科研活动人员、科技经费支出、年末固定资产)的松弛变量作为函数的被解释变量,选取人均 GDP、工业企业数、财政支出、外商直接投资总额、基础设施(货运量、互联网接入数)作为解释变量,进而分析 5 个环境变量对 3 个投入项松弛变量的影响。当回归系数为正值时,表示增加该解释变量将会增加投入松弛量,导致浪费增加;相反,当回归系数是负值时,该解释变量有利于减少投入松弛量,减少浪费的产生。采用 Frontier4.1 软件进行定量分析,结果如表 5.8 所示。

表 5.8　基于 SFA 的 DEA 第二阶段估计结果

	科技活动人员	科技费用支出	固定资产投资
常数项	−0.2910.33 (0.45)	−87545.76 (−5.21)	−344.68 (5.575)
人均 GDP	0.08 (0.80)	1.34* (1.62)	0.0002 (0.103)
地方财政支出	−1.37* (−1.37)	−10.21*** (−10.22)	0.024 (0.536)
外商直接投资	−1.46* (−1.46)	−33.01*** (−33.32)	−0.107*** (−3.193)
工业企业数	0.15 (0.21)	−0.13 (−0.13)	0.007 (0.801)
货运量	−0.02 (−0.34)	−0.37* (−1.01)	0.001* (1.204)
互联网接入数	2.37** (2.38)	49.01*** (49.02)	−0.019 (−0.209)
σ^2	48894276.00	35158551.0	212724.81
λ	0.99	0.99	0.99
似然函数的对数	−334.2	55.970	−252.4

注:*表示在 10% 水平下显著,**表示在 5% 水平下显著;***表示在 1% 水平下显著。

由表 5.8 可知,三个投入变量对应的 λ 值均为 0.99,接近于 1,表示实际产出与理想产出之间的差距主要是由技术非效率引起的,表明该模型的回归结果较好,环境变量对投入变量会产生显著的影响。

第一,人均 GDP 与科技活动人员、科技费用支出、固定资产投资的松弛变量回归系数为正。这说明人均 GDP 的上升会增加科技活动人员、科技费用支出和固定资产投资的投入,并不利于技术创新效率的提高。其中,人均 GDP 与科技费用支出之间的相关系数较大,显著性水平较高。一个地区经济水平的提升并不一定带来技术创新的提升,特别是技术创新水平较低的发展中国家,经济水平的提高首先会反映在创新投入的增加上,但科技体制改革的滞后,创新投入可能并不能有效转化为经济效益。现阶段,我国的创新驱动发展需要更详细的规划,并且加快科技体制改革,仅仅依靠经济体量的增加并不能有效改善技术创新效率。

第二,地方财政支出与科技活动人员、科技经费内部支出负相关,与固定资产投资松弛变量正相关。这一结论表明,政府财政支出的增加,可以减少科研资源的投资冗余,使地方科研资源得到更合理的配置,提升技术创新效率;但地方财政支出的增加,会造成固定资产投资的冗余。据此,我国一方面应减少财政资金对固定资产的直接投入,另一方面应增加对科技创新的财政投入。关注高技术产业对财政的需求结构,进行有针对性的财政投入,能有效提高我国的技术创新效率。

第三,外商直接投资与科技活动人员、科技费用以及固定资产投资的松弛变量之间均为负相关。外商直接投资对创新投入影响非常显著,投资额增加不仅可以减少科技活动人员和科技费用冗余,而且还可以激活固定资产投资活力。这进一步说明,现阶段外商直接投资对提升我国技术创新效率的作用非常明显。也就是说,一个地区对外开放程度的提高可以激发创新资源的利用,进而带动整个地区技术创新效率的上升。其背后的机理在于,外商直接投资带来的生产项目大多属于高技术产业领域,能对当地经济产生强烈的技术外溢效应。同时,这一结果还表明,我国多数地区能够实现经济对外开放和高技术产业发展之间的良性互动。

第四,工业企业数与科技费用支出松弛变量负相关,与科技活动人员和固定资产投资的松弛变量正相关。总体来看,工业企业数是环境变量中对创新投入影响最小的一个变量,三个估计结果都没有通过显著性检验。对相关系数的符号进行分析可以发现,工业企业数的增加不会减少科技活动人员和固定资产投资的投入冗余,但能提高科技费用的利用率。这表明当前我国多数地区工业企业的技术水平不够高,企业数量的增加并不能够有效吸收高技术人员和相关固定资产投资,仅仅对科技费用的吸收有较高的效率。

第五,考虑数据可获得性,我们选取地区货运量和互联网接入数来代表该地区的基础设施水平。模型结果显示,货运量与科技活动人员和科技费用的松弛变量负相关,与固定资产投资正相关;互联网接入数刚好与货运量相反,它与科技活动人员和科技费用的松弛变量正相关,与固定资产投资负相关。这一模型结果表明,基础设施建设的提升并不能够完全带动科技资源的使用效率,比如货运量的增加仅激发了科技资源的活力,并未提升固定资产投资的使用率,而互联网接入数的增加则有相反的结果。因此,一个地区的基础设施配置需要与地区资源相结合,提高配置的合理化水平。

四、结论

在 DEA 三阶段模型的研究中,发现我国技术创新水平表现出区域差异,并且技术创新效率受到环境因素的较大影响,具体有以下结论:

第一,在 DEA 模型的第一阶段分别构建了 BBC 模型和 CCR 模型。首先,利用 BBC 模型对我国四个地区的技术效率进行横向对比,发现综合技术效率表现出了从东部地区、中部地区、西部地区到东北地区逐次递减的规律,且东中西部地区均为规模技术效率低于纯技术效率,而东北地区则是纯技术效率低于规模技术效率;其次,利用 CCR 模型对四个地区的技术效率近 13 年走势进行测算,通过观察综合技术效率水平和增长率发现,东部地区技术创新效率处于高水平慢发展阶段,中部地区技术创新效率处于较高水平快速发展阶段,西部地区技术创新效率处于中等水平稳定发展阶段,东北地区技术创新效率处于低水平慢发展阶段。

第二,在 DEA 模型的第二阶段,经研究发现,经济环境中各种变量的投入变化会给投入指标效率发挥带来不同方向、不同程度的影响,并不是一味增加投入便能够提升资源的使用效率。具体来说,人均GDP 增加,会带来科技活动人员、科技费用和固定资产投资的冗余;地方财政支出增加,会带来固定资产冗余,但是会提升科技活动人员和科技费用的使用效率;外商直接投资增加,会提升科技活动人员、科技费用和固定资产的使用效率;工业企业数增加,会提升科技费用的使用效率,但是会增加科技活动人员和固定资产冗余;基础设施提升,能够提升科技资源的使用效率,但是会增加固定资产冗余。因此,每一个地区在规划高技术产业投入指标时,应该和地区的经济环境相结合,考虑和地区产业结构、经济发展水平之间的匹配度,从而减少投入冗余,更高效地提升其创新效率。

第三,在 DEA 模型的第三阶段,剔除了环境因素之后发现,四个地区综合技术效率依旧如第一阶段呈现出递减的规律,但是效率值较第一阶段有所提升。东北地区纯技术效率高于规模技术效率,说明该地区技术创新效率受环境影响较大,东北地区规模技术效率在未剔除环境因素之前受到了低估;在剔除了环境因素之后,东部地区和中部地区由经济规模效益递减转变为规模效益不变,西部地区和东北地区由经济规模效益递减转变为经济规模效益递增。说明,在西部及东北地区较多省(区、市)仍旧可以通过投入驱动带动创新效益增加,而东部地区及中部地区的较多省(区、市)已经不能单纯靠投入驱动来提升其创新水平,需要结合各省(区、市)自身发展特征进行有针对性的投入。

第二节　制度质量评价

经济理论表明,制度对经济增长具有重要影响。演化经济学认为,经济增长是在制度和技术协同演化的过程中实现的。[①] 制度经济学更是认为,制度在经济发展过程中起着决定性的作用,即制度变迁决定经济增长。强制性制度变迁背景下,制度对经济增长的影响会更加明显。制度变革通过优化资源配置和激励技术创新促进经济增长。从中国经济发展的现实经验来看,1978 年以来中国所取得的巨大经济成就与改革开放这一重大制度性变革密切相关。为了量化评价制度质量,国内外众多研究机构从各个角度构建制度评价体系。对这些评价指数的变动情况进行详细分析,可以深入了解我国制度质量的改善情况。

一、营商环境指数

营商环境是指市场主体在市场准入、生产经营和退出等过程中所涉及的政务环境、市场环境、法治环境、人文环境等因素的总和,是评价经济体制度质量的一个关键性指标。世界银行与国际金融公司每年

---

① 陈劲、王焕祥:《演化经济学》,清华大学出版社 2008 年版,第 286—293 页。

发布《营商环境报告》,对全球 190 个经济体的监管法规进行量化分析,构建了一系列可供横向比较的评价指标,对各经济体的营商环境质量进行评比和排名,并提出监管改革的指导性建议。无论是从媒体关注度看,还是从政策影响力来说,《营商环境报告》皆属全球治理指数中的翘楚,是世界上影响最大的政策性出版物。

　　一般认为,一个经济体的制度质量越高则营商环境越好。营商环境包括影响企业活动的社会要素、经济要素、政治要素和法律要素,是一项涉及经济社会改革和对外开放等众多领域的系统工程。一个地区营商环境的优劣直接影响着招商引资的多寡,也直接影响着区域内企业的经营业绩,最终对财税收入、社会就业、经济发展等产生重要影响。良好的营商环境是一个国家或地区经济软实力的重要体现,是一个国家或地区提高综合竞争力的重要方面。营商环境指数排名越高或越靠前,表明在该国从事企业经营活动条件越宽松。相反,指数排名越低或越靠后,则表明在该国从事企业经营活动越困难。从历年营商环境指标排名情况看,多数发展中国家的营商环境排名落后于发达国家。也正是因为大多数发展中国家营商环境比较差,腐败现象比较严重,才使其经济发展落后,国民收入偏低。评价一个国家或地区营商环境的主要指标如表 5.9 所示。

表 5.9　营商环境评价指标

指标	如何衡量
开办企业	开办有限责任公司的程序、时间、成本和最低实收资本
办理施工许可证	完成建造企业的所有手续的程序、时间和费用,以及施工许可系统中的质量控制和安全机制
获得电力	与电网连接的程序、时间和成本,电力供应的可靠性,电费的透明度
登记财产	转让财产的程序、时间和费用以及土地管理制度的质量
获得信贷	动产抵押法律和信贷信息系统
保护少数投资者	少数股东在关联交易和公司治理中的权利
纳税	公司的付款、时间、总税率和缴款率,以及遵守所有税务条例和提交文件后的程序
跨境贸易	标准装运货物所涉及的时间和成本

续　表

指标	如何衡量
合同执行	解决商业纠纷的时间和费用以及司法程序的质量
办理破产	商业破产的时间、成本、结果和追回率以及破产法律框架的力量
雇佣员工	就业监管的灵活性
政府采购	通过公共采购和公共采购监管框架参与和赢得工程合同的程序和时间

由图 5.3 可知,我国营商环境指数自 2013 年以来呈逐年提高趋势。[①] 2013 年到 2017 年呈稳步增长态势,2018 年则明显上升了一个台阶,这主要得益于近年来我国在营商环境方面所采取的一系列举措。比如,2018 年国务院成立了推进政府职能转变和"放管服"改革协调小组,并下设优化营商环境专题组,先后出台了《关于部分地方优化营商环境典型做法的通报》《关于聚焦企业关切进一步推动优化营商环境政策落实的通知》等一系列文件,对优化营商环境做出了具体部署。2018 年,我国营商环境总体评价在全球 190 个经济体中已经跃居第 46 位,比 2013 年累计上升 50 位。其中开办企业便利度指标大幅度跃升至第 28 位,5 年累计上升 130 位。中国的全球营商便利度排名继 2018 年大幅提升 32 位后,2019 年又跃升 15 位,升至全球第 31 位。世界银行称,由于"大力推进改革议程",中国连续两年跻身全球优化营商环境改善幅度最大的十大经济体。2019 年以来,为促进营商环境的不断优化,国务院及地方政府又相继出台了一系列文件。比如,2019 年 10 月国务院出台的《优化营商环境条例》,以此为标志,中国营商环境建设工作从前期的破题阶段进入了地方政府的落实和深化阶段。2020 年 3 月 27 日北京借鉴国际先进经验并结合实际情况,出台了《北京市优化营商环境条例》,提出了审批、监管、政务服务、数据共享与业务协同、政策保障等五大制度创新;2020 年 4 月 10 日上海出台了《上海市优化营商环境条例》,明确要求践行"有求必应,无事不扰"的服务理念,当好服务企业的"店小二",并提出了进一步改革探索的任务表。在世界银行营商环境指标的各项细分指标中,我国在开办企业、获得电力

---

① 数据来源:世界银行 DOING BUSINESS 数据库。

以及合同执行方面具有一定的优势,纳税和获得信贷方面则相对处于弱势。比如,2019 年我国纳税和获得信贷在全球排名中仅处于 105 位和 80 位,而获得电力这个优势指标则在全球排第 12 名。

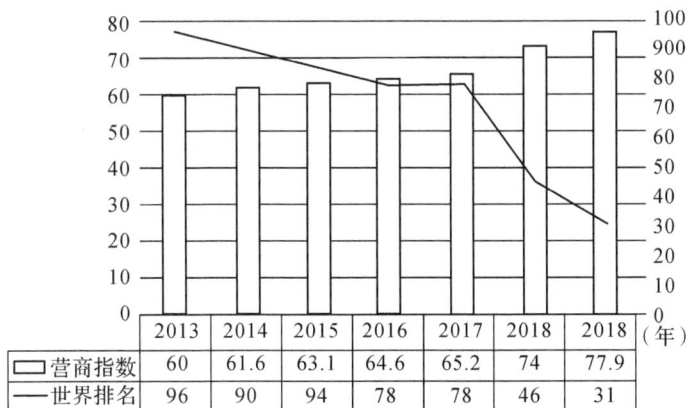

	2013	2014	2015	2016	2017	2018	2018 (年)
□ 营商指数	60	61.6	63.1	64.6	65.2	74	77.9
— 世界排名	96	90	94	78	78	46	31

图 5.3　中国营商环境指数及排名

二、制度竞争力指数

全球竞争力指数(GCI)由总部设在日内瓦的世界经济论坛每年公布一次,旨在衡量一国取得中长期经济持续增长的能力,首次发布于 2004 年。GCI 由 12 个竞争力支柱项目构成,为识别处于不同发展阶段的世界各国竞争力状态提供了全面图景。这些支柱项目分别是:制度、基础设施、宏观经济稳定性、健康与初等教育、高等教育与培训、商品市场效率、劳动市场效率、金融市场成熟性、技术设备、市场规模、商务成熟性、创新。制度竞争力是其重要的组成部分。

制度是经济活动和社会稳定的基础,只有不断加强制度规范才能提高竞争力。制度既包括机构正式的、具有法律约束力的约束规则,如法律、宪法和相关的执法机制等,也包括非正式约束,如行为规范、惯例和自我强加的行为准则。强大的制度是生产力和经济长期增长的重要驱动力。制度质量的差异是导致经济体发展差异众多因素中的基础因素。大量证据表明,稳定、有效的制度对经济增长和生产力提高至关重要。在全球竞争力报告中提到,制度指数由 7 大指标构成,包括细化的 20 个具体指标。每项评分是从指标级别(最细分的层次)到总体评分(最高层次)的连续综合得分。在每一汇总级别上,每项综合计量的计算方法是取其组成部分得分的平均值(即算术平均数)。具体见表 5.10。

表 5.10　制度竞争力指数的测算体系

指标	指标细化	权重
安全	有组织犯罪的商业成本	14.3%
	谋杀率/10 万人	
	恐怖主义发生率 0—100(无发生率)	
	警察服务的可靠性 1—7(最佳)	
社会资本	社会资本 0—100(最高)	14.3%
制衡	预算透明度 0—100(最佳)	14.3%
	司法独立 1—7(最佳)	
	法律框架在挑战规章制度中的效率 1—7(最佳)	
	新闻自由 0—100(最佳)	
公共部门表现	政府管制的负担 1—7(最佳)	14.3%
	法律框架解决争端的效率 1—7(最佳)	
	电子化参与 0—1(最佳)	
	政府的未来方向 1—7(最佳)	
透明度	腐败发生率 0—100(最佳)	14.3%
产权	产权 1—7(最佳)	14.3%
	知识产权保护 1—7(最佳)	
	土地管理质量 0—30(最佳)	
公司治理	审计和会计准则的力度 1—7(最佳)	14.3%
	利益冲突监管 0—10(最佳)	
	股东治理 0—10(最佳)	

资料来源:世界经济论坛,http://gcr.weforum.org.

　　根据世界经济论坛发布的全球竞争力报告,可以对中国的制度质量做一个简单分析。因评价方法变动,数值有所变化,2017 年后仅给出中国制度质量在全球的排名变动情况。从图 5.4 可以看出,中国制度质量呈不规则变动,全球排名基本在 50 名左右。2018 年,在制度细分评价指标中表现较好的是安全,最薄弱的是透明度。透明度使用国际通用的腐败感知指数来评估腐败发生率,数据来源于世界经济论坛的执行意见调查。腐败感知指数的取值范围为 0 分(高度腐败)到 100 分(非常干净),我国的得分只有 41 分,低于 50 分的门槛值,不过近年来处于逐步上升趋势中。公共部门表现的薄弱程度仅次于透明度。公共部门烦琐的办事流程增加了延时和交易成本,为腐败和独断创造了空间,降低了社会效率。

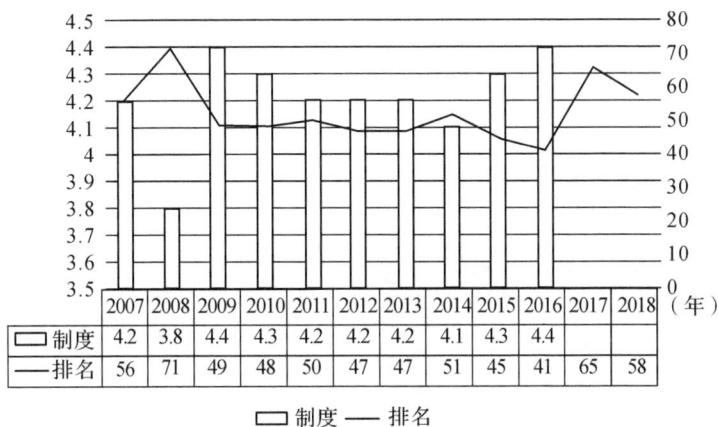

	2007	2008	2009	2010	2011	2012	2013	2014	2015	2016	2017	2018
制度	4.2	3.8	4.4	4.3	4.2	4.2	4.2	4.1	4.3	4.4		
排名	56	71	49	48	50	47	47	51	45	41	65	58

制度 —— 排名

图 5.4　中国制度竞争指数及全球排名

三、中国市场化指数

中国市场化指数对中国各个省(区、市)的市场化改革进展进行评价。[①] 该评价使用基本相同的指标体系,对各地区的市场化进程进行持续的测度,并从多个方面对各省(区、市)的市场化进程进行全面比较,提供了一个反映市场化变革的稳定的观测框架。为了避免评价的主观性,该评价采用客观指标衡量各省(区、市)市场化改革的深度和广度,主要包括五个方面的分指数,政府与市场的关系、非国有经济的发展、产品市场的发育程度、要素市场的发育程度、市场中介组织的发育程度和法律制度环境,基本概括了市场化的各个方面。每个方面指数又由若干分项指数组成,有些分项指数下面还设有二级分项指数。中

---

① 王小鲁、樊纲、胡李鹏:《中国分省份市场化指数报告》,社会科学文献出版社 2019 年版。

国市场化指数评价体系的具体构成见表5.11。由于市场化与中国经济体制改革和政府治理能力密切相关,因而该指数的高低一定程度上能反映中国各地区的制度质量,市场化指数较高的地区其制度质量也较高。

表 5.11 市场化指数构成

指标名称	指标类别
1.政府与市场的关系	方面指数
1a.市场分配经济资源的比重	分项指标
1b.减轻农民的税费负担	分项指标
1c.减轻政府对企业的干预	分项指标
1d.减轻企业的税外负担	分项指标
1e.缩小政府规模	分项指标
2.非国有经济的发展	方面指数
2a.非国有经济在工业销售收入中所占比重	分项指标
2b.非国有经济在全社会固定资产总投资中所占比重	分项指标
2c.非国有经济就业人数占城镇总就业人数的比例	分项指标
3.产品市场的发育程度	方面指数
3a.价格由市场决定程度	分项指标
(3a1.)社会零售商品中价格由市场决定的部分所占比重	二级分项指标
(3a2.)生产资料中价格由市场决定的部分所占比重	二级分项指标
(3a3.)农产品中价格由市场决定的部分所占比重	二级分项指标
3b.减少商品市场上的地方保护	分项指标
4.要素市场的发育程度	方面指数
4a.金融业的市场化	分项指标
(4a1.)金融业的竞争	二级分项指标
(4a2.)信贷资金分配的市场化	二级分项指标
4b.引进外资的程度	分项指标
4c.劳动力流动性	分项指标
4d.技术成果市场化	分项指标
5.市场中介组织的发育和法律制度环境	方面指数

续　表

指标名称	指标类别
5a.市场中介组织的发育	分项指标
(5a1.)律师、会计师等市场中介组织服务条件	二级分项指标
(5a2.)行业协会对企业的帮助程度	二级分项指标
5b.对生产者合法权益的保护	分项指标
5c.知识产权保护	分项指标
(5c1.)三种专利申请受理量/科技人员数	二级分项指标
(5c2.)三种专利申请批准量/科技人员数	二级分项指标
5d.消费者权益保护	分项指标

表 5.12 列出了 2000—2017 年中国各地区的市场化指数。由表
5.12 可知,市场化指数较高的地区为广东、浙江、上海、江苏等沿海开
放地区,而市场化指数较低的地区主要是新疆、青海、西藏等西部地区。
从地区角度看,东部沿海地区无论在经济发展方面还是在市场化进程
方面都领先于其他地区。近年来,政府和社会各界对发展和改革相对
缓慢的中西部地区以及东北地区给予了更多的关注,先后实施了西部
开发战略和振兴东北老工业基地战略,继而确定了中部崛起的战略目
标。从表 5.12 中可以看到,2017 年全国市场化指数总体评价得分为
7.51 分,东部地区平均分为 9.55 分,中部地区为 7.9 分,西部地区为
5.68 分,东北地区为 7.23 分。东部地区在市场化方面继续领先于其
他地区。与之相比,中、西部及东北地区都还有明显的差距。总体看
来,东部、东北、中部和西部地区呈现较明显的梯度关系,即东部地区总
体较好,中部和东北地区居中,西部地区差距较大。从近十年的变动幅
度来看,东部地区的市场化进展速度也相对较快。在 2007—2017 年期
间,东部地区市场化指数平均分增长了 0.61 分,高于其他地区。中部
地区平均分增长 0.94 分,西部地区平均分增长 0.21 分,东北地区平均
分增长 0.47 分,可以看到西部及东北地区与东部地区的市场化差距依
然有所扩大,仅中部地区与东部地区的差距有所缩小。

表 5.12 中国各地区市场化指数

	2000年	2001年	2002年	2003年	2004年	2005年	2006年	2007年	2008年	2009年	2010年	2011年	2012年	2013年	2014年	2015年	2016年	2017年
北京	4.64	6.17	6.92	7.5	8.19	8.2	8.54	9.02	7.23	7.34	7.66	7.83	8.31	8.7	9.08	9.3	9.61	10.29
天津	5.36	6.59	6.73	7.03	7.86	7.65	8.28	8.59	6.53	6.55	6.98	7.29	8.87	9.3	9.17	9.19	9.38	10.37
河北	4.81	4.93	5.29	5.59	6.05	6.51	6.84	6.94	5.58	5.72	5.07	5.3	5.58	5.77	6.19	5.95	6.04	7.13
山西	3.39	3.4	3.93	4.63	5.13	5.06	5.56	5.91	4.37	4.23	4.6	4.7	4.89	5.08	5.27	5.4	5.57	5.84
内蒙古	3.59	3.53	4	4.39	5.12	5.26	5.89	5.91	4.79	4.82	4.56	4.68	5.34	5.33	5.1	5.34	5.43	5.17
辽宁	4.76	5.47	6.06	6.61	7.36	6.97	7.56	7.97	6.42	6.61	6.36	6.44	6.65	6.7	7	7.24	7.57	7.59
吉林	3.96	4	4.58	4.69	5.49	5.76	6.2	6.55	5.81	5.87	5.49	5.64	6.15	6.23	6.42	6.4	6.52	7.07
黑龙江	3.7	3.73	4.09	4.45	5.05	5.33	5.61	5.76	4.92	4.95	4.84	5.02	6.01	6.2	6.22	6.53	6.8	7.03
上海	5.75	7.62	8.34	9.35	9.81	8.97	9.63	10.27	8.01	8.33	8.74	8.83	8.67	8.89	9.77	9.85	10.22	11.11
江苏	6.08	6.83	7.4	7.97	8.63	8.6	9.39	10.14	7.8	8.17	8.58	9.18	9.95	9.88	9.63	9.76	9.58	9.67
浙江	6.57	7.64	8.37	9.1	9.77	9.57	10.37	10.92	7.81	8.06	8.23	8.38	9.33	9.44	9.78	10.11	10.46	10.92
安徽	4.7	4.75	4.95	5.37	5.99	6.56	7.15	7.48	6	6.1	6.18	6.53	6.36	6.61	7.46	7.26	7.46	8.78
福建	6.53	7.39	7.63	7.97	8.33	7.94	8.42	8.59	6.67	6.77	6.63	6.84	7.27	7.44	8.07	7.98	8.2	9.36
江西	4.04	4	4.63	5.06	5.76	6.26	6.64	7.1	5.5	5.53	5.66	5.87	5.74	5.9	6.79	6.53	6.69	8.10
山东	5.3	5.66	6.23	6.81	7.52	7.87	8.24	8.47	6.98	7.04	6.87	7.02	7.41	7.55	7.93	7.89	8.04	8.83
河南	4.24	4.14	4.3	4.89	5.64	6.58	7.11	7.38	5.99	6.09	6.19	6.34	6.48	6.67	7	7.03	7.19	7.73
湖北	3.99	4.25	4.65	5.47	6.11	6.42	6.85	7.05	5.49	5.66	5.59	5.83	6.32	6.71	7.28	7.3	7.59	8.76
湖南	3.86	3.94	4.41	5.03	6.11	6.25	6.74	6.86	5.36	5.34	5.49	5.74	5.73	5.87	6.79	6.56	6.76	8.19
广东	0.23	8.18	8.63	8.99	9.36	9.04	9.72	10.1	7.51	7.62	7.73	7.91	8.37	8.69	9.35	9.35	9.65	10.86

续　表

	2000年	2001年	2002年	2003年	2004年	2005年	2006年	2007年	2008年	2009年	2010年	2011年	2012年	2013年	2014年	2015年	2016年	2017年
广西	4.29	3.93	4.75	5	5.42	5.4	5.17	5.9	5.67	5.64	5.11	5.3	6.19	6.34	6.51	6.54	6.72	7.43
海南	4.75	5.66	5.09	5.03	5.41	5.36	5.66	6.36	4.31	4.23	4.59	4.71	5.44	5.67	5.94	6.22	6.52	6.98
重庆	4.59	5.2	5.71	6.47	7.2	6.64	7.26	7.4	5.96	6.02	6.14	6.28	6.89	7.17	7.78	7.82	8.13	9.27
四川	4.41	5	5.35	5.85	6.38	6.63	6.95	7.3	5.85	5.86	5.8	5.86	6.1	6.26	6.62	6.54	6.66	7.42
贵州	3.31	2.95	3.04	3.67	4.17	4.61	4.94	5.4	4.47	4.39	3.55	3.63	4.36	4.52	4.85	4.57	4.65	5.90
云南	4.08	3.82	3.8	4.23	4.81	4.88	5.57	5.82	4.54	4.52	5.01	5.18	4.49	4.57	4.94	4.86	4.89	5.12
西藏	0	0.33	0.63	0.79	1.55	2.64	2.89	4.25	1.36	1.15	0.44	0.06	0	-0.3	0.62	0.81	1.08	1.53
陕西	3.41	3.37	3.9	4.11	4.46	4.37	4.71	4.82	4.36	4.28	3.95	4.37	5.18	5.71	6.36	6.33	6.69	8.28
甘肃	3.31	3.04	3.05	3.32	3.95	4.32	4.58	4.82	3.86	3.81	3.43	3.48	3.38	3.63	4.04	4.42	4.97	4.80
青海	2.49	2.37	2.45	2.6	3.1	3.09	3.29	3.54	2.94	2.79	2.53	2.54	2.64	2.84	2.53	2.78	2.93	2.37
宁夏	2.82	2.7	3.24	4.24	4.56	4.47	5.1	5.44	4.26	4.36	3.92	3.99	4.37	4.5	5.26	4.91	5.05	6.66
新疆	2.67	3.18	3.41	4.26	4.76	4.86	4.87	5.04	3.59	3.55	2.87	2.95	2.94	2.98	3.49	3	2.95	4.22

数据来源：《中国市场化指数》樊纲、王小鲁、朱恒鹏编。

四、治理指数

世界银行开发的全球治理指数（Worldwide Governance Indicators，WGI）包括六个方面的指标：政治稳定性、政府效率、政府监管质量、法治水平、腐败控制和话语问责权。政治稳定性衡量了人们对包括恐怖主义在内的政治不稳定和出于政治动机的暴力的可能性。政府效率反映了对公共服务质量、公务员质量以及其不受政治压力影响的程度，政策制定和实施的质量以及政府对此类政策的承诺的信誉度。政府监管质量反映了人们对政府制定和执行健全的政策和法规以支持和促进私营部门发展的能力。法治水平反映了人们对代理人遵守社会规则的信任和遵守的程度，尤其是合同执行质量、财产权、警察和法院的质量以及犯罪和暴力的可能性。腐败控制反映了人们对行使公共权力以牟取私利的程度的认识，包括小规模和严重形式的腐败，以及精英和私人利益对国家的夺取。话语问责权反映了人们对一个国家的公民能够在多大程度上参与选择其政府以及言论自由、结社自由和媒体自由的看法。这六个指数的取值范围为 -2.5 至 2.5，指数数值越高代表该国家的政治制度环境越好。

从世界银行全球治理指数数据库获取政治稳定性、政府效率、政府监管质量、法治水平、腐败控制和话语问责权六个指标的数据，对其进行算术平均加总得到 2002—2018 年的中国治理指数（见表 5.13）。由图 5.5 可知，中国治理指数虽然在个别年份有短暂的下降，但在过去十几年中主要呈上升趋势，处于一个稳步提高的过程中。不容忽视的是截至 2018 年，中国治理指数仍然没有突破 0，究其原因主要受到话语问责权这一指标的拖累。对近几年话语问责权数据变化情况进行分析可以发现，我国话语问责权这一指标得分处于上升趋势。在治理指数六个分指标中，我国在政府效率方面的得分是最高的，早在 2006 年这一指标就已经突破 0，并且一直处于持续快速上升趋势。政府效率的提升有力地促进了我国经济的可持续增长。2013 年，党的十八届三中全会指出，我国全面深化改革的总目标是完善和发展中国特色社会主义制度，推进国家治理体系和治理能力现代化。从图 5.5 可以看出，从 2014 年开始，我国的治理指数就处于明显的上升趋势。这表明，我国各级政府贯彻中央精神非常有力和高效。但是，全球治理指数也存在一些缺陷，比如过度的西方价值观倾向、重经济轻生态、重精英评判轻民众体验等等。[①] 对此，中国需要积极探索和构建具有中国特色的国家治理指数。

表 5.13　中国治理指数及主要指标测算

	政治稳定性	政府效率	政府监管质量	法治水平	腐败控制	话语问责权	治理指数
2002 年	−0.33	−0.06	−0.51	−0.50	−0.52	−1.59	−0.59
2003 年	−0.56	−0.08	−0.33	−0.53	−0.36	−1.51	−0.56
2004 年	−0.39	−0.06	−0.31	−0.53	−0.56	−1.46	−0.55
2005 年	−0.50	−0.12	−0.15	−0.59	−0.61	−1.50	−0.58
2006 年	−0.54	0.07	−0.20	−0.64	−0.51	−1.75	−0.60
2007 年	−0.50	0.18	−0.17	−0.54	−0.59	−1.72	−0.56
2008 年	−0.49	0.15	−0.15	−0.42	−0.52	−1.70	−0.52
2009 年	−0.45	0.09	−0.22	−0.41	−0.51	−1.70	−0.53
2010 年	−0.66	0.09	−0.23	−0.41	−0.56	−1.68	−0.58
2011 年	−0.60	0.09	−0.22	−0.46	−0.51	−1.64	−0.56
2012 年	−0.54	0.02	−0.24	−0.54	−0.44	−1.64	−0.56
2013 年	−0.54	0.00	−0.29	−0.52	−0.36	−1.63	−0.56
2014 年	−0.52	0.32	−0.28	−0.41	−0.34	−1.62	−0.48
2015 年	−0.55	0.41	−0.29	−0.41	−0.28	−1.66	−0.46
2016 年	−0.50	0.35	−0.26	−0.33	−0.25	−1.56	−0.43
2017 年	−0.23	0.42	−0.15	−0.26	−0.27	−1.50	−0.33
2018 年	−0.26	0.48	−0.14	−0.20	−0.27	−1.45	−0.31

数据来源：世界银行 Worldwide Governance Indicators（全球治理指数）数据库以及作者测算获得。

[①] 游腾飞：《西方如何隐蔽性建构国际制度性话语权——"世界治理指数"的剖析及其启示》，《探索》2017 年第 3 期。

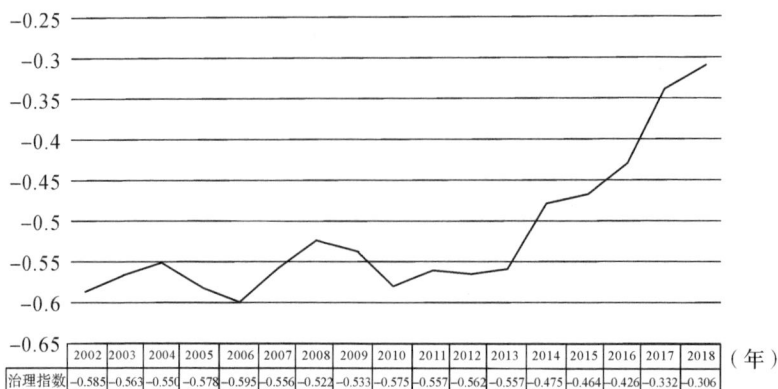

（年）	2002	2003	2004	2005	2006	2007	2008	2009	2010	2011	2012	2013	2014	2015	2016	2017	2018
治理指数	-0.585	-0.563	-0.550	-0.578	-0.595	-0.556	-0.522	-0.533	-0.575	-0.557	-0.562	-0.557	-0.475	-0.464	-0.426	-0.332	-0.306

图 5.5　中国治理指数变动趋势图

五、经济自由度指数

经济自由度指数是由《华尔街日报》和美国传统基金会发布的年度报告，涵盖全球 186 个国家和地区，是全球权威的经济自由度评价指标之一。经济自由度指数用影响国家经济自由的四大政策领域（法治、政府规模、监管效率、市场开放），共 12 项指标（括产权、政府诚信、司法效能、税负、政府支出、财政健全、商业自由度、劳工自由度、货币自由度、贸易自由度、投资自由度和金融自由度）来衡量。各个指标累加后的平均值可以计算出总体系数，得分越高，说明经济自由度越高；反之，经济自由度越低。其中，产权表示私有财产受到法律的承认和保护程度；政府诚信是以政府及其工作人员为主体的诚信，指政府必须履行其对公众承诺的责任；司法效能主要指司法系统不受政府干扰的自由，司法系统内部的腐败控制及在接受司法裁定与执行之间的延迟；税负关系国家每个公民的切实利益，有效地衡量了政府部门的税收情况，如个人所得税和企业所得税与国民生产总值之间的关系等；政府支出主要由政府支出占 GDP 的百分比、国有企业的收入和财产占政府总收入的百分比来衡量；财政健全旨在评估财政风险，确保财政运行不至于偏离安全稳健的目标；商业自由度可以很好地衡量一国的企业注册、开办的难易程度；劳工自由度包括最低工资、工作时数限制的严格程度以及解雇冗员的成本等因素；货币自由度从国内物价稳定性和通货膨胀率等方面很好地衡量了一国的经济制度环境；一个国家的贸易自由度越高,代表其贸易进出口关税政策可以有效地规避贸易壁垒,使贸易活动顺利进行;投资自由度主要受是否有外国投资代码,政府是否鼓励外国企业公平地参与投资,是否对外汇进行管制,外国公司是否享受同等待遇,政府对支付、转移和资本交易是否进行限制,某些特殊行业是否拒绝外国投资等因素影响。金融自由度包括政府对银行服务和其他金融服务的管制程度、金融服务公司开业和运营的难易程度、政府对信贷资金分配影响的大小。经济自由度指标目前已被世界各国广泛应用,被当作观察各国经济状况的风向标。指数的评分范围为0—100,其中分数越高代表该国家的经济越自由。

2005—2018年中国的经济自由度指数如表5.14和图5.6所示。由图5.6可知,中国经济自由度呈上下起伏波浪状变动趋势,直到2017年有了一个明显的提高,在全球的排名也相应有了明显的拔高。2005—2016年,中国经济自由度指数并没有得到显著的提高,反而略有下降,分值在52分左右,全球排名在135名左右徘徊。中国经济自由度在2009年达到一个峰值,后面有所下降,直到2011年才有所回升,这其中的原因主要是全球经济危机使中国的贸易环境变得较为恶劣,导致经济自由度指标有所下降。2012—2016年我国经济自由度指标缓慢上升,2017年有明显的上升,得分从2016年的52分上升至57.4分,全球排名也从144名上升到111名。这一结果的主要原因在于产权指标得分有了明显的上升,但不容忽视的是投资自由与金融自由指数下降明显。2017年,我国对外投资下降同比减少36%,一是投资保护主义盛行所致,中国的一些跨国并购因被东道国认为是敏感产业或处于敏感领域未能得到批准,二是为避免一些中国企业通过投资把资金转移到海外,中国政府出台了一些对外投资政策,限制企业对海外房地产、俱乐部和酒店等领域的投资。从金融自由指标看,2017年党的十九大、全国金融工作会议、中央经济工作会议,频频将金融服务实体经济、防控金融风险、守住不发生系统性金融风险的底线"划为重点",金融领域的风险开始被高度关注,昔日处于监管空白地带的金融业务逐渐被纳入监管范畴。但同时也可以看到我国的贸易自由度是在不断提高的,我国对外开放的步伐在不断加快,这有利于带动经济制度质量的提高。经济制度质量的提高会降低交易成本,并且可以为技术创新和生产率的提高创造良好环境,从而促进我国经济的高质量发展。

表 5.14 中国经济自由度指数及主要指标测算

	产权	政府诚信	司法效能	税负	政府支出	财政健全	商业自由	劳工自由	货币自由	贸易自由	投资自由	金融自由	总评
2005 年	30	34	N/A	67.9	86	N/A	55	65	84.8	54.4	30	30	53.7
2006 年	30	34	N/A	70	86	N/A	43.1	65.2	79.4	68	30	30	53.6
2007 年	20	32	N/A	66.6	87	N/A	46.9	64.2	75.5	68	30	30	52
2008 年	20	33	N/A	66.4	89.7	N/A	50.3	64.8	76.5	70.2	30	30	53.1
2009 年	20	33	N/A	70.6	88.9	N/A	51.6	61.8	72.9	71.4	30	30	53.2
2010 年	20	36	N/A	70.2	88.1	N/A	49.7	53.2	70.6	72.2	20	30	51
2011 年	20	36	N/A	70.3	87	N/A	49.8	54.9	75.3	71.6	25	30	52
2012 年	20	35	N/A	70.4	84.1	N/A	46.4	55.4	74.2	71.6	25	30	51.2
2013 年	20	36	N/A	70.2	83.3	N/A	48	62.6	71.6	72	25	30	51.9
2014 年	20	35	N/A	69.9	69.9	N/A	49.7	61.9	73.3	71.8	30	30	52.5
2015 年	20	40	N/A	69.7	81.5	N/A	52.1	63	74.2	71.8	25	30	52.7
2016 年	20	36	N/A	69.7	74.3	N/A	54.2	62	70.6	72.8	30	30	52
2017 年	48.3	41.6	60.7	70	73	92.5	53.9	63.4	71.8	73.6	20	20	57.4
2018 年	46.7	47.3	65.4	70.4	71.6	85.9	54.9	61.4	71.4	73.2	25	20	57.8

数据来源:全球遗产基金会(The Heritage Foundation)以及作者测算获得。

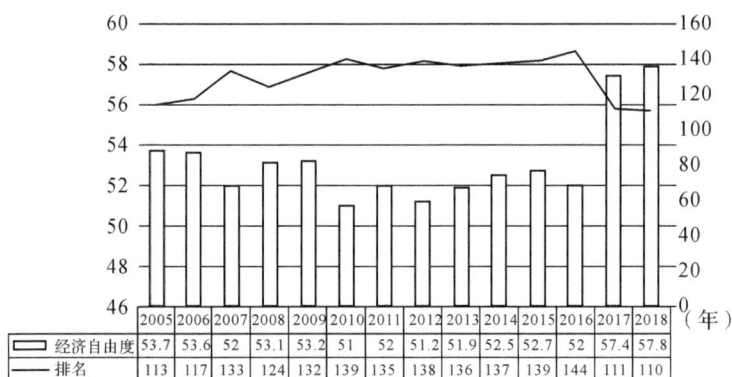

	2005	2006	2007	2008	2009	2010	2011	2012	2013	2014	2015	2016	2017	2018
经济自由度	53.7	53.6	52	53.1	53.2	51	52	51.2	51.9	52.5	52.7	52	57.4	57.8
排名	113	117	133	124	132	139	135	138	136	137	139	144	111	110

图 5.6 中国经济自由度指数趋势图

第三节 全要素生产率

当前,改革开放带来的制度红利和后发优势正在逐渐减退,中国经济正从高速增长转为中高速增长。[①] 在这一背景下,2015 年《政府工作报告》首次提出"提高全要素生产率",此后,中央经济工作会议多次强调要求"提高全要素生产率"。2017 年,党的十九大报告再次明确提出,"以供给侧结构性改革为主线,推动经济发展质量变革、效率变革、动力变革,提高全要素生产率",彰显了中央转变经济发展方式的坚定决心。由此,"提高全要素生产率"成为经济新常态下我国优化经济结构转换动力机制的核心要义。从经济学角度看,全要素生产率是包括人力、物力、财力在内的资源开发利用效率,其来源包括效率改善、技术进步、规模效应。作为衡量一国经济增长质量的重要指标和依据,全要素生产率的增长受到世界各国的广泛关注。

一、引言

改革开放 40 多年来,我国已跃居为世界第二大经济体、第一大工业国、第一大货物贸易国和第一大外汇储备国,创造了人类经济发展史的奇迹。1978 年至 2018 年的 40 年间,中国的经济规模提高了约 36 倍,国内生产总值的年均增长率达到 9.46%,连续多年对世界经济增长贡献率超过 30%,成为世界经济增长的主要稳定器和动力源。但是,我国经济高速增长背后所依赖的主要是与"人口红利"相伴随的劳动力供给和高储蓄率带来的资本快速积累,中国依然未能摆脱"高投入、高消耗、高排放、低效率"的粗放型经济增长方式。随着资本边际生产率递减,传统的以政府主导型投资为核心的增长动力不断衰减,加之严峻的环境污染和扭曲的生态破坏,以及潜在的地方债务"地雷"和不稳定的金融系统风险,我国粗放型增长方式已经难以为继,经济增长动力从要素驱动转向创新驱动已经刻不容缓。

众所周知,全要素生产率对于保持经济可持续增长起着决定性作

[①] 胡亚茹、陈丹丹:《中国高技术产业的全要素生产率增长率分解》,《中国工业经济》2019 年第 2 期。

用。在国际金融危机冲击下,中国经济增长由高速增长转向高质量发展的任务更为迫切。2008 年金融危机以来,中国经济增速明显放缓。一些学者认为,中国此轮经济增速下滑并非短期周期性波动,而是长时间的结构性调整。随着劳动力从农业向非农产业转移的速度下降,人力资本改善速度放慢,投资率太高,以及僵尸企业等阻碍创造性破坏过程的存在,使得中国经济的全要素生产率呈现下降趋势,成为此轮经济增长速度下滑的重要原因。[①] 在全国大力推动经济高质量发展的背景下,厘清改革开放以来中国全要素生产率的动态演化及背后的原因对寻求和形成全要素生产率增长的新动力与新机制具有重要现实意义。

Krugman 关于东亚国家要素投入式增长难以持续的论点和 1997 年亚洲金融危机的爆发,引发了国内学者研究中国全要素生产率的热潮。国内外学者运用不同方法对中国全要素生产率进行估算与分解,并深入分析影响全要素生产率增长的各种因素。Chow 和 Li 利用索罗残差法估计了 1952—2010 年中国的全要素生产率,发现 1978 年之前,中国的全要素生产率增长率几乎为零,改革开放后,中国的全要素生产率年均增长约 3%。[②] Hu 和 Khan 研究了中国 1979—1994 年的全要素生产率,发现受益于市场化改革下资源配置效率的改善以及对外开放政策,中国在这一时期的全要素生产率年均增长约 4%,全要素生产率成为中国经济增长的主要动力源泉。[③] Islam,Dai 和 Sakamoto 使用对偶法进行分析,发现中国的全要素生产率增长率从 1978—1984 年间的 5.73% 降至 1991—2002 年间的 2.98%,但全要素生产率增长仍是中国经济增长的重要源泉。

国内一些学者认为,从理论上探讨中国等新兴经济在全要素生产率的度量不能简单套用发达国家的方法。[④] 王小鲁利用生产函数法计

---

① 蔡昉:《导致我国全要素生产率增长减速的四个趋势》,《经济研究参考》2016 年第 13 期。白重恩、张琼:《中国经济减速的生产率解释》,《比较》2014 年第 4 期。

② Chow C,Li Kui-Wai. "China's Economic Growth:1952—2010". *Economic Development and Cultural Change*,2002,51(1),pp.247-256.

③ Hu,Z. and Khan,M. S.,"Why is China Growing So Fast?" IMF Staff Papers,1997,44(1),pp.103-131.

④ 易纲、樊纲、李岩:《关于中国经济增长与全要素生产率的理论思考》,《经济研究》2003 年第 8 期。

算得到中国全要素生产率增长率在 1953—1990 年与 1979—1999 年分别为－0.17％、1.45％。[①] 郭庆旺和贾俊雪估算 1979—2004 年中国全要素生产率平均增长率为 0.891％,对经济增长平均贡献率为 9.46％。[②] 章祥苏和贵斌威使用 DEA-Malmquist 指数分析了 1979—2005 年中国全要素生产率变动,发现 TFP 增长在整个经济增长过程中波动较大,在改革开放的前 20 多年里,我国 TFP 平均增长率为 1.60％,对经济增长的贡献率为 16.57％,生产率在整个经济增长过程中发挥了重要作用。[③] 徐现祥和舒元采用对偶法核算 1979—2004 年间中国的全要素生产率增长率,发现 1992 年之后的 TFP 增长率比 1992 年之前高 2—3 个百分点。[④] 张健华和王鹏研究发现 1979—2010 年我国全要素生产率的平均增长为 2.48％,全要素生产率对经济增长的贡献为 24.9％。[⑤] 白重恩和张琼发现,2008 年后中国全要素生产率明显下降,背后的主要原因是"后发优势"不断减弱,就业参与率持续降低,且投资率不断攀升。[⑥] 袁小慧和范金的分析指出,中国经济增长中的投资驱动特征自 2012 年党的十八大以后明显减弱,创新驱动特征开始逐步显现。[⑦]

　　纵观现有研究,当前关于我国全要素生产率的测算结果差异较大。导致测算结果不同的原因主要有研究样本期、生产函数设定、数据处理以及估计方法等存在差异。但从总体上看,我国全要素生产率增长较慢,对经济增长的贡献率较低。截至目前,鲜有文献分析改革开放

[①]　王小鲁:《中国经济增长的可持续性与制度变革》,《经济研究》2000 年第 7 期。

[②]　郭庆旺、贾俊雪:《中国全要素生产率的估算:1979　2004》,《经济研究》2005 年第 6 期。

[③]　章祥苏、贵斌威:《中国全要素生产率分析:Malmquist 指数法评述与应用》,《数量经济技术经济研究》2008 年第 6 期。

[④]　徐现祥、舒元:《基于对偶法的中国全要素生产率核算》,《统计研究》2009 年第 7 期。

[⑤]　张健华、王鹏:《中国全要素生产率:基于分省份资本折旧率的再估计》,《管理世界》2012 年第 10 期。

[⑥]　白重恩、张琼:《中国生产率估计及其波动分解》,《世界经济》2015 年第 12 期。

[⑦]　袁小慧、范金:《建国 70 年中国全要素生产率的演化趋势与结构分解》,《南京社会科学》2019 年第 7 期。

以来中国全要素生产率的变化,本节系统地研究了 1978—2018 年中国全要素生产率的演化,并细致地探讨全要素生产率变化背后的原因,这有助于弥补现有研究的不足,更加全面清楚地认识我国经济增长的动力。

二、全要素生产率的测算方法

目前测算全要素生产率主要有参数法与非参数法。参数法包括索洛残差法、隐形变量法以及随机前沿生产函数法,非参数方法主要指数据包络法。现有文献关于全要素生产率的测度主要使用索洛残差法、数据包络法和随机前沿生产函数法。

(一)参数法

1. 索洛残差法

索洛提出索洛残差法,其基本思路是通过估算总量生产函数,采用产出增长率扣除各投入要素增长率后的残差来测算全要素生产率增长,故也称生产函数法。[1] 在规模收益不变和希克斯中性技术假设下,全要素生产率增长就等于技术进步率。[2]

设总量生产函数为

$$Q = A(t)f(K,L) \tag{5.1}$$

其中,Q 为产出,$A(t)$ 为技术,K 为资本,L 为劳动力。上式两边同时对时间 t 求导,并除以 Q,可得

$$\frac{\dot{Q}}{Q} = \frac{\dot{A}}{A} + A\frac{\partial f}{\partial K}\frac{\dot{K}}{Q} + A\frac{\partial f}{\partial L}\frac{\dot{L}}{Q} \tag{5.2}$$

令资本的产出份额 $w_k = \frac{\partial Q}{\partial K}\frac{K}{Q}$,劳动的产出份额 $w_L = \frac{\partial Q}{\partial L}\frac{L}{Q}$,因 $\frac{\partial Q}{\partial K} = A\frac{\partial f}{\partial K}, \frac{\partial Q}{\partial L} = A\frac{\partial f}{\partial L}$,有

$$\frac{\dot{Q}}{Q} = \frac{\dot{A}}{A} + w_k\frac{\dot{K}}{K} + w_L\frac{\dot{L}}{L} \tag{5.3}$$

---

[1] Solow R M. "Technical Change and the Aggregate Production Function". *Review of Economics and Statistics*, 1957, 39 (3), pp. 312-320.

[2] 郭庆旺、贾俊雪:《中国潜在产出与产出缺口的估算》,《经济研究》2004 年第 5 期。

对(5.3)式重新整理,可得

$$\frac{\dot{A}}{A} = \frac{\dot{Q}}{Q} - w_k \frac{\dot{K}}{K} - w_L \frac{\dot{L}}{L} \tag{5.4}$$

(5.4)式就是全要素生产率增长的索洛残差公式。进一步地,令 $q = \frac{Q}{L}, k = \frac{K}{L}, w_L = 1 - w_k$,因 $\frac{\dot{q}}{q} = \frac{\dot{Q}}{Q} - \frac{\dot{L}}{L}, \frac{\dot{k}}{k} = \frac{\dot{K}}{K} - \frac{\dot{L}}{L}$,(5.4)式可化为:

$$\frac{\dot{A}}{A} = \frac{\dot{q}}{q} - w_k \frac{\dot{k}}{k} \tag{5.5}$$

索洛残差法开创了估计全要素生产率的先河,是新古典增长理论的一个重要贡献。但索洛残差法的估计以完全竞争、规模收益不变和希克斯中性技术为假设条件,这些约束条件在现实中较难满足。此外,索洛残差法用"残差"来度量全要素生产率,这种方法计算出来的全要素增长率有技术进步因素,也有非技术进步因素,可能导致全要素生产率的估算偏差。

2.随机前沿生产函数法

随机前沿生产函数法的估计同样需要确定生产前沿的具体形式,其最大优点是考虑了随机因素对于产出的影响。SFA 的估计模型通常设定如下

$$\ln y_{it} = \ln f(x_{it}, \beta) + v_{it} - \mu_{it} (i = 1, 2, \cdots, n; t = 1, 2, \cdots, T) \tag{5.6}$$

其中,y_{it} 为第 i 个决策单元在第 t 期的实际产出;x_{it} 为第 i 个决策单元第 t 期的投入要素向量;$f(x_{it}, \beta)$ 是随机前沿生产函数中的确定性前沿产出部分,通常选择柯布—道格拉斯生产函数(简称 C-D 函数)或超越对数生产函数(简称 Translog 函数)。随机前沿生产函数包含两个相互独立的随机部分 v_{it} 和 μ_{it},其中 v_{it} 为服从标准正态分布的随机误差项,表示诸如天气等随机因素对于产出的影响;μ_{it} 为技术无效率项,表示技术无效率对于产出的影响,一般假设 $\mu_{it} = \mu_i \exp[-\eta(t - T)]$,其中 μ_{it} 服从非负的截断正态分布,待估参数 η 的正负号可以判断决策单元的技术效率发展趋势:若 $\eta > 0$,则 μ_{it} 是 t 的单调递减函数,表示技术越来越有效率;若 $\eta < 0$,则 μ_{it} 是 t 的单调递增函数,表示技术越来越无效率;若 $\eta = 0$,则 $\mu_{it} = 1$,表示技术效率不随时间 t 发生变化。

（二）非参数法

全要素生产率测算的非参数方法主要是数据包络分析法（DEA）最早由 Charnes，Cooper 和 Rhodes 提出，该方法以相对效率为基础，以凸分析与数学规划为工具，直接利用线性优化给出边界生产函数与距离函数的估算，进而度量全要素生产率的增长。[1] 与参数法相比，DEA 方法不用确定生产函数的具体形式，只需投入和产出的数据，从而避免了较强的理论约束。

给定面板数据，DEA 方法中较为流行的度量方法为 Malmquist 指数。Malmquist 指数刚开始用于测度消费变化，[2]后来被 Caves，Christensen 和 Diewert 应用于度量生产率变化。[3] 假设有 N 个决策单元，其中第 i 个决策单元在 t 期的要素投入为 $x_i^t = (K_{it}, L_{it})'$，$K_{it}$ 为资本投入，L_{it} 为劳动投入，第 i 个决策单元在期的产出为 y_i^t。从第 t 期到第 $t+1$ 期全要素生产率增长的 Malmquist 指数可表示为：

$$M_i^{t+1}(x_i^t, y_i^t, x_i^{t+1}, y_i^{t+1}) = \left[\frac{D_i^t(x_i^{t+1}, y_i^{t+1})}{D_i^t(x_i^t, y_i^t)} \times \frac{D_i^{t+1}(x_i^{t+1}, y_i^{t+1})}{D_i^{t+1}(x_i^t, y_i^t)}\right]^{\frac{1}{2}} \quad i = 1, \cdots, N$$

其中，$D_i^p(x_i^q, y_i^q)$ 为距离函数（$p, q = t, t+1$）。进一步地，可将全要素生产率增长指数分解为不变规模报酬假定下效率变化指数（EF）和技术进步变化指数（TP），其分解过程如下：

$$M_i^{t+1}(x_i^t, y_i^t, x_i^{t+1}, y_i^{t+1}) = \frac{D_i^{t+1}(x_i^{t+1}, y_i^{t+1})}{D_i^t(x_i^t, y_i^t)} \times \left[\frac{D_i^t(x_i^{t+1}, y_i^{t+1})}{D_i^{t+1}(x_i^{t+1}, y_i^{t+1})} \times \right.$$

$$\left.\frac{D_i^t(x_i^t, y_i^t)}{D_i^{t+1}(x_i^t, y_i^t)}\right]^{\frac{1}{2}} = EF_i^{t+1} \times TP_i^{t+1}$$。其中，EF_i^{t+1} 和 TP_i^{t+1} 分别代表第 i 个决策单元在 $t+1$ 期的效率变化指数和技术进步率指数。EF_i^{t+1} 和 TP_i^{t+1} 大于 1、等于 1、小于 1，分别表示效率和技术得到提升、不变和下降。

① Charnes A，Cooper W W，Rhodes E. "Measuring The Efficiency of Decision Making Units". *European Journal of Operational Research*，1978，2(6)，pp. 429-444.

② Malmquist S. "Index Numbers and Indifference Surfaces". *Trabajos de Estatistica*，1953，4，pp. 209-241.

③ Caves D W，Christensen L R，Diewart W E. "The Economic Theory of Index Numbers and Measurement of Input，Output and Productivity". *Econometrica*，1982，50(6)，pp. 1393-1414.

三、变迁特征分析

因随机前沿生产函数法的应用要求面板数据,而我们的数据为时间序列,故使用索洛残差法和数据包络法具体估算中国 1978—2018 年的全要素生产率增长率。

(一)数据说明

计算全要素生产率(TFP)需要产出、劳动投入、资本投入的数据。产出数据采用实际国内生产总值衡量产出。本节通过国内生产总值指数(1978 年=100),将名义国内生产总值转化为以 1978 年为基期的实际国内生产总值,其中内生产总值指数以及名义国内生产总值数据均来源于 2019 年《中国统计年鉴》。劳动投入取历年就业人员,数据来源于 2019 年《中国统计年鉴》。

资本投入使用永续盘存法测算实际资本存量,测算公式为:$K_t = K_{t-1}(1-\delta_t) + I_t/P_t$,其中 K_t 为 t 年的实际资本存量,K_{t-1} 为 $t-1$ 年的实际资本存量,P_t 为固定资产投资价格指数,I_t 为 t 年的名义投资,δ_t 为 t 年的固定资产折旧率。在确定了资本存量的初值以及实际净投资后,可以算出各年的实际资本存量。借鉴郭庆旺和贾俊雪的做法,取 1978 年的全国固定资产净值 3837 亿元作为初期的资本存量,固定资产折旧率 5%。[1] 关于固定资产投资价格指数,统计年鉴只从 1992 年开始公布,此前的数据无法得到,我们根据张军和章元所估算的全国固定资产投资价格指数,折算出 1978—2001 年(以 1978 年为基期)的固定资产投资价格指数,并与调整后的 2002 年的全国固定资产投资价格指数相结合,构造出完整的固定资产投资价格指数序列。[2] 名义投资数据来源于历年《中国统计年鉴》,2002 年及以后的全国固定资产投资价格指数来源于 2019 年《中国统计年鉴》。

---

[1] 郭庆旺、贾俊雪:《中国潜在产出与产出缺口的估算》,《经济研究》2004 年第 5 期。

[2] 张军、章元:《对中国资本存量 K 的再估计》,《经济研究》2003 年第 7 期。

(二)全要素生产率测算

1. 索洛残差法

(1)不考虑时间趋势

假设生产函数为 $Y_t = AK_t^{\alpha}L_t^{\beta}$，两边同时取自然对数有，$\ln(Y_t) = \ln(A) + \alpha\ln(K_t) + \beta\ln(L_t) + \varepsilon_t$。索洛残差法测算全要素生产率假设规模收益不变，即 $\alpha + \beta = 1$，则回归方程变为

$$\ln(Y_t/L_t) = \ln(A) + \alpha\ln(K_t/L_t) + \varepsilon_t \tag{5.7}$$

利用 Stata13 软件，得到如下估计结果

$$\ln(Y_t/L_t) = -0.8957 + 0.6670\ln(K_t/L_t) + \varepsilon_t$$

检验结果显示，AdjR-squared＝0.9929，拟合效果良好。这样得到 $\alpha = 0.667, \beta = 0.333$。将 $\ln(Y_t) = \ln(A) + \alpha\ln(K_t) + \beta\ln(L_t) + \varepsilon_t$ 两边同时对时间 t 求导，可得全要素生产率的增长率公式

$$\frac{\dot{A}}{A} = \frac{\dot{Y}}{Y} - \alpha\frac{\dot{K}}{K} - \beta\frac{\dot{L}}{L} \tag{5.8}$$

把上述 α、β 际产出增长率、劳动力增长率和资本存量增长率代入(5.8)式，可得到不考虑时间趋势下用索洛残差法估计的 1979—2018 年间我国全要素生产率增长率，记为 TFP_SW_NT。

(2)考虑时间趋势

假设生产函数为 $Y_t = Ae^{\alpha_t t}K_t^{\alpha}L_t^{\beta}$，两边同时取自然对数有，$\ln(Y_t) = \ln(A) + \alpha_t t + \alpha\ln(K_t) + \beta\ln(L_t) + \varepsilon_t$。同样令 $\alpha + \beta = 1$，则回归方程变为

$$\ln(Y_t/L_t) = \ln(A) + \alpha_t t + \alpha\ln(K_t/L_t) + \varepsilon_t \tag{5.9}$$

利用 Stata13 软件，得到如下估计结果：

$$\ln(Y_t/L_t) = -1.6850 + 0.0351t + 0.3672\ln(K_t/L_t) + \varepsilon_t$$

回归得到 $\alpha = 0.3672, \beta = 1 - \alpha = 0.6328$，AdjR-squared＝0.9963，拟合效果良好。将 $\ln(Y_t) = \ln(A) + \alpha_t t + \alpha\ln(K_t) + \beta\ln(L_t) + \varepsilon_t$ 两边同时对时间 t 求导，可得全要素生产率的增长率公式

$$\frac{\dot{A}}{A} = \frac{\dot{Y}}{Y} - \alpha\frac{\dot{K}}{K} - \beta\frac{\dot{L}}{L} - t \tag{5.10}$$

把上述 α、β、实际产出增长率、劳动力增长率和资本存量增长率代入(5.10)式，便得到考虑时间趋势下用索洛残差法估计的 1979—2018 年间我国全要素生产率增长率，记为 TFP_SW_T。

2.数据包络法

本节使用 DEAP2.1 软件,采用以数据包络分析(DEA)为基础的 Malmquist 指数法计算我国 1979—2018 年期间的全要素生产率变动情况,记为 TFP_DEA。

(三)全要素生产率变迁分析

使用索洛残差法和数据包络法估算中国 1979—2017 年的全要素生产率增长率,结果如图 5.7 所示。其中,TFP_SW_NT 表示不考虑时间趋势下用索洛残差法测得的全要素生产率增长率,TFP_SW_T 表示考虑时间趋势下用索洛残差法测得的全要素生产率增长率,TFP_DEA 表示用数据包络法测得的全要素生产率增长率,TFP_GUO 表示郭庆旺和贾俊雪(2005)用索洛残差法测得的全要素生产率增长率。[①]

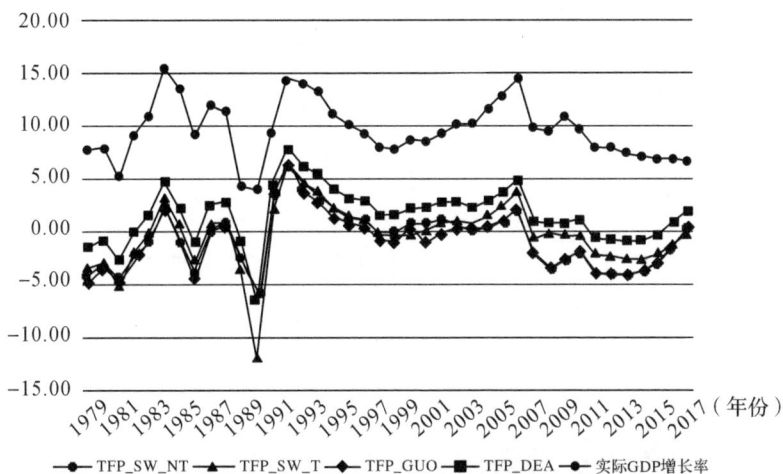

图 5.7　不同方法下测算全要素生产率的增长率比较

从图 5.7 中可以发现,用索洛残差法测算的全要素生产率与郭庆旺和贾俊雪的测算结果基本吻合,用数据包络法测得的全要素生产率与索洛残差法测得的全要素生产率在大小上存在一定的差异,但总体变化趋势较为一致。鉴于索洛残差法的适用前提较为苛刻,估计结果可能存在偏差,下文用数据包络法的估计结果进行分析。1978—2018

---

①　郭庆旺、贾俊雪:《中国全要素生产率的估算:1979—2004》,《经济研究》2005 年第 6 期。

年间我国全要素生产率变化与 GDP 波动密切相关,即在经济繁荣阶段,全要素生产率增长率都达到阶段性高点,1984 年为 4.5%,1992 年为7.7%,2007 年为 4.8%;在经济不景气阶段,全要素生产率增长率都处于阶段性低点,1981 年为 -2.7%,1990 年为 -6.7%。1978—2018 年间我国全要素生产率平均增长率为 1.51%,而同期 GDP 的年平均增长率为 9.46%,生产率水平提高对产出增长的贡献为 15.96%。2008年金融危机发生前的 1979—2007 年间,平均 TFP 增长率大约为2.01%,其对产出增长的贡献是 20.14%;而金融危机后的 2008—2018年间,平均 TFP 增长率大幅下降至 0.18%,TFP 变动对产出增长的贡献下滑至 2.22%。

表 5.15　TFP 增长率及其对产出的贡献(%)

	1979—2018 年	其中	
		1979—2007 年	2008—2018 年
TFP 增长率	1.51%	2.01%	0.18%
产出增长率	9.46%	9.98%	8.10%
TFP 增长率对产出增长的贡献	15.96%	20.14%	2.22%

根据全要素生产率的变动及我国经济发展的现实情况,我们将1978—2018 年细分为 5 个阶段进行具体分析。

第一阶段:1979—1984 年,改革开放初期,中国全要素生产率总体呈快速上升趋势。这一时期推行的家庭联产承包责任制大大提高了农民的生产积极性,在有效提升农村生产率的同时,伴随着农村劳动力向非农产业的转移,整个经济的生产效率也得到有力提升。此外,国有企业放权让利等制度变迁,也极大地解放了生产力,从而促进全要素生产率的快速增长。

第二阶段:1985—1992 年,全要素生产率增长表现出比较大的波动情形。一方面,随着改革开放的深入,改革初期所带来的效率改进潜力已基本释放,一些制度上的深层次矛盾逐渐显现,导致技术效率进一步减缓,在 1986 年和 1990 年分别跌至低谷。另一方面,得益于对外开放进程的加快,中国的国际贸易和外商直接投资水平大幅提高,这有利于我国向西方国家学习先进的技术,提高全要素生产率增长。

第三阶段：1993—2007年，我国全要素生产率增长率呈现出先逐年下降后逐年攀升的趋势。究其原因，1993年以来，随着宏观经济逐步降温并于1998年出现通货紧缩，以纺织、家电等为代表的制造业出现了严重的产能过剩，国有企业大面积亏损，银行坏账率高。1997年东南亚金融危机爆发，中央政府为了保证经济增长速度，加大了基础设施建设投资力度。地方政府在GDP增长驱动下，也不断提高投资水平，形成典型的"高投资"拉动经济增长，全要素生产率有所下降。但自2000年以来，随着中国加入世界贸易组织，积极财政政策的实施，各方面改革开放稳步推进，宏观经济发展转好，全要素生产率也出现不断上涨的良好局面。

第四阶段：2008—2014年，2008年金融危机以来，我国全要素生产率的增长呈下降趋势。这是因为，为应对金融危机中国实施了"4万亿"经济刺激政策，投资率提高，同时由于劳动力短缺，工资成本上升，大量企业用资本替代劳动的措施，导致资本投资率进一步提高，投资率太高导致全要素生产率增长减速。经济增长出现粗放特征，使得生产率增长放缓，甚至出现负值。2008年以来中国TFP增长率的下降主要来自中国自身经济发展的长期结构性变化趋势，而非金融危机和欧债危机等短期负面冲击的影响。

第五阶段：自2015年供给侧改革后，TFP增长逆势而上。经济进入新常态后，以习近平同志为核心的党中央提出推进供给侧结构性改革，从供给、生产端入手，通过解放生产力，提升竞争力促进经济发展。与此同时，中共中央加快实施创新驱动发展战略，出台了《关于深化体制机制改革加快实施创新驱动发展战略的若干意见》《深化科技体制改革实施方案》《国家创新驱动发展战略纲要》等一系列重要政策，为营造激励创新的公平竞争环境，建立技术创新市场导向机制，完善成果转化激励政策等提供有力保障，促使企业加大创新投入，形成开放创新新局面。在这些改革的驱动下，我国全要素生产率于2016年以后扭转下滑趋势，开始有所改善。

四、结论与探讨

本节用索洛残差法和数据包络法研究了1978—2018年中国全要素生产率增长率，研究表明在过去40多年，我国TFP平均增长率为

1.51%，生产率水平提高对产出增长的贡献为 15.96%。2008 年金融危机前，TFP 总体增长较快，平均增长率约为 2.01%，对产出增长的贡献是 20.14%；但金融危机以来，随着旧动能对经济增长的支撑作用持续减弱，而新动能培育又面临体制机制和政策环境瓶颈，全要素生产率的年均增长下滑至 0.18%，提升全要素生产率已经成为我国经济发展面临的迫切任务。

当前，我国改革进入攻坚期和深水区，国家围绕高质量发展已经做了很多努力，也取得了较好成效。在经济新常态下，推进改革深化、提高全要素生产率需要进一步巩固"三去一降一补"的成果，清理僵尸企业，淘汰落后产能，将发展方向锁定新兴领域、创新领域，创造新的经济增长点；进一步帮助企业降低成本，通过减税等政策性改革，减少企业在制度性成本上的花费，让企业有更多资金去创新，去提高生产率；进一步建立"创造性毁灭"的机制，创造公平竞争的环境，树立"竞争中性"原则，推进企业优胜劣汰；进一步优化资源配置，让市场能够在资源配置中发挥决定性作用，让资源从生产率低的部门流向生产率高的部门。

从中长期来看，全要素生产率是否持续提高取决于政治和经济体制改革。美国经济学家保罗·罗默在为中国制订和实施"十二五"规划时曾建议中央政府应该改变用 GDP 考核地方政府政绩的做法，代之以全要素生产率改善进行相应的考核和评价，并进行全要素生产率的统计和核算。就激励和引导地方政府转向更加可持续的经济增长模式来说，这个建议无疑是十分有意义的。[1] 另外，从国际经验上看，20 世纪 90 年代，面对 Krugman 等经济学家对新加坡增长奇迹的质疑和批评，新加坡政府设下了全要素生产率每年提高 2% 的目标，[2]最终成功实现经济腾飞，迈入发达国家队伍。新加坡的历史经验也给我们提供了很好的启示。

---

[1] 蔡昉：《中国经济增长如何转向全要素生产率驱动型》，《中国社会科学》2013 年第 1 期。

[2] Felipe J. "Total factor productivity growth in East Asia: A critical survey". *Journal of Development Studies*, 1999, 35(4), pp. 1-41.